Agnieszka Osiecka

Grenzüberschreitende Unternehmenskooperationen

WIRTSCHAFTSWISSENSCHAFT

Agnieszka Osiecka

Grenzüberschreitende Unternehmens- kooperationen

Standortbezogene Analyse
deutsch-polnischer
Unternehmenspartnerschaften
im Grenzgebiet

Mit einem Geleitwort von Prof. Dr. Alfred Kötzle

Deutscher Universitäts-Verlag

Bibliografische Information Der Deutschen Bibliothek
Die Deutsche Bibliothek verzeichnet diese Publikation in der Deutschen Nationalbibliografie;
detaillierte bibliografische Daten sind im Internet über <http://dnb.ddb.de> abrufbar.

Dissertation Europa-Universität Viadrina Frankfurt an der Oder, 2005

1. Auflage Juli 2006

Umschlaggestaltung: Regine Zimmer, Dipl.-Designerin, Frankfurt/Main
Druck und Buchbinder: Rosch-Buch, Scheßlitz
Gedruckt auf säurefreiem und chlorfrei gebleichtem Papier
Printed in Germany

ISBN-10 3-8350-0425-5
ISBN-13 978-3-8350-0425-2

Meinen Eltern
und meiner Schwester Joanna

Geleitwort

Grenzüberschreitende Unternehmenskooperationen werden seit Beginn der 90er Jahre von allen politischen und wirtschaftlichen Institutionen als eine der erfolgversprechendsten Alternativen der wirtschaftlichen Entwicklung der deutsch-polnischen Grenzregion angesehen. Angesichts der bislang unbefriedigenden Umsetzung solcher Kooperationen verspricht die Antwort auf die Frage, unter welchen Voraussetzungen, insbesondere auch hinsichtlich der regionalen Standortbedingungen, solche Kooperationen erfolgversprechend sind, für die regionale Wirtschaft sowie für wirtschaftspolitische Entscheidungsträger der Region wichtige Erkenntnisse.

Den ersten Baustein des theoretischen Fundaments der Untersuchung bilden Ansätze zur Erklärung der Erfolgsbedingungen von Institutionen zur Koordination wirtschaftlicher Aktivitäten im Allgemeinen und Kooperationen im Besonderen. Im Mittelpunkt steht hierbei eine Analyse der zentralen Elemente des Transaktionskostenansatzes. Ein erweitertes Modell der unterschiedliche Koordinationsformen erklärenden Faktoren entwickelt die Verfasserin unter Heranziehung weiterer theoretischer Ansätze (Resource-Dependence-Ansatz, Spieltheorie, Industrieökonomischer Ansatz, Netzwerkansatz). Auf der Grundlage eines zusätzlich um Modelle der Standorttheorie und der Internationalisierungstheorie erweiterten theoretischen Bezugsrahmens werden ein Katalog von Standortfaktoren abgeleitet, welche für grenzüberschreitende Unternehmensaktivitäten von Bedeutung sind, sowie die relative Bedeutung dieser Faktoren in den einzelnen Phasen des Internationalisierungsprozesses erläutert.

Die Herausarbeitung der Bezüge zwischen den verschiedenen Ansätzen und deren Synthese zu einem Gesamtmodell stellt eine beachtliche eigenständige Leistung der Verfasserin dar.

Sehr informativ sind ferner die teilweise überraschenden Ergebnisse, insbesondere des deskriptiven Teils der empirischen Untersuchung.

Es ist zu wünschen, dass die ebenso innovativen wie kreativen Aussagen der Arbeit Anregungen für weitere Forschungsarbeiten auf diesem Fachgebiet vermitteln.

Prof. Dr. Alfred Kötzle

Vorwort

Die vorliegende Arbeit wurde durch den Doktorvater, Herrn *Prof. Dr. Alfred Kötzle*, mit großem persönlichen Engagement begleitet und gefördert. Für seine wertvollen inhaltlichen Anregungen, ständige Hilfsbereitschaft und speziell für die außergewöhnlich angenehme Zusammenarbeit möchte ich mich an dieser Stelle nochmals herzlich bedanken.

Viele interessante Erkenntnisse im Bereich grenzüberschreitender Unternehmenskooperation habe ich während meiner Arbeit als Koordinatorin des Wirtschaftsministeriums Brandenburg zur Vermarktung der deutsch-polnischen Grenzregion gesammelt. Ich danke der *ZukunftsAgentur Brandenburg*, dass sie mir die Möglichkeit eröffnet hat, mich im Rahmen dieser Stelle an mehreren wichtigen deutsch-polnischen Kooperationsprojekten zu beteiligen.

Einen besonderen Dank möchte ich *meinen Eltern und meiner Schwester* aussprechen, denen ich diese Arbeit widme. Ihre liebevolle Unterstützung und ihr uneingeschränkter Glaube an den Erfolg aller von mir unternommenen Initiativen waren für mich stets eine große Hilfe und werden es auch weiterhin sein.

Ein spezieller Dank gebührt auch meinen Freunden *Bogna* und *Rumi*, die mir mit Ihrem Optimismus und ihrer Lebensfreude stets zur Seite standen und meine persönliche Entwicklung stark unterstützt und geprägt haben. Die schönsten Augenblicke meiner gesamten Studienzeit verdanke ich ihnen. Ein großes DANKE SCHÖN geht ferner an meinen Freund *Mario* für seine Mühe beim Korrekturlesen sowie für sein Verständnis und seine unendliche Geduld, die er mir in der schwierigen Phase der endgültigen Fertigstellung der Dissertation entgegengebracht hat.

Ohne das Engagement zahlreicher *Unternehmen der Grenzregion* wäre die Durchführung des vorliegenden Forschungsprojekts nicht möglich. Den involvierten Mitarbeitern dieser Unternehmen, die ihre wertvolle Zeit für das Ausfüllen der umfassenden Fragebögen aufgewandt haben, gilt ebenfalls ein herzlicher Dank.

Schließlich bedanke ich mich auch bei den Mitarbeitern des *Graduiertenkollegs „Europa Fellows"* und des *Frankfurter Instituts für Transformationsstudien* für die angenehme Zusammenarbeit, fachliche Unterstützung und anregende Diskussionen.

Agnieszka Osiecka

Inhaltsverzeichnis

Abbildungsverzeichnis

Tabellenverzeichnis

XX

1. Einleitung

1.1. Problemstellung

In Zeiten der Globalisierung und der verstärkten Konkurrenz auf den Weltmärkten gewinnt die Wettbewerbsfähigkeit einzelner Wirtschaftsräume eine immer größere Bedeutung. Die Regionen entlang der deutsch-polnischen Grenze werden als wenig wettbewerbsfähig angesehen[1]. Diese Einschätzung ist u.a. auf ihre Randlage und die daraus resultierende schwache wirtschaftliche Struktur zurückzuführen.

Das transnationale Unternehmensengagement stellt eine große Chance für die wirtschaftliche Belebung grenznaher Regionen dar. Im Falle des deutsch-polnischen Grenzraumes wird aufgrund der Osterweiterung der Europäischen Union von Jahr zu Jahr eine Erleichterung auf diesem Gebiet eintreten. Der Erfolg einer grenzüberschreitenden Wirtschaftstätigkeit lokaler Firmen[2] hängt dabei in hohem Maße von der Auswahl der Markteintrittsform ab. Einem Unternehmen stehen grundsätzlich mehrere Alternativen zur Wahl, um eine Leistung transnational zu erbringen. Die zwei Extreme sind der Kauf/Verkauf von Gütern bzw. Dienstleistungen (Import/Export) sowie die hierarchischen Formen der Koordination (Fusion, Akquisition bzw. Aufbau eines eigenen Unternehmens im Nachbarland). Zwischen diesen beiden Polen besteht eine Vielzahl von alternativen Formen der Unternehmenskooperation, die von langfristigen Kaufverträgen bis hin zu Mehrheitsbeteiligungen an anderen Organisationen reichen.

Da ein hoher Anteil der Firmen in der deutsch-polnischen Grenzregion als kleinste, kleine bzw. mittlere Unternehmen klassifiziert wird[3] und sich eher durch eine schwache Eigenkapitalausstattung auszeichnet[4], bildet die oftmals einfachere und billigere Form der Unternehmenskooperation eine attraktive Alternative zum Kauf von Unternehmungen bzw. zur Errichtung eigener Niederlassungen im Nachbarland. Damit eine Unternehmenspartnerschaft jedoch eine insgesamt effizientere Lösung gegenüber dem Einsatz hierarchischer Koordinationsformen des Engagements im ausländischen Markt darstellt, müssen bestimmte Voraussetzungen auf der Ebene des Unternehmens, der durchzuführenden Transaktion und des jeweiligen Standortes erfüllt sein. Der

---

[1]   Vgl. Ifo Institut für Wirtschaftsforschung (2001), S. 45.
[2]   Die Bezeichnung als *Firma* oder *Organisation* ist im vorliegenden Forschungsprojekt gleichbedeutend mit dem Begriff *Unternehmen.*
[3]   Vgl. Deutsch - polnische Arbeitsgruppe Land Brandenburg – Woiwodschaft Lubuskie (2001), S. 33ff.; Regionale Arbeitsgruppe der Länder Mecklenburg-Vorpommern, Brandenburg und der Wojewodschaft Zachodniopomorskie (2001), S. 46ff..
[4]   Vgl. Ministerium der Justiz und für Europaangelegenheiten des Landes Brandenburg (2001), S. 4.

letztgenannten Gruppe von Bedingungen wird im Rahmen der vorliegenden Studie eine besondere Aufmerksamkeit geschenkt.

1.2. Zielsetzung der Arbeit

Die Ableitung von standortbezogenen Einflussfaktoren der Entstehung von grenzüberschreitenden Unternehmenskooperationen bildet einen der beiden Schwerpunkte des Forschungsprojekts. Viele der bisherigen Studien zu den Determinanten der Wahl optimaler Koordinationsformen transnationalen Engagements konzentrieren sich entweder auf die Spezifizierung von Bedingungen, unter denen konkrete Formen der Unternehmenskooperation (in der Regel Joint Ventures und Lizenz- oder Franchisingverträge) der vollen Kontrolle über Geschäftsaktivitäten oder dem Export vorzuziehen wären[5], oder sie untersuchen den Einfluss verschiedener Variablen auf den Grad an vertikaler Integration, ohne jedoch daraus Kontextfaktoren für die einzelnen Hauptkoordinationsformen Markt, Hierarchie oder Kooperation abzuleiten[6]. Andere Forschungsprojekte beschränken sich auf die Feststellung der Auswirkung einer einzelnen Variable, wie z.b. der internationalen Erfahrung eines Unternehmens[7] bzw. der nationalen Kultur[8], auf die Wahl der optimalen Markteintrittsform. Lediglich vereinzelt zielen die Untersuchungen auf die Ableitung von Einflussfaktoren der Entstehung grenzüberschreitender Unternehmens-kooperationen ab.[9] Darüber hinaus wird in den auf diesem Gebiet vorgeschlagenen Modellen der Einfluss vieler relevanter Variablen vernachlässigt. Insbesondere betrifft dies zahlreiche standortbezogene Einflussfaktoren, welche den Kern der Überlegungen im Rahmen dieser Studie darstellen. Die besondere Relevanz von standortbezogenen Determinanten der Markteintrittsformenwahl resultiert dabei aus ihrer Rolle als wichtige Instrumente lokaler Wirtschaftspolitik, welche seitens der jeweiligen Länder gezielt gestaltet werden können.

Den zweiten Schwerpunkt des Forschungsprojekts bildet die empirische Überprüfung der Gültigkeit abgeleiteter Einflussfaktoren grenzüberschreitender Unternehmens-partnerschaften für die deutsch-polnische Grenzregion. Anhand der theoretischen Erkenntnisse und Ergebnisse der empirischen Untersuchung sollen Standortfaktoren

---

[5] Vgl. z.B. Kogut/Singh (1988), Gomes-Casseres (1990), Hennart (1991), Agarwal/Ramaswami (1992), Kim/Hwang (1992), Kwon/Konopa (1993), Taylor/Zou/Osland (1998), Brouthers (2002).

[6] Vgl. z.B. Harrigan (1985), Anderson/Gatignon (1986), Hill/Hwang/Kim (1990), Contractor/Kundu (1998), Pan/Tse (2000), Nakos/Brouthers (2002).

[7] Vgl. z.B. Erramilli (1991).

[8] Vgl. z.B. Shane (1994).

[9] Vgl. z.B. Erramilli/Rao (1993), Tse/Pan/Au (1997).

2

identifiziert werden, die sich auf die grenzüberschreitende Wirtschaftstätigkeit der Unternehmen fördernd bzw. hemmend auswirken können.

Neben den zwei oben genannten Forschungsschwerpunkten verfolgt die vorliegende Studie eine Reihe von Zielen, welche die Aufstellung von Endaussagen ermöglichen. Da eine Unternehmenskooperation nicht immer die effizienteste Form der Koordination grenzüberschreitender Aktivitäten darstellt, besteht eines der Ziele des Projekts in der Ableitung einer Typologie von empfohlenen Koordinationsformen unternehmerischen Engagements in Abhängigkeit von möglichen Kombinationen der Eigenschaften der konkreten Transaktion. Weitere Ziele der Studie sind die Feststellung und Abgrenzung des Standortbezugs unterschiedlicher Ansätze zur Erklärung der Entstehung von betrieblichen Partnerschaften sowie die Ableitung einer Reihe von Standortfaktoren, welche im Prozess eines grenzüberschreitenden wirtschaftlichen Engagements von den Unternehmen als relevant erkannt werden. Auch die Untersuchung des Einflusses der relevanten Standortbedingungen auf die einzelnen Phasen einer transnationalen Unternehmenskooperation sowie der Aufbau eines hierarchischen Entscheidungsmodells zur Auswahl des optimalen Standortes und der optimalen Koordinationsform von Unternehmensaktivitäten werden als Ziele des vorliegenden Forschungsprojekts definiert.

1.3. Gang der Untersuchung

Der Aufbau des Forschungsprojekts wird anhand der Abbildung 1 dargestellt.

Abbildung 1: Aufbau des Forschungsprojekts

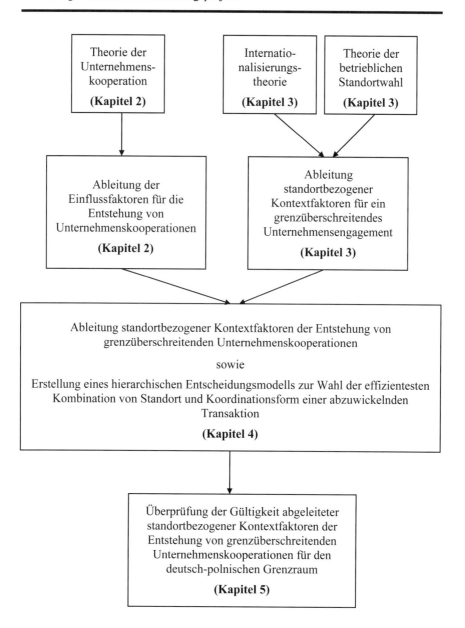

Eigene Darstellung.

Im Rahmen der Überlegungen zur Theorie der Unternehmenskooperation werden in Kapitel 2 zunächst die unterschiedlichen Erscheinungsformen zwischenbetrieblicher Partnerschaften vorgestellt und die einzelnen Etappen des Kooperationsprozesses im Hinblick auf ihre Erfolgsfaktoren und Hindernisse analysiert. Anschließend erfolgt eine transaktionsökonomische Untersuchung von Kooperationen im Spannungsfeld zwischen Markt und Hierarchie. Nach Aussagen des Transaktionskostenansatzes wird die optimale Leistungstiefe durch die Spezifität, Unsicherheit und Häufigkeit einer Transaktion sowie durch die sog. Transaktionsatmosphäre bestimmt[10]. Neben der Darstellung der Bedeutung einzelner transaktionsökonomischer Variablen wird in Kapitel 2 eine Typologie effizienter Koordinationsformen in Abhängigkeit von den möglichen Kombinationen ihrer Ausprägungen erstellt. Den Auswirkungen einzelner Elemente der Transaktionsatmosphäre auf den Grad an optimaler Leistungstiefe wird dabei aufgrund des direkten Standortbezugs dieser Faktoren besondere Aufmerksamkeit gewidmet. Neben dem Transaktionskostenansatz werden in Kapitel 2 auch alternative Erklärungsansätze für Kooperationen - der Resource-Dependence-Ansatz, die Spieltheorie, die industrieökonomischen Ansätze und die Theorie von Netzwerken - diskutiert und auf ihren Beitrag zur Erklärung der Entstehung von Unternehmenskooperationen sowie auf ihren Standortbezug hin geprüft.

Das Kapitel 3 des Forschungsprojekts legt ein besonderes Augenmerk auf standortbezogene Einflussfaktoren grenzüberschreitender Wirtschaftsaktivitäten. Die Standortbedingungen werden zuerst in harte und weiche unterteilt sowie nach dem Grad ihrer Manipulierbarkeit klassifiziert. Aufbauend auf den Erklärungsansätzen für internationales Wirtschaftsengagement und auf empirischen Untersuchungen zu grenzüberschreitenden Standortentscheidungsprozessen von Unternehmen wird zudem ein Katalog von relevanten Standortfaktoren ermittelt, welche im Prozess des Aufbaus eines transnationalen Unternehmensengagements eine besonders wichtige Rolle spielen. Dabei werden die Standortbedingungen danach gegliedert, ob sie die Verfügbarkeit und die Kosten der zur Produktion notwendigen Faktoren, den Absatz oder die gesamten Aktivitäten der Unternehmen betreffen. Anschließend wird die Auswirkung der als relevant erkannten Faktoren auf die unternehmerische Tätigkeit an einem bestimmten Standort untersucht. Dies erfolgt zuerst unabhängig von der gewählten Koordinationsform des Engagements und danach in Bezug auf die einzelnen Phasen einer grenzüberschreitenden Unternehmenskooperation.

In Kapitel 4 werden ausgewählte Elemente der Kooperationstheorie, der betriebswirtschaftlichen Standorttheorie und der Internationalisierungstheorie zur

---

[10]   In Anlehnung an: Williamson (1975), S. 22, Williamson (1991a), S. 292 und Chung (1998), S. 66.

Erklärung der Entstehung von grenzüberschreitenden Unternehmenskooperationen miteinander verbunden. Zu diesem Zweck werden zunächst die in der Literatur am häufigsten aufgeführten Determinanten der Auswahl von effizienten Markteintrittsformen in einem eklektischen Modell zusammengefasst. Dem schließt sich eine tiefer gehende Analyse der Auswirkung einzelner Variablen des Modells auf den optimalen Grad an vertikaler Integration an. Aus der Vielzahl der untersuchten Faktoren werden unabhängige Gruppen von Bedingungen abgeleitet, welche die Entstehung von grenzüberschreitenden Unternehmenskooperationen behindern bzw. fördern können. Abschließend wird ein strukturiertes Entscheidungsmodell zur Wahl der effizientesten Kombination von Standort und Koordinationsform einer abzuwickelnden Transaktion erstellt.

In dem empirischen Teil der Studie (Kapitel 5) erfolgt die Überprüfung der Gültigkeit der abgeleiteten Einflussfaktoren transnationaler Unternehmenspartnerschaften für die deutsch-polnische Grenzregion. Der untersuchte Wirtschaftsraum wird dabei mit Hilfe der vier Euroregionen entlang der Grenze der beiden Länder definiert. Die methodische Grundlage der empirischen Untersuchung bildet eine schriftliche Befragung deutscher und polnischer Unternehmen, die mit Hilfe von statistischen Analyseverfahren ausgewertet wird.

2. Theorie der Unternehmenskooperation

2.1. Erscheinungsformen zwischenbetrieblicher Kooperation

In der Literatur findet sich eine Vielzahl verschiedener Definitionen des Begriffs der Unternehmenskooperation. Ausgehend von dessen sprachlicher Abstammung, einer Entlehnung aus dem Lateinischen, beinhaltet das Wort *Kooperation* eine *Zusammenarbeit*. Im deutschen Sprachraum hat sich insbesondere die Definition von Blohm (1980)[11] durchgesetzt, nach der eine zwischenbetriebliche Kooperation „eine auf stillschweigenden oder vertraglichen Vereinbarungen beruhende Zusammenarbeit zwischen rechtlich selbständigen und in den nicht von der Kooperation betroffenen Bereichen auch wirtschaftlich nicht voneinander abhängigen Unternehmungen" darstellt.[12]

Zu einer ähnlichen Definition der Kooperation gelangt auch Boehme (1986), der jedoch den Aspekt der gemeinsamen Zielerreichung durch beteiligte Unternehmen stärker gewichtet. Nach seiner Auffassung umschreibt die Unternehmenskooperation „die Zusammenarbeit zur gemeinsamen Erfüllung von Aufgaben im Interesse bestimmter Ziele zweier oder mehrerer Unternehmen"[13]. Dabei erachtet Boehme das beabsichtigte partielle Zusammenwirken zwischen Unternehmen, welches einzelne Funktionen oder Objekte umfasst, sowie die Wahrung rechtlicher und umfassender wirtschaftlicher[14] Selbständigkeit aller an der Kooperation Beteiligten als die zwei wichtigsten Merkmale einer zwischenbetrieblichen Kooperation.

Die Definition der Unternehmenskooperation von Bidlingmaier (1967) geht näher auf die Bedingung einer *besseren* Zielerreichung durch eine unternehmerische Zusammenarbeit ein. Nach Bidlingmaier liegt eine zwischenbetriebliche Kooperation immer dann vor, „wenn zwei oder mehrere Unternehmungen aufgrund freiwilliger vertraglicher Abmachungen gewisse Aufgaben gemeinsam erfüllen in der Erwartung, hierdurch einen – gegenüber dem jeweils individuellen Vorgehen – höheren Grad der Zielerfüllung zu erreichen"[15].

Andere Autoren, wie Benisch (1973) oder Rotering (1990), akzentuieren vor allem die Zusammenlegung bzw. Ausgliederung von Unternehmensfunktionen im Rahmen einer Kooperation. Genauer betrachtet ist die zwischenbetriebliche Partnerschaft nach

[11] Blohm, in: Grochla (1980), S. 1112.
[12] Vgl. Göltenboth (1998), S. 223.
[13] Boehme (1986), S. 25.
[14] In den nicht von einer Zusammenarbeit erfassten Bereichen.
[15] Bidlingmaier, in: Bidlingmaier/Jacobi/Uherek (1967), S. 353.

Benisch die Zusammenlegung einzelner Unternehmensfunktionen zum Zwecke der Leistungssteigerung und Verbesserung der Wettbewerbsfähigkeit beteiligter Unternehmen.[16] Für Rotering bedeutet Kooperation eine „auf stillschweigender oder vertraglicher Vereinbarung beruhende Zusammenarbeit zwischen rechtlich und wirtschaftlich selbständigen Unternehmen durch Funktionsabstimmung oder Funktionsausgliederung und -übertragung auf einen Kooperationspartner"[17].

Statt einer wörtlichen Übersetzung des Begriffes *Kooperation* ins Englische[18] finden sich in der angelsächsischen wirtschaftswissenschaftlichen Literatur die Begriffe Allianz (*alliance*) oder Partnerschaft (*partnership*), welche die zwischenbetriebliche Zusammenarbeit im oben genannten Sinne beinhalten. Die Bedeutung dieser Bezeichnungen ist bis auf wenige Ausnahmen mit dem Begriff der zwischenbetrieblichen Kooperation identisch.[19]

Trotz der Vielfalt der existierenden Definitionen ist es möglich, aus den unterschiedlichen Begriffsfassungen einige allgemeine Charakteristika der Unternehmenskooperation abzuleiten. Besonders drei Merkmale einer unternehmerischen Partnerschaft finden sich in beinahe allen Definitionen wieder und können als Kernmerkmale der zwischenbetrieblichen Kooperation angesehen werden. Im Gegensatz zu einem Alleingang soll die Kooperation eine *bessere Zielerreichung* bewirken. Weiterhin muss die Kooperationsentscheidung *auf freiwilliger Basis* getroffen werden. Schließlich sollen die *weitgehende Unabhängigkeit und Selbständigkeit der Kooperationspartner* auch während der Kooperation erhalten bleiben.[20]

Eine Systematisierung der Erscheinungsformen von Kooperationen ist wegen derer Komplexität und Vielschichtigkeit problematisch.[21] Kooperative Unternehmensbeziehungen lassen sich anhand unterschiedlichster Merkmale einteilen, von denen die in der Literatur am häufigsten genannten in Tabelle 1 dargestellt sind.

---

[16] Vgl. Benisch (1973), S. 67.
[17] Rotering (1990), S. 41.
[18] *Cooperation* bzw. *co-operation*.
[19] Vgl. Rupprecht-Däullary (1994), S. 11ff.
[20] Vgl. Rupprecht-Däullary (1994), S. 11.
[21] Vgl. Balling (1997), S. 39.

Tabelle 1: Morphologische Dimensionen zur Klassifizierung von Kooperationen

Merkmale	Ausprägungen		
Kooperationsrichtung	horizontal	vertikal	diagonal/ konglomerat
Kooperationsdauer	zeitlich/ sachlich begrenzt	auf Dauer angelegt	
Grad der vertraglichen Bindung	ohne Vertrag	Vertraglich geregelt	
Art der Verflechtung	Absprache- kooperation	reziproke/ Austausch- kooperation	redistributive/ Gemeinschafts- kooperation
Anzahl der Partner	zwei	mehrere	
Kooperationsgrund und –ziel	Marktzutritt	Economies of scale	Know-how Transfer usw.
Kooperationsbereich	FuE[22]	Produktion	Vertrieb usw.
Art der eingebrachten Ressourcen	abhängige Ressourcen	potente Ressourcen von geringer Plastizität	potente Ressourcen von hoher Plastizität
Kooperationsebene	regional	national	international
Rechtsform der Kooperation	JV[23]	Kapitalbeteiligung	Lizenzvertrag usw.

In Anlehnung an: Hirschmann (1998), S. 27; Fontanari (1996), S. 40.

Eine *horizontale* Kooperation liegt vor, wenn die kooperierenden Unternehmen der gleichen Branche zugehörig oder im gleichen strategischen Geschäftsfeld auf gleicher Marktstufe tätig sind und in diesem Bereich auch zusammenarbeiten.[24] Im Rahmen einer *vertikalen* Kooperation stehen die zusammenarbeitenden Unternehmen in einem Vor- bzw. Nachlagerungsverhältnis zueinander, d.h. die Kooperation findet zwischen aufeinander folgenden Stufen des Wertschöpfungsprozesses statt.[25] Besteht zwischen

---

[22] *FuE* = Forschung und Entwicklung.
[23] *JV* = Joint Venture.
[24] Vgl. Rupprecht-Däullary (1994), S. 20.
[25] Vgl. Sell (1994), S. 18ff..

den Unternehmen weder eine horizontale noch eine vertikale Beziehung, wird die Kooperation als *lateral*[26], *diagonal* bzw. *konglomerat* bezeichnet.[27]

Die Kooperationsvereinbarungen lassen sich in *zeitlich* und/oder *sachlich befristete* sowie *zeitlich unbegrenzte* untergliedern. Die festgelegte Dauer der Zusammenarbeit kann im Laufe der Partnerschaft eventuell verkürzt bzw. verlängert werden und wird nicht als statischer Faktor angesehen.[28]

Von *vertraglich geregelten* Kooperationen spricht man, wenn die kooperative Beziehung auf Grundlage einer verbindlichen, in der Regel schriftlichen Vereinbarung, d.h. eines Vertrages, eingegangen wird.[29] Die *nicht vertraglich geregelten* Kooperationen werden oft bei unverbindlichen Empfehlungen und Abreden oder losem Erfahrungsaustausch gewählt, d.h. in Situationen, in denen gegenüber dem Kooperationspartner keinerlei Rechtspflichten entstehen sollen.[30]

Bei nicht vertraglich geregelten Kooperationen handelt es sich oft um reine *Absprachekooperationen,* d.h. Abreden zwischen Unternehmen hinsichtlich der Einhaltung spezifischer Standards, der Nicht-Bedienung bestimmter Märkte usw. Die Zusammenarbeit wird als eine *reziproke Partnerschaft* oder *Austauschkooperation* bezeichnet, wenn Unternehmen bestimmte Aktivitäten des Kooperationspartners wechselseitig übernehmen, wie z.B. den Vertrieb von Sachgütern oder die Beschaffung von Rohstoffen.[31] Diese Art von Kooperationen dominiert bei vertikalen Kooperationsformen.[32] Im Falle einer Zusammenlegung von Ressourcen und gemeinsamen Durchführung bestimmter Aktivitäten spricht man dagegen von *redistributiven* Partnerschaften oder *Gemeinschaftskooperationen.*[33] Die Funktions- bzw. Ressourcenzusammenlegung zur gemeinsamen Verfolgung eines Kooperations- zwecks findet dann in einer neu gegründeten Gemeinschaftsunternehmung oder auch integriert in eine der Partnerunternehmungen statt[34], wobei der erwirtschaftete Gewinn unter den Partnern aufgeteilt wird[35]. Diese Form der Kooperation trifft vorwiegend für horizontale und laterale Beziehungen zu.[36]

---

[26] Vgl. Rupprecht-Däullary (1994), S. 21.
[27] Vgl. Göltenboth (1998), S. 226.
[28] Vgl. Bronder (1993), S. 76; Kraege (1997), S. 67.
[29] Vgl. Rupprecht-Däullary (1994), S. 23.
[30] Vgl. Boehme (1986), S. 35.
[31] Vgl. Rupprecht-Däullary (1994), S. 21.
[32] Vgl. Göltenboth (1998), S. 227f..
[33] Vgl. Rupprecht-Däullary (1994), S. 22.
[34] Vgl. Kraege (1997), S. 67.
[35] Vgl. Tröndle (1987), S. 19.
[36] Vgl. Göltenboth (1998), S. 227.

Kooperationen können ferner zwischen zwei oder mehreren Unternehmen zur Verfolgung von unterschiedlichen Zielen eingegangen werden. Sie können sich entweder auf einen Bereich oder gleichzeitig auf mehrere Bereiche der Wertschöpfungskette erstrecken.[37] Dabei ist auch die Art der von beiden Unternehmen in die Beziehung eingebrachten Ressourcen von Bedeutung, d.h. die Kombination ihrer Abhängigkeit, Potenz und Plastizität.[38] Schließlich lassen sich die unternehmerischen Partnerschaften in *lokale, regionale, nationale* und *internationale* Kooperationen untergliedern.

Zu den wichtigsten und am häufigsten gewählten Kooperationsformen zählen: (1) Kapitalbeteiligungen, (2) Joint Ventures, (3) Konsortien, (4) Lizenzverträge (5) Franchising Verträge, (6) langfristige Lieferverträge, (7) Kooperationen ohne Vertrag und (7) strategische Netzwerke. Im Folgenden werden die einzelnen Kooperationsformen kurz vorgestellt:

(1) Unter *Kapitalbeteiligungen* werden gesellschaftsrechtliche Anteile am Kapital einer Unternehmung verstanden, die dem Beteiligten einen Anteil am Gewinn bzw. Liquidationserlös sowie die Einflussnahme auf die Unternehmenspolitik sichern. Eine Beteiligung umfasst zudem die Haftung für Verluste bis zur Höhe des nominalen Kapitalanteils.[39]

(2) Ein *Joint Venture* wird als eine grenzüberschreitende, auf Kapitalbeteiligungen beruhende, vertraglich festgelegte dauerhafte Zusammenarbeit zwischen zwei oder mehreren selbständigen Partnern definiert, von denen mindestens einer seinen Sitz im Gründungsland des Joint Ventures hat.[40] In der Praxis handelt es sich um ein Gemeinschaftsunternehmen, an dem grundsätzlich beide Partner mit gleicher Anteilsquote beteiligt sind.[41] Die Forderung der internationalen Ausrichtung eines Joint Ventures wird nicht von allen Autoren vertreten. Zu den drei besonders häufig genannten Eigenschaften eines Joint Ventures zählen lediglich die Kapitalbeteiligung, vertragliche Festlegung und geteilte Geschäftsführung. Zu weiteren oft erwähnten Merkmalen gehören die Dauerhaftigkeit der Zusammenarbeit, Risikoteilung sowie rechtliche und wirtschaftliche Unabhängigkeit der beteiligten Unternehmen.[42]

---

[37] Vgl. Rupprecht-Däullary (1994), S. 19.
[38] Näher hierzu die Ausführungen unter 2.2.5.
[39] Vgl. Picot/Dietl/Franck (2002), S. 196f..
[40] Vgl. Engelhardt (1981), S. 428.
[41] Vgl. Picot/Dietl/Franck (2002), S. 195.
[42] Vgl. Möller (1999), S. 28.

(3) Als *Konsortien* bezeichnet man Projektgemeinschaften zwischen wirtschaftlich und rechtlich selbständigen Partnern, die in der Regel für eine begrenzte Dauer gebildet werden. Konsortien dienen der Verringerung der mit Großprojekten verbundenen Risiken für zusammenarbeitende Unternehmen und erlauben die Realisierung von ressourcenbedingten Synergiepotentialen. Den häufigsten Anwendungsfall dieser Kooperationsform bilden Arbeitsgemeinschaften für große Bauprojekte.[43]

(4) Im Rahmen von *Lizenzverträgen* werden an einen Lizenznehmer gewerbliche Schutzrechte übertragen wie z.B. Nutzungsrechte für vom Lizenzgeber entwickelte Produkte oder bestimmte Verfahren. Der ausschließliche Lizenzvertrag gewährt nur einem Lizenznehmer das zeitlich, räumlich oder sachlich begrenzte Nutzungsrecht an der Erfindung. Der einfache Lizenzvertrag räumt es dagegen mehreren Lizenznehmern ein.[44]

(5) *Franchising Verträge* weisen eine große Ähnlichkeit mit Lizenzverträgen auf. Der Franchisenehmer erhält das Recht, den geschützten Markennamen bzw. ein bestimmtes Geschäftssystem gegen Vergütung und Einräumung von Kontrollrechten unter Einhaltung genauer Vorgaben zu nutzen.[45] Er bleibt selbständig, profitiert jedoch von der Reputation und den Werbekampagnen des Franchisegebers.[46] Der wesentliche Unterschied zwischen einem Lizenz- und einem Franchising Vertrag ist die Reichweite des Weisungs- und Kontrollrechtes des Franchisegebers. Da Produkte und Leistungen unter einem gemeinsamen Warenzeichen oder Markenimage hergestellt und vertrieben werden, können negative Rückkopplungen durch unlautere Vertriebspraktiken oder unsachgemäße Produktion das gesamte Franchisingsystem nachteilig beeinflussen oder sogar in seiner Existenz bedrohen.[47]

(6) *Langfristige Lieferverträge* werden oft zum Ziele der Bereitschaftserhöhung seitens der Lieferanten zu abnehmerspezifischen Sach- und Humankapitalinvestitionen[48] sowie zum Zwecke der Risikoverringerung bei strategisch bedeutsamen Lieferungen eingegangen.

(7) Als *Kooperationen ohne Vertrag* werden ferner nicht vertraglich geregelte Beziehungen zwischen Unternehmen bezeichnet.

---

[43] Vgl. Picot/Dietl/Franck (2002), S. 196.
[44] Vgl. Dichtl/Issing (1993b), S. 1330.
[45] Vgl. Dichtl/Issing (1993a), S. 721.
[46] Vgl. Picot/Dietl/Franck (2002), S. 202.
[47] Vgl. Albe (1996), S. 119.
[48] Vgl. Picot/Dietl/Franck (2002), S. 197.

(8)Die Form des *Netzwerkes* kann schließlich als eine Sonderform zwischenbetrieblicher Zusammenarbeit angesehen werden, die auf die Realisierung von Wettbewerbsvorteilen abzielt und sich durch komplex-reziproke, kooperative und stabile Beziehungen zwischen einer höheren Anzahl von Unternehmen auszeichnet.[49]

2.2. Ablauf von Unternehmenskooperationen

Unternehmensbündnisse können als lebende Systeme angesehen werden, die ihre Möglichkeiten Schritt für Schritt erweitern[50] und vom gegenseitigen Lernen und ständiger Adaption leben[51]. Eine zwischenbetriebliche Kooperation befindet sich zu jedem Zeitpunkt in einer Übergangsphase von ihrem gegenwärtigen in einen anderen Zustand[52], wobei keine zwei Kooperationen sich exakt gleich entwickeln. Im Allgemeinen kann der Entwicklungsprozess erfolgreicher unternehmerischer Partnerschaften jedoch in fünf grobe, einander überlappende Phasen untergliedert werden: (1) strategische Initiierung, (2) Partnerwahl, (3) Kooperationseinrichtung, (4) Implementierung und Realisierung sowie (5) Rekonfiguration bzw. Beendigung einer Kooperation (vgl. Abbildung 2).[53] In den folgenden Abschnitten werden die einzelnen Etappen des Kooperationsprozesses jeweils näher betrachtet.

---

[49] Vgl. Sydow (1992), S. 83; Schäper (1997), S. 93f..
[50] Vgl. Kanter (1995), S. 34.
[51] Vgl. Bronder/Pritzl (1992), S. 341.
[52] Vgl. Lorange/Roos, in: Bronder/Pritzl (1992), S. 347.
[53] Vgl. Kanter (1995), S. 34f..

Abbildung 2: Der phasenweise Aufbau einer Kooperation

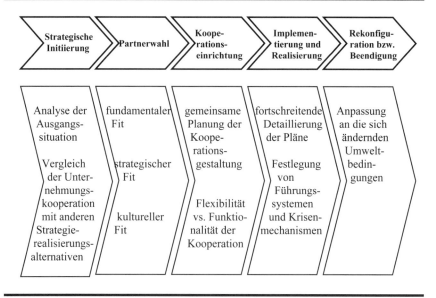

Eigene Darstellung.

2.2.1. Strategische Initiierung

Der Kooperationsentscheidungsprozess ist in den gesamtunternehmungsbezogenen Strategieentwicklungs- und Planungsprozess zu integrieren.[54] Er beginnt mit der Analyse der Ausgangssituation einer Unternehmung, d.h. mit der Untersuchung seiner Potentiale und der Durchführung von Konkurrenz- und Umweltanalysen.[55] Eine Zusammenstellung der wichtigsten Leistungs- und Führungspotentiale eines Unternehmens kann Tabelle 2 entnommen werden.

---

[54] Vgl. Steinle, in: Steinle/Eggers/Lawa (1995), S. 26f..
[55] Vgl. Fontanari (1996), S. 191.

Tabelle 2: Die Zusammenstellung von Leistungs- und Führungspotentialen eines Unternehmens

Leistungspotentiale	
Beschaffung	Relative Preise der Faktoren, Qualität der Vorprodukte, Abstimmung mit Lieferanten, Grad der Abhängigkeit von Lieferanten (Höhe der Umstellungskosten)
Produktion	Kapazität, Leistungsstand und Flexibilität der Fertigungsanlagen, Fertigungstiefe, Kostenstruktur
Absatz	Zusammensetzung des Produktionsprogramms, Produktqualität, Laufzeit von Schutzrechten, Altersaufbau der Produkte, Qualität des Distributionssystems, Stand der after-sales-Services, Preisspielraum, Lieferfähigkeit, Marktanteil, Kundentreue
Personal	Qualifikation, Motivation, Alter und Ausbildung, Lernfähigkeit, Identifikation mit dem Unternehmen, unternehmerisches Handeln
Kapital	Zugang zum Kapitalmarkt, Verschuldungsgrad, eigene finanzielle Ressourcen, finanzielle Ressourcen verbundener Unternehmen
Technologie	Forschungs- und Entwicklungsaufwand, Forschungseffizienz, Patente, Lizenzen
Führungspotentiale	
Information	Ausbau des Rechnungswesens zur strategisch orientierten Unternehmensrechnung, Existenz von Früherkennungssystemen, Informations- und kommunikationstechnische Unterstützung durch computergestützte Informationssysteme
Organisation	Zahl der Hierarchieebenen, Grad der Dezentralisation, Flexibilität der Organisation, Lernfähigkeit der Organisation, Kooperationsfähigkeit mit anderen Unternehmen
Unternehmens-kultur	Stärke der Unternehmenskultur, Grad der Außenorientierung, Innovationsfähigkeit

Vgl. Bea/Haas (1995), S. 98ff.

Die Ausprägungen der Leistungs- und Führungspotentiale eines bestimmten Unternehmens können in Form eines Kompetenzprofils dargestellt werden, aus dem die relativen Stärken und Schwächen der Organisation leicht ablesbar sind. Eine beispielhafte Darstellung des Kompetenzprofils eines Unternehmens mit Hilfe der kardinalen Punkteskala zeigt Abbildung 3.

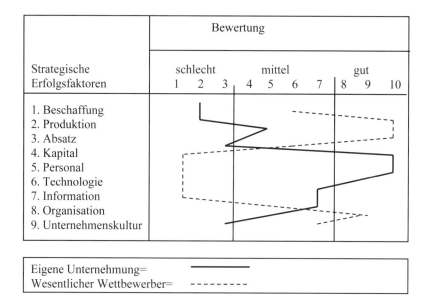

Vgl. *Bea/Haas (1995), S. 100.*

Aufbauend auf dem Stärken-Schwächen-Profil der Organisation und der wettbewerbsorientierten Analyse der lokalen Branchenstruktur werden von den Entscheidungsträgern eigene Zielvorstellungen konkretisiert sowie Umsetzungsalternativen gesucht. Falls sich das Unternehmen auf Grundlage einzelleistungsbezogener Effizienzanalysen bzw. rein strategischer Überlegungen und unter Berücksichtigung seiner finanziellen Lage[56] für eine kooperative Lösung entscheidet, endet die erste Kooperationsphase mit der Skizzierung des weiteren Vorgehensverlaufes.

2.2.2. Partnersuche

Die Auswahl des Kooperationspartners ist ein komplexer mehrstufiger Prozess. Zu Beginn dieses Prozesses werden Kriterien für die Auswahl der Partner bestimmt, deren Grundlage die in der vorherigen Phase aufgedeckten eigenen Ressourcen- und

---

[56] Die Einflussgrößen der Entscheidung über die Anwendung einer kooperativen Koordinationsform unternehmerischer Aktivitäten werden ausführlich im Unterkapitel 2.3. untersucht.

Wertschöpfungslücken bilden. Darauf folgend werden potentielle Partner ausgesucht und hinsichtlich der festgelegten Anforderungskriterien bewertet.[57]

Eine erfolgreiche Partnerwahl erfordert die Einbeziehung von drei Ebenen in den Entscheidungsprozess. Neben dem fundamentalen und dem strategischen wird auch der kulturelle Fit als Voraussetzung einer effektiven Zusammenarbeit angesehen.[58]

Der *fundamentale Fit* setzt die Existenz einer Marktsituation voraus, in der sich die durch die Kooperation angestrebten Ziele realisieren lassen. Die möglichen Partner werden auf ihre potentielle Beiträge zum Erfolg des geplanten Bündnisses, mit besonderer Berücksichtigung der realisierbaren Synergieeffekte, geprüft.

Mit *strategischem Fit* ist die Übereinstimmung der strategischen Zielsetzungen der Partner in Hinsicht auf die einzugehende Kooperation gemeint. Eine geeignete Konfiguration der Beziehung, Harmonie der Geschäftspläne, strategischer Zielsetzungen und der Verhandlungspositionen sowie ein gleicher Planungshorizont hinsichtlich der Zielerreichung gehören zu den wichtigsten Erfolgsfaktoren der strategischen Partnerwahl.

Der *kulturelle Fit* kooperierender Unternehmen setzt Verständnis und Akzeptanz der existierenden Kulturunterschiede, sowohl im Hinblick auf nationale Besonderheiten als auch in Hinsicht auf die Unternehmungskultur, voraus. Fehlende Akzeptanz der kulturellen Unterschiedlichkeit des Partners sorgt für ein erhebliches Konfliktpotential und kann den Erfolg einer zwischenbetrieblichen Zusammenarbeit stark gefährden.

2.2.3. Kooperationseinrichtung

In der Phase der Kooperationseinrichtung findet eine gemeinsame Planung der Kooperationsgestaltung statt. Zu den einzelnen Planungsaufgaben zählen: Festlegung der Kooperationsstrategie, Wahl der Rechtsform der Zusammenarbeit, Ausgestaltung der Kooperation in Hinsicht auf die Eigentumsverhältnisse und Managementstrukturen sowie Planung des Ressourcenbedarfs und der Maßnahmen zu seiner Deckung. Außerdem erfolgt in dieser Phase eine Grobplanung in Bezug auf die Einrichtung von Managementsystemen und –prozessen, Besetzung von Führungspositionen, Gestaltung von Informations- und Kommunikationsflüssen sowie Festlegung der Meilensteine für die Erreichung der Kooperationsziele.[59]

---

[57] Vgl. Kraege (1997), S. 93.
[58] Vgl. im Folgenden: Bronder/Pritzl (o.J.), S. 31f..
[59] Vgl. Kraege (1997), S. 95ff..

Aus Sicht des einzelnen Unternehmens sollte die Konzeption einer Kooperation idealerweise eine weitestgehende Erhaltung der eigenen Flexibilität bei auftretenden Umweltbedingungen ermöglichen und gleichzeitig die Funktionalität der kooperativen Beziehung gewährleisten.[60] Als *Konzeption der zwischenbetrieblichen Zusammenarbeit* wird hierbei die Gesamtheit der vertraglich und nicht vertraglich geregelten Vereinbarungen verstanden, welche die Verhältnisse zwischen den Kooperationspartnern regeln. Die Konzeption einer Kooperation wird dann als *flexibel* bezeichnet, wenn sie im Falle der sich ändernden Umweltbedingungen die Erreichung eigener Ziele ermöglicht[61]. Als *funktional* gilt sie dagegen dann, wenn sie die Voraussetzungen für die Erreichung der angestrebten Vorteile schafft. Die Funktionalität einer kooperativen Beziehung und die damit verbundene Stabilität sind wichtige Bedingungen für die Bereitschaft der Partner zu Investitionen in die Kooperation und zur Aufgabe wettbewerbsrelevanter Ressourcen. Während jedoch Flexibilitätsüberlegungen auf eine möglichst klare Trennung der von der Kooperation betroffenen Aktivitäten hinweisen, um eine schnelle und einfache Auflösbarkeit der Kooperation zu gewährleisten, verweist die Forderung nach der Funktionalität auf eine enge Ressourcenverflechtung und Errichtung eines möglichst selbständigen Kooperationsmanagements. Steigende Funktionalität senkt gleichzeitig die Flexibilität der Kooperationskonzeption und umgekehrt. (Vgl. Abbildung 4) Aus diesem Grund stellt der Aufbau der Kooperationsarchitektur, der einerseits die Funktionalität der Kooperation garantieren und andererseits beiden Partnern die Sicherung ihrer eigenen Interessen ermöglichen würde, ein komplexes Managementproblem dar. Dieses Problem wird noch zusätzlich durch die Umweltkomplexität und –unsicherheit erschwert.[62]

---

[60] Vgl. im Folgenden: Gahl, in: Backhaus/Piltz (1990), S. 40ff..
[61] Vgl. Mössner (1982), S. 68f..
[62] Vgl. Kraege (1997), S. 99.

Abbildung 4: Trade-off zwischen Funktionalität und Flexibilität einer Unternehmenskooperation

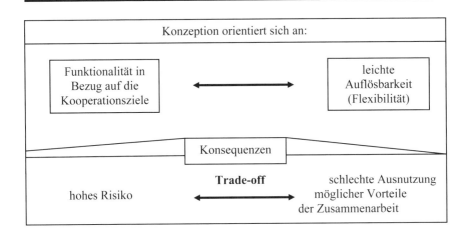

Gahl, in: Backhaus/Piltz (1990), S. 47.

2.2.4. Implementierung und Realisierung

Die Inkraftsetzung einer Kooperation stellt einen graduellen, interaktiven Prozess dar, der durch eine fortschreitende Verfeinerung der in einem früheren Stadium festgelegten Grobplanung gekennzeichnet ist. In der Implementierungs- und Realisierungsphase werden den auf die Partner verteilten Aufgaben Ressourcen und Budgets zugeordnet, ein detaillierter Finanzplan festgelegt sowie Managementsysteme und Krisenmechanismen eingerichtet.[63]

In Verbindung mit der Einrichtung von Krisenmechanismen ist anzumerken, dass in jeder Phase des Lebenszyklus einer Kooperation Konflikte mit verschiedenen durchschnittlichen Häufigkeiten auftreten. Gerade die Einrichtungs- und Implementierungsphasen zeichnen sich durch eine erhöhte Wahrscheinlichkeit des Auftretens und der Intensität von Konflikten aus. In diesen Phasen kommt es oft zu Problemen bei der Abstimmung gemeinsamer Interessen und Ziele, Festlegung der Vorgehensweisen oder Formulierung des Vertrages. In der ersten Realisierungsphase der Kooperation (Wachstumsphase), bei wachsenden Umsätzen und sich immer besser einstellenden Beziehungen zum Kooperationspartner, geht die Konflikt-

---

[63] Vgl. Steinle/Eggers (1989), S. 708f..

19

wahrscheinlichkeit zurück. Sie steigt wieder in der Reifephase an, wenn sich die anfänglich großen Synergievorteile langsam verringern und der Kooperationsumsatz stagniert. Wird die Kooperation an die sich verändernden Bedingungen nicht angepasst, kann sich der Umsatz rückläufig entwickeln und die Konfliktwahrscheinlichkeit in der Degenerationsphase stark zunehmen.[64] (Vgl. Abbildung 5)

Abbildung 5: Konfliktwahrscheinlichkeit und –intensität in Abhängigkeit vom Kooperationslebenszyklus

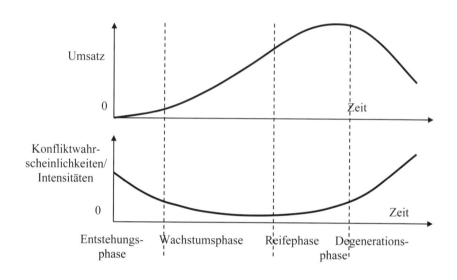

Tröndle (1987), S. 142.

Die häufigsten Konfliktursachen in Kooperationen wurden in Tabelle 3 zusammengefasst.

---

[64] Vgl. Tröndle (1987), S. 141f..

20

Tabelle 3: Ursachen für Konflikte in Kooperationen

Determinanten	Externe Konfliktursachen	Interne Konfliktursachen
Markt- und wettbewerbs-bezogene Determinanten	• Veränderung wirtschaftlicher Rahmendaten • Veränderung gesetzlicher bzw. politischer Rahmenbedingungen • Veränderung der Wettbewerbs- und Konkurrenzsituation • Veränderung der Verbraucher-gewohnheiten	• Formulierung der Zielinhalte • Unterschiedliche Zeithorizonte • Einschätzung des Kooperationsverlaufes (Richtung) • Verteilung neuer Aufgaben • Machtdifferenzen aufgrund von einseitiger Abhängigkeit[65]
Organisations-bezogene Determinanten	• Veränderung der rechtlichen oder gesellschaftlichen Position eines Kooperationspartners (z.B. durch Übernahme, Fusion) • Wechsel der Geschäftsführung • Einflussnahme von Share- und Stake-holdern	• Inkompatible Organisations-/ Entscheidungsstrukturen • Unternehmenskulturen und persönliche Mentalitäten • unterentwickelte persönliche Beziehungen[66] • Fehlen von Vertrauen[67] • Ungleichgewicht in Bezug auf die Anzahl und/oder Organisationsebene im Kooperationsprozess direkt und indirekt engagierter Mitarbeiter[68] • unklare Regeln und Prozeduren[69] • Eigenleben der Kooperation im Widerspruch zu Parentalgesellschaften • Meinungsverschiedenheiten zwischen den Partnern • Entscheidungs- und Bewertungsregeln

In Anlehnung an: Fontanari (1996), S. 161.

---

[65] Vgl. Sriram/Krapfel/Spekman (1992), S. 303ff.; Bucklin/Sengupta (1993), S. 32ff..
[66] Vgl. Larson (1992), S. 76ff..
[67] Vgl. Dwyer/Schurr/Oh (1987), S. 11ff.; Powell (1990), S. 295ff..
[68] Vgl. Bucklin/Sengupta (1993), S. 32ff..
[69] Vgl. Larson (1992), S. 76ff..

Ein riesiges Konfliktpotential im Rahmen eines grenzüberschreitenden Engagements bergen die in Tabelle 3 erwähnten kulturellen Differenzen in sich. Schon das Aufeinandertreffen von verschiedenen Unternehmenskulturen führt oft zur Entstehung von konfliktären Situationen. Es kann folgende grundsätzliche Reaktionen hervorrufen:[70]

- *Kulturpluralismus:* die beiden Kulturen existieren unverändert nebeneinander; die kulturelle Vielfalt kann eine wertvolle Quelle interessanter Lösungsansätze verschiedener unternehmerischer Probleme darstellen, aber auch zu einer unvollständigen Ausschöpfung der Synergiepotentiale führen,
- *Kulturassimilation:* Elemente beider Kulturen vereinigen sich zu einer neuen, einheitlichen Kultur; idealtypisch sollte die neu entstandene Kultur die Stärken der jeweiligen Kulturen kombinieren bei gleichzeitiger Eliminierung bzw. gleichzeitigem Ausgleich ihrer Schwächen,
- *Kulturübernahme:* Versuch des einen Partners, die eigene Kultur auf den anderen zu übertragen; Kulturübernahme verursacht nach der anfänglichen Konfliktphase den Verlust an Eigenständigkeit und Individualität des dominierten Partners,
- *Kulturwiderstand:* Widerstand gegenüber der jeweils anderen Kultur, der zu starken Konflikten und Ineffizienzen führt und als solcher die Kooperation sogar zum Scheitern bringen kann.

Kulturwiderstand birgt das größte Konfliktpotential in sich und kann den Erfolg einer Kooperation stark mindern oder sogar verhindern.[71] Kulturpluralismus und Kulturassimilation gehören dagegen zu den erfolgversprechenden Reaktionen auf das Aufeinandertreffen von verschiedenen Unternehmenskulturen.[72] In der Praxis kommt es am häufigsten zu einer Mischung aus Kulturpluralismus, -assimilation und – übernahme.[73] Am Anfang der zwischenbetrieblichen Beziehung stellt sich in den meisten Kooperationen Kulturpluralismus ein, der mit wachsendem Vertrauen im Laufe der Partnerschaft durch Kulturassimilation bzw. Kulturübernahme in Teilbereichen ersetzt wird.[74]

Die Entstehung von Konflikten im Rahmen einer zwischenbetrieblichen Zusammenarbeit ist im Allgemeinen auf die Beziehungen zwischen den Kooperationszielen beider Partner zurückzuführen. Die Erreichung der individuellen Ziele im Rahmen einer Kooperation wird durch ihre Identität, Komplementarität oder zumindest Neutralität erleichtert. Von *Zielidentität* spricht man im Falle von Zielen mit

---

[70] Vgl. Buono/Bowditch (1989), S. 143ff..
[71] Vgl. Bronder/Pritzl (o.J.), S. 32.
[72] Vgl. Albe (1996), S. 186.
[73] Vgl. Hermann (1989), S. 70ff..
[74] In Anlehnung an: Albe (1996), S. 187.

gleichem materiellem oder immateriellem Inhalt, d.h. bei identischen Zielvorstellungen. Bei *Zielkomplementarität* führt eine zunehmende Realisierung des Ziels X zu einer gleichgerichteten Realisierung von Ziel Y. *Zielneutralität*, welche dagegen auf keinen sachlichen Zusammenhang zwischen den betrachteten Zielen verweist, bedeutet für Kooperationen eine eher schwach ausgeprägte Zusammenarbeit, die schon bei kleinen Konflikten scheitern kann. Diese Art von Zielbeziehungen sollte daher lediglich bei Kooperationsnebenzielen vorkommen. Das größte Konfliktpotential birgt die *Zielkonkurrenz* in sich. Sie liegt vor, wenn die Erfüllung des Ziels X die Erfüllung des Ziels Y behindert bzw. unmöglich macht.[75] Eine schwächere Form der Zielkonkurrenz bilden Zieldivergenzen, die durch eine detaillierte Analyse und gemeinsame Diskussion seitens der Kooperationspartner auf eine gemeinsame Basis geführt werden können.[76]

Obwohl gelegentliche Konflikte manchmal auch als Zeichen einer wechselseitig fruchtbaren Zusammenarbeit angesehen werden können[77] und ihre produktive Lösung zur Festigung der zwischenbetrieblichen Bindung[78] und zu innovativen Lösungen führen kann[79], wird dennoch beiden Parteien empfohlen, zu Beginn der Kooperation allgemeinverbindliche Rahmenbedingungen zur Konflikthandhabung zu erarbeiten.[80] Dabei ist anzumerken, dass der Koordinationsaufwand bei der Bildung eines kollektiven Zielssystems im Rahmen von zwischenbetrieblichen Kooperationen oft immens ist, insbesondere im Falle von deutlichen soziokulturellen und unternehmensbezogenen Unterschieden zwischen den Kooperationsteilnehmern.[81] Zu den Voraussetzungen der Bildung eines kollektiven Zielsystems zählen u.a.: Transparenz aller individuellen Ziele, explizite Bestimmung der Kernziele und Abstimmung der Unterziele, Entwicklung eines Zielausgleichmodus zur Behandlung von Zielantinomien und –divergenzen, eigenverantwortliche Übernahme der Koordination von Zielen und ihrer Diffusion im Unternehmen seitens der Kooperationsträger sowie eine gemeinsame Bestimmung der Prioritäten und der erwarteten Dauer der Zielerreichung für alle vereinbarten Ziele.[82]

---

[75] Vgl. Fontanari (1996), S. 158ff..
[76] Vgl. Engelhardt/Seibert (1981), S. 432.
[77] Vgl. Hamel/Doz/Prahalad (1989), S. 8.
[78] Vgl. Anderson/Narus (1990), S. 45.
[79] Vgl. Steffenhagen (1975), S. 65.
[80] Vgl. Bronder (1993), S. 116, 121.
[81] Vgl. Tröndle (1987), S. 98.
[82] Vgl. Fontanari (1996), S. 163f..

2.2.5. Rekonfiguration bzw. Beendigung der Kooperation

Im Idealfall wird eine Kooperation kontinuierlich an die sich ändernden Umweltbedingungen angepasst. Wenn die kooperative Beziehung auf ein bestimmtes Ziel (z.B. Produkt oder Projekt) beschränkt ist, dann wird sie nach Erreichen dieses Ziels beendet oder zur Erfüllung von weiteren Zielen fortgesetzt. Falls eines der Kooperationsziele verfehlt wird, kann es zu einer vorzeitigen Beendigung des Kooperationsverhältnisses oder Veränderung des Ziels kommen. Im Falle von Kooperationen mit hoher Aktivaspezifität endet die Zusammenarbeit oft mit einer Fusion, mit der Übernahme der gemeinsamen Aktivitäten durch einen Partner oder auch mit der Verselbständigung der Kooperation[83].

2.3. Transaktionskostenökonomischer Ansatz zur Begründung der Existenz von Unternehmenskooperationen

Nach der kurzen Analyse einzelner Etappen des Kooperationsprozesses wird im Folgenden der Initiierungsphase von unternehmerischen Partnerschaften eine besondere Aufmerksamkeit geschenkt. Die Grundlage der Überlegungen zur Entstehung von zwischenbetrieblichen Kooperationen liefert dabei insbesondere die transaktionsökonomische Theorie, deren zentrale Bausteine näher erläutert werden. Im weiteren Vorgehen wird der Beitrag des Transaktionskostenansatzes gegen die Erklärungskraft alternativer Kooperationsansätze abgewogen.

2.3.1. Grundbausteine des Transaktionskostenansatzes

Die *Transaktionskostentheorie* stellt neben der Property-Rights- und der Principal-Agent-Theorie einen Bestandteil der neuen Institutionenökonomie dar.[84] Die *neue Institutionenökonomie* befasst sich mit der Analyse der Funktionsweise von Institutionen und der Herausarbeitung ihrer Rolle bei der Koordination wirtschaftlicher Aktivitäten.[85] Dabei erklärt sie institutionelle Gegebenheiten, insbesondere Vertrags- und Organisationsformen, durch die Verknüpfung von Elementen der Mikroökonomie, Organisationstheorie und Rechtswissenschaft.[86]

Das Erkenntnisziel des Transaktionskostenansatzes ist die Beantwortung der Frage nach den effizientesten institutionellen Vereinbarungsmustern für bestimmte Arten von

---

[83] Vgl. Michel (1994), S. 27.
[84] Vgl. Ebers/Gotsch, in: Kieser (1999), S. 199.
[85] Vgl. Coase (1984), S. 229ff..
[86] Vgl. Schmidt, in: Frese (1992), S. 1854.

Transaktionen.[87] Jede Organisationsform ist mit unterschiedlichen Kosten der Koordination wirtschaftlicher Aktivitäten verbunden.[88] Auf Märkten wird die Verwendung von Gütern und Dienstleistungen durch den Preismechanismus bestimmt, in einer Unternehmung kommt dagegen die Koordinierungsaufgabe einer zentralen Instanz zu. Die interne Koordination von Ressourcen schafft unternehmerische Kontrollmöglichkeiten, verursacht jedoch Organisationskosten. Diese Kosten steigen mit wachsender Anzahl internalisierter Transaktionen, da die immer größer werdende Komplexität eine effiziente Ressourcennutzung erschwert.[89]

Die elementare Analyseeinheit des Transaktionskostenansatzes, *die Transaktion*, ist begrifflich lateinischen Ursprungs und bedeutet *Übertragung* bzw. *Vermittlung*.[90] Im Mittelpunkt theoretischer Erwägungen steht dabei nicht der physische Güteraustausch, der nur als technische Abwicklung einer Transaktionsbeziehung angesehen wird[91], sondern die Übertragung von Verfügungsrechten (property rights), die dem physischen Leistungsaustausch logisch und zeitlich vorgelagert ist[92]. Diese *Verfügungsrechte* werden als institutionell legitimierte Handlungsrechte von Wirtschaftssubjekten definiert, die mit materiellen oder immateriellen Gütern verbunden sind und einen erwartungsbildenden und konfliktmindernden Charakter haben.[93] Sie umfassen das Nutzungsrecht, das Recht auf Aneignung von Früchten und Erträgen sowie das Veränderungs-, Veräußerungs- und Transferrecht.[94] *Transaktionskosten* sind dabei diejenigen Kosten, welche bei der Bestimmung, dem Austausch, der Kontrolle und der Durchsetzung von Verfügungsrechten entstehen.[95] Mithin verkörpern sie die Kosten der Herstellung und Nutzung eines institutionellen Arrangements.[96]

Zu den Hauptelementen des Transaktionskostenansatzes zählen: (1) die Spezifität der Investition, (2) die Opportunismusannahme, (3) die Unsicherheit/Komplexität der Transaktion, (4) die Annahme der begrenzten Rationalität der Entscheidungsträger, (5) die Transaktionshäufigkeit sowie (6) die Transaktionsatmosphäre. Die wichtigsten Beziehungen zwischen den aufgezählten Elementen werden durch die Abbildung 6 dargestellt und im Folgenden näher beschrieben:

---

[87] Vgl. Picot (1982), S. 270.
[88] Vgl. Rath (1980), S. 275f..
[89] Vgl. Coase (1937), S. 388ff., zitiert nach: Chung (1998), S. 52.
[90] Vgl. Fontanari (1996), S. 97.
[91] Vgl. Michaelis (1985), S. 69.
[92] Vgl. Picot (1982), S. 269.
[93] Vgl. Picot/Dietl (1990), S. 178.
[94] Vgl. Gabler Wirtschaftslexikon (1997), S. 4033ff..
[95] Vgl. Tietzel (1981), S. 211.
[96] Vgl. Terberger (1994), S. 125ff..

Abbildung 6: Elemente des Transaktionskostenansatzes

Individualfaktoren   *Umweltfaktoren*

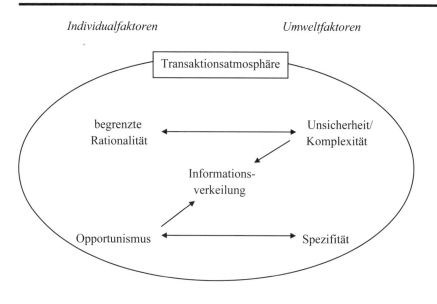

In Anlehnung an: Williamson (1975), S. 40.

(1) Im Mittelpunkt transaktionsökonomischer Überlegungen steht die *Spezifität* einer Investition.[97] Der Grad an Spezifität hängt vom Wertverlust der investierten Ressourcen ab, den sie bei ihrer Überführung aus der ursprünglichen Nutzung in die nächstbeste erleiden. Die Abhängigkeit des Ressourcenwertes von der jeweiligen Transaktion schafft eine einseitige bzw. wechselseitige Abhängigkeit der Ressourcenbesitzer.[98] Falls nur einer der Transaktionspartner eine spezifische Investition tätigt, ist das Missbrauchsrisiko besonders hoch, denn der begünstigte Partner kann bei Änderung vertragsrelevanter Umweltbedingungen eine Vertragsanpassung verweigern.[99] Wenn dagegen beide Transaktionspartner spezifische, aufeinander abgestimmte Investitionen tätigen oder gemeinsam spezifische Produktionsmittel zusammenlegen und dadurch in etwa gleich starke Abhängigkeiten beider Unternehmen schaffen, reduziert sich die spezifitätsbedingte Verhaltensunsicherheit.[100] In dieser Konstellation sind beide

---

[97] Vgl. Chiles/McMackin (1996), S. 74.
[98] Vgl. Chung (1998), S. 64.
[99] Vgl. Grüninger (2001), S. 55ff..
[100] Vgl. Rupprecht-Däullary (1994), S. 54.

Partner am Fortbestand der Beziehung und der Vermeidung opportunistischen Verhaltens interessiert.[101]

Williamson (1991) unterscheidet mehrere Arten von spezifischen Investitionen:[102]
- standortspezifische Investitionen (z.B. Ansiedlung von Zulieferbetrieben in unmittelbarer Nähe zum Abnehmer),
- spezifische Investitionen in Anlagen (z.B. Kauf von Prägeformen für ein konkretes Produkt),
- spezifische Investitionen in Humankapital (z.B. in unternehmensspezifisches erfahrungsbasiertes Know-how von Mitarbeitern),
- kundenspezifische Investitionen (z.B. eine auf den Auftrag nur eines Abnehmers zurückführbare Kapazitätserweiterung),
- Investitionen in Reputation (z.B. Etablierung einer Marke) sowie
- terminspezifische Investitionen in zeitlich nur begrenzt absetzbare oder nutzbringende Güter und Leistungen (z.B. Saisonware).

Spezifische Faktoren erfordern aufgrund der Irreversibilität ihrer Integration in die Unternehmung eine im Vergleich zu unspezifischen Faktoren kostspieligere institutionelle Absicherung. Ein Unternehmen muss erwägen, ob es in der jeweiligen Situation vorteilhaft ist, spezifische Faktoren mit ihren im Vergleich zu unspezifischen Faktoren häufig niedrigeren Produktionskosten aber höheren Transaktionskosten einzusetzen.[103] Im Falle von unspezifischen Transaktionen können jederzeit alternative Transaktionspartner gefunden werden. Daher ist für diese Art von Transaktionen der Abschluss eines einfachen Kaufvertrages ausreichend. Bei hochspezifischen Investitionen können dagegen alternative Transaktionspartner nur unter Inkaufnahme hoher Such- und Informationskosten bzw. gar nicht gefunden werden, was umfangreiche und möglichst lückenlose Verträge oder sogar eine Integration der entsprechenden Aktivitäten erfordert.[104] Eine hohe Aktivaspezifität führt demnach tendenziell zu hierarchischen Lösungen.[105]

---

[101] Vgl. Chung (1998), S. 66.
[102] Vgl. Williamson (1991), S. 281.
[103] Vgl. Foray (1991), S. 395ff..
[104] In Anlehnung an: Chung (1998), S. 68.
[105] Vgl. dazu die empirischen Untersuchungen von: Monteverde/Teece (1982), Anderson/Schmittlein (1984), Masten (1984), Davidson/McFetridge (1985), Levy (1985), Anderson/Coughlan (1987), Joskow (1987), Gatignon/Anderson (1988), John/Weitz (1988), Klein (1989), Klein/Frazier/Roth (1990), Klein/Roth (1990), Masten/Meehan/Snyder (1991), Erramilli/Rao (1993), Kogut/Zander (1993), Maltz (1993), Maltz (1994), Widener/Selto (1999). Es ist jedoch anzumerken, dass der positive Zusammenhang zwischen Aktivaspezifität und dem Grad an vertikaler Integration sich in einigen Studien auch als nicht signifikant erwiesen hat. Vgl. dazu: Kogut/Singh (1988), Kim/Hwang (1992) sowie Taylor/Zou/Osland (1998).

Im Bereich der mittleren Spezifität lassen sich nach Williamson *hybride* Organisationsformen finden[106] (vgl. Abbildung 7), welche die im Unterkapitel 2.1. abgeleiteten Voraussetzungen an eine zwischenbetriebliche Kooperation erfüllen. Kooperationen können somit auch als Übergangs- oder Zwischenformen der beiden Extreme Markt und Hierarchie verstanden werden.

Abbildung 7: Organisationsformen ökonomischer Aktivitäten

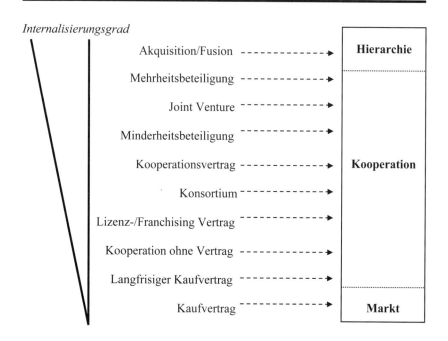

In Anlehnung an: Weder (1989), S. 74; Kabst (1997), S. 17f.; Sydow (1992), S.104; Zschiedrich/Keller (1999), S. 74.

Der untere Teil der Graphik, repräsentiert durch den Kaufvertrag, markiert die klassische Markttransaktion. Die Fusion/Akquisition bildet die andere Grenze des Kontinuums, an der zwei verschiedene Hierarchien ineinander übergehen. Die abgebildeten institutionellen Formen des Engagements wurden bereits in Unterkapitel 2.1. im Einzelnen kurz vorgestellt. Der Internalisierungsgrad nimmt

---

[106] Vgl. Williamson, in: Ordelheide/Bernd/Büsselmann (1991), S. 22f..

von unten nach oben ständig zu, wobei die Grenzen zwischen den einzelnen Koordinationstypen fließend sind.

In Hybridformen vereinigen sich in einem gewissen Maße die Stärken der marktlichen und hierarchischen Organisationsformen. Eine kooperative Koordination induziert größere Anreizwirkungen[107] und eine stärkere Aktivierung des Eigeninteresses für die Aufnahme von neuen Informationen und ihre Umsetzung in Verhaltensänderungen als hierarchische Lösungen. Im Vergleich zum Markt liegen die Vorteile einer zwischenbetrieblichen Kooperation vorwiegend im Bestehen einer administrativen Kontrolle und der Orientierung an gemeinsamen Interessen bei auftretenden Störungen.[108]

(2) Ein weiteres wichtiges Element des Markt-Hierarchie-Paradigmas nach Williamson ist die Annahme des menschlichen *Opportunismus,* d.h. der Durchsetzung von Eigeninteressen der Akteure mit List und Tücke.[109] Individuen können sich sowohl vor als auch nach Vertragsabschluss opportunistisch verhalten. Das Opportunismusrisiko bei der Auswahl von Transaktionspartnern (*Adverse-selection-Risiko*) ist auf die unvollständigen Informationen über ihre tatsächlichen Qualitätseigenschaften und wahren Absichten zurückzuführen. Das Risiko nach dem Vertragsabschluss kann in Morald-hazard- und Hold-up-Risiken eingeteilt werden. *Moral-hazard-Risiko* kennzeichnet das Problem der Einhaltung von Vertragskonditionen und ist mit der Existenz von Verhaltensspielräumen verbunden, die aufgrund der Unmöglichkeit einer vollständigen Leistungs-überwachung entstehen. *Hold-up-Risiken* beziehen sich dagegen auf die Problematik spezifischer Investitionen im Rahmen einer Transaktion.[110] Ein hohes Opportunismusrisiko veranlasst Unternehmen tendenziell zur Wahl vertikal höher integrierter Koordinationsformen.[111]

(3) Die *Umweltkomplexität* betrifft im Modell von Williamson die Anzahl und Verschiedenartigkeit der relevanten Umweltfaktoren. Die *Umweltunsicherheit* wird dagegen durch die Häufigkeit, Stärke und Regelmäßigkeit der Änderungen dieser Faktoren bestimmt.[112] Rasche Veränderungen der Umweltvariablen stellen per se

---

[107] Vgl. Williamson (1991), S. 280.
[108] Vgl. Pies, in: Pies/Leschke (2001), S. 16f..
[109] Vgl. Williamson (1985), S. 47.
[110] Vgl. Grüninger (2001), S. 52ff..
[111] Vgl. dazu die empirischen Untersuchungen von: Anderson/Schmittlein (1984), Anderson (1985), Gatignon/Anderson (1988), John/Weitz (1988), Weiss/Anderson (1992), Nakos/Brouthers (2002) sowie Stapleton/Hanna (2002).
[112] Vgl. Kieser/Kubicek (1983), S. 318.

noch keine Quelle der Unsicherheit dar. Allein eine unvorhersehbare oder unerwartete Entwicklung dieser Variablen kann eine empfundene Umweltunsicherheit hervorrufen.[113]

(4) In Verbindung mit der *beschränkten Rationalität*, die auf die Unfähigkeit des menschlichen Gehirns zur vollen Aufnahme, Speicherung und Verarbeitung von Informationen zurückzuführen ist, führt die Umweltunsicherheit dazu, dass die Individuen außerstande sind, zukünftige Umweltzustände exakt zu planen und zu prognostizieren. Dies schließt eine vollständige Spezifizierung von Verträgen aus und veranlasst die Unternehmen zur Wahl einer vertikal relativ höher integrierten Koordinationsform bei der Ausführung ihrer Aktivitäten.[114] Diese Beziehung, sowohl im Bezug auf die Verhaltens- als auch auf die Umweltunsicherheit, ist jedoch nur bei einer mittleren bis hohen Aktivaspezifität zu beobachten.[115] Beim Einsatz von spezifischen Ressourcen bieten immer neue Verhandlungsrunden aufgrund der veränderten Umweltbedingungen dem Transaktionspartner die Gelegenheit zu opportunistischem bzw. inflexiblem Verhalten, welches im Falle von niedriger Spezifität relativ unbedeutend wäre.[116]

(5) Mit steigender *Häufigkeit der Transaktion* fallen durch Lern- und Erfahrungskurveneffekte[117] sowie economies of scale[118] die Durchschnittskosten einer Transaktion.[119] Ein hoher Auslastungsgrad der spezifischen Aktiva rechtfertigt daher die notwendigen Investitionen in spezialisierte und damit komplexe institutionelle Regelungen. Bei einem niedrigen Auslastungsgrad werden hingegen relativ weniger integrierte Formen des Engagements empfohlen.[120]

---

[113] Vgl. z.B. Lawrence/Lorsch (1973), Miles/Snow/Pfeffer (1974).

[114] Vgl. Chung (1998), S. 62f. sowie die empirischen Untersuchungen von: Masten (1984), Levy (1985), John/Weitz (1988), Klein (1989) und Masten/Meehan/Snyder (1991).

[115] Vgl. z.B. die empirischen Untersuchungen von Walker/Weber (1984) und Anderson (1985).

[116] Vgl. Anderson/Gatignon (1986), S. 14; Bello/Dant/Lohtia (1997), S. 123.

[117] *Lern- und Erfahrungskurveneffekte* sind effizienzbezogene Vorteile, die auf die Verbesserung der Arbeitsmethoden und Gewinnung von Routine durch die Arbeiter sowie auf die immer bessere Koordination der Produktionsabläufe seitens des Managements zurückgeführt werden können. Vgl. Schaper-Rinkel (1998), S. 78f..

[118] *Economies of scale* werden als Kostenvorteile definiert, welche bei der Herstellung eines Produktes (oder der Durchführung einer damit verbundenen Operation oder Funktion) auf die mengenbedingte Degression der Kosten einer Einheit zurückzuführen sind. Vgl. Schaper-Rinkel (1998), S. 75.

[119] Vgl. Picot (1982), S. 272.

[120] Vgl. Klein/Frazier/Roth (1990), S. 97; Chung (1998), S. 66 sowie die empirischen Untersuchungen von Taylor/Zou/Osland (1998), Widener/Selto (1999) und Stapleton/Hanna (2002).

30

(6) Die *Transaktionsatmoshpäre* im Sinne von technologischen, rechtlichen und soziokulturellen Rahmenbedingungen der Transaktionsvorgänge[121] schafft den Hintergrund der Transaktionen.[122] Zu den technologischen Rahmenbedingungen einer Transaktion zählt insbesondere die Existenz einer leistungsfähigen Informations- und Kommunikationstechnik[123] (IuK), deren Einsatz sich durch die Möglichkeiten einer schnelleren, billigeren und umfassenderen Informationsverarbeitung und –gewinnung transaktionskostenmindernd auswirkt. Außer den IuK-Technologien stellen auch transport- und produktionstechnologische Fortschritte, die zur Verringerung der räumlichen bzw. fertigungstechnischen Spezifität beitragen können, technologische Rahmenbedingungen dar[124].

Die rechtlichen Rahmenbedingungen einer Transaktion beziehen sich vorwiegend auf die Effizienz von Rechtsprechung und Rechtsvollzug sowie die Ausgestaltung relevanter Rechtsgebiete, wie z.B. des Gesellschaftsrechts, Steuerrechts, Arbeitsrechts, Handelsrechts, Kartellrechts und der Eigentumsordnung.[125] Die Rechtssetzung kann sich für Unternehmen sowohl transaktionskostenmindernd auswirken, indem sie Unsicherheiten abbaut, Rechtssicherheit und Rechtsklarheit schafft[126], als auch transaktionskostenerhöhend, indem sie beispielsweise die Privatautonomie der Vertragsparteien durch zwingendes Recht (wie z.B. Kündigungsschutzbestimmungen) einschränkt.[127]

Die Bedeutung gemeinsamer religiöser, kultureller oder sozialer Werte und Normen wird vorwiegend in der Einengung von Freiräumen für opportunistisches Verhalten, Reduzierung der Unsicherheit sowie Vereinfachung und Beschleunigung von Kommunikationsprozessen zwischen den Kooperationspartnern gesehen.[128] Transaktionskostenerhöhend können sich dagegen beispielsweise die existierenden Sprachbarrieren auswirken, indem sie den Kooperationsprozess in all seinen Phasen verlängern und verteuern.[129] Weitere relevante Faktoren sind das Vertrauen und enge soziale Beziehungen, deren Existenz den Einsatz kostspieliger Sicherungsmaßnahmen oft überflüssig macht.[130]

---

[121] In Anlehnung an: Picot (1998), S. 44 und Picot/Dietl/Franck (2002), S. 72.
[122] Vgl. Williamson (1975), S. 22.
[123] Vgl. Rotering (1993), S. 125ff..
[124] Vgl. Leitermann (1996), S. 63.
[125] Vgl. Kappich (1989), S. 195.
[126] Vgl. van Waarden (2001), S. 765.
[127] Vgl. Picot (1982). S. 271f..
[128] Vgl. Picot/Dietl/Franck (2002), S. 73f..
[129] Vgl. Rotering (1993), S. 129.
[130] Vgl. Beccerra/Gupta (1999), S. 197; Picot/Dietl/Franck (2002), S. 73f..

Nach der Darstellung der wichtigsten theoretischen Bausteine des Transaktionskostenansatzes gilt es zu klären, wie die Transaktionskosten zu bestimmen sind. Einen interessanten Ansatz zur Einschätzung der Höhe dieser Art von Kosten verfolgt Wegehenkel (1981)[131], indem er die Transaktionskosten durch die Formel „Gesamtkosten einer Transaktion minus Kosten der Transaktion bei vollständiger Konkurrenz" bestimmt. Wegehenkel begründet seine Formel damit, dass es bei vollständiger Konkurrenz keine Transaktionskosten geben könne, da sie in den Marktpreisen enthalten seien. Diese Berechnungsmethode ist jedoch nicht operationalisierbar und hat somit in der Wirtschaftspraxis keine Bedeutung.

Eine praxisbezogenere Methode der Transaktionskostenmessung schlägt Göltenboth (1998)[132] vor. Er spaltet die Transaktionskosten zuerst getrennt nach ihrer Art auf, und zwar in:[133]

- *Anbahnungskosten* (Kosten der Informationssuche und –beschaffung über potentielle Transaktionspartner und über die organisatorische Ausgestaltung der Transaktion),
- *Vereinbarungskosten* (Kosten, die angefangen bei den Verhandlungen bis zur Einigung mit den Transaktionspartnern entstehen und deren Höhe in großem Maße von der Intensität und der zeitlichen Ausdehnung der Verhandlungen abhängig ist),
- *Kontrollkosten* (Kosten der Sicherstellung der Einhaltung von Vertrags-vereinbarungen) sowie
- *Anpassungskosten* (Kosten der Vertragsanpassung an veränderte Bedingungen).

In einem weiteren Schritt werden die Transaktionskosten danach erfasst, ob sie direkt, indirekt bzw. intangibel sind (vgl. Abbildung 8). Die *indirekten Kosten* beinhalten schwer erfassbare Kosten, während die *intangiblen Kosten* die ungefähr abgeschätzten externen Effekte[134] umfassen. Die indirekten und intangiblen Kosten können der Einfachheit halber zusammengefasst werden.

---

[131] Vgl. Wegehenkel (1981), S. 16ff..
[132] Vgl. Göltenboth (1998), S. 77ff..
[133] Vgl. Picot (1982), S. 270.
[134] Von *externen Effekten* spricht man im Falle unkompensierter Nutzenveränderungen, die ein Wirtschaftssubjekt durch seine Handlungen bei anderen Gesellschaftsmitgliedern auslöst. Vgl. Picot/Dietl/Franck (2002), S. 57.

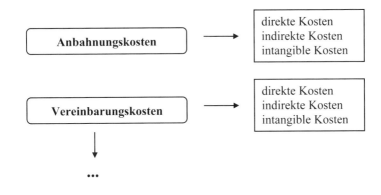

Göltenboth (1998), S. 78.

Bei der Berechnung der Anbahnungskosten einer Transaktion werden beispielsweise Telefongespräche oder Fahrten zu potentiellen Transaktionspartnern als direkte Kosten berechnet. Die indirekten und intangiblen Kosten erfassen z.b. den Zeitaufwand der Verhandlungen (Opportunitätskosten). Wenn ein Vergleich der direkten Transaktionskosten im Rahmen der Entscheidung über die vertikalen Unternehmensgrenzen zu keinem eindeutigen Ergebnis führt, werden die Opportunitätskosten in den Entscheidungsprozess als Pro/Contra-Argumente mit einbezogen. Den direkten Kosten wird dabei jedoch Priorität eingeräumt.[135]

Bei gleich bleibenden Produktionskosten wäre aus kostenorientierter Perspektive die Höhe der Transaktionskosten das einzige Entscheidungskriterium über die Wahl des institutionellen Arrangements.[136] Die Transaktionskostentheoretiker vertreten jedoch im Hinblick auf die Abhängigkeit der Produktionskosten von der gewählten Koordinationsform keine übereinstimmende Auffassung. Nach Arrow (1969)[137] sind die Produktionskosten allein von der Technologie abhängig, daher seien alle alternativen institutionellen Arrangements als produktionsneutral anzusehen. Williamson (1985)[138] merkt jedoch an, dass die Preise für fremdbezogene Güter und Leistungen u.a. mit den jeweils vereinbarten Vertragslaufzeiten variieren, was zu ihrer Abhängigkeit von der Wahl der Koordinationsform führt. Ähnlich deutet Kappich

---

[135] Vgl. Göltenboth (1998), S. 77ff..
[136] Vgl. Terberger (1994), S. 127ff..
[137] Vgl. Arrow, in: U.S. Joint Economic Committee (1969), S. 60.
[138] Vgl. Williamson (1985), S. 32ff..

(1989)[139] darauf hin, dass bei der Aufnahme der Eigenerstellung eines Produktes bzw. einer Leistung das günstigste Produktionsverfahren nicht sofort realisiert werden könne und dadurch höhere Produktionskosten als im Falle eines Fremdbezuges bzw. einer kooperativen Erstellung anfielen. Die Wirtschaftssubjekte sollen daher an der Minimierung des gesamten Bündels von Produktions- und Transaktionskosten interessiert sein.[140] Die Produktionskosten können dabei in den oben genannten Entscheidungsprozess einbezogen werden, indem sie analog in direkte Kosten und Opportunitätskosten untergliedert und zu den entsprechenden Arten von Transaktionskosten addiert werden.[141]

2.3.2. Erklärungskraft der Transaktionskostentheorie im Vergleich zu anderen Ansätzen zur Begründung von Unternehmenskooperationen

Es wurde bisher von der Wissenschaft noch kein theoretischer Ansatz entwickelt, der Kooperationen in ihrer ganzen Komplexität erfasst und erklärt. Neben der Transaktionskostentheorie existieren mehrere andere Partialansätze, die jeweils eine eigene Sichtweise auf das Problem der Entstehung von unternehmerischen Partnerschaften einnehmen und bestimmte Aspekte von Kooperationen in unterschiedlichem Maße betonen. Zu den am häufigsten zitierten Theorien zur Begründung der Existenz von Unternehmenskooperationen gehören: (1) der Resource-Dependence-Ansatz, (2) der spieltheoretische Ansatz, (3) der Netzwerkansatz und (4) die industrieökonomischen Theorien. Im Folgenden werden diese Ansätze kurz dargestellt und in Bezug auf ihren Beitrag zur Erklärung der Entstehung von Kooperationen untersucht:

(1) Im Rahmen des *Resource-Dependence-Ansatzes* wird die Entstehung von Unternehmenskooperationen mit dem Autonomiestreben von Organisationen in einer Situation der Ressourcen-Interdependenz erklärt.[142] Nach den Aussagen dieses Ansatzes ist jedes Unternehmen durch eine spezielle Ressourcenausstattung gekennzeichnet, welche das Ergebnis seiner einzigartigen historischen Entwicklung darstellt. Der Besitz von wettbewerbsrelevanten Ressourcen ermöglicht dem Unternehmen eine dauerhaft qualitativ bessere oder billigere Produktherstellung bzw. Leistungserbringung im Vergleich zu anderen Unternehmen.[143] Zu den erfolgsrelevanten Ressourcen werden diejenigen gezählt, die einen positiven

---

[139] Vgl. Kappich (1989), S. 107f..
[140] Vgl. Williamson (1979), S. 245.
[141] Vgl. Göltenboth (1998), S. 77ff..
[142] Vgl. Pfeffer/Salancik (1978), S. 146f..
[143] Vgl. Hungenberg, in: Engelhard/Sinz (1999), S. 17.

Marktwert besitzen und dem Unternehmen nachhaltig zur Verfügung stehen, d.h. deren Ausstattung oder komplexes Zusammenspiel nur schwer nachgeahmt werden kann.[144]

Um die von den anderen Organisationen benötigten Ressourcen zu erhalten und ihre Verfügbarkeit sicherer zu machen, pflegen Unternehmen Austauschbeziehungen. Sie versuchen dabei diejenige Form der Interaktion zu finden, die ihnen den geringstmöglichen Autonomie- und Machtverlust gewährleistet.[145] Eine Kooperation wird nur dann eingegangen, wenn die Integration von Aktivitäten (welche den höchsten Grad an Autonomie sichert) nicht möglich ist.[146] Somit stimmt die zentrale Aussage des Resource-Dependence-Ansatzes im Hinblick auf die Wahl der optimalen Koordinationsform des Engagements mit der Aussage des Transaktionskostenansatzes überein. Die Sicherstellung des Zugangs zu wettbewerbsrelevanten Ressourcen bedeutet eine hohe Spezifität der Investition und sollte demnach in hierarchischer Form abgewickelt werden.

Neben der Investitionsspezifität wird im Rahmen des Resource-Dependence–Ansatzes auch die transaktionsökonomische Variable der Verhaltensunsicherheit angesprochen. Die Sicherheit in Bezug auf nicht opportunistisches Verhalten seitens des Geschäftspartners würde nämlich eine Integration der Aktivitäten erübrigen. Indirekt bezieht sich dieser Ansatz auch auf die soziokulturellen Rahmenbedingungen der Transaktionsvorgänge, den Entwicklungsstand von IuK-Technik sowie auf die Ausgestaltung der Rechtsvorschriften und den Rechtschutz, welche die wahrgenommene Verhaltensunsicherheit im Rahmen einer Transaktion stark beeinflussen können. Darauf wird im Abschnitt 2.3.4. gesondert Bezug genommen. Die Ausgestaltung der Rechtsvorschriften kann darüber hinaus die freie Wahl von Koordinationsformen einschränken und die Unternehmen somit zum Einsatz kooperativer Lösungen anstatt der bevorzugten vollen Integration von Aktivitäten zwingen.

Der Umfang der Entscheidungsfreiheit in Bezug auf die Wahl einer effizienten Koordinationsform für die durchzuführende Transaktion kann zudem durch die finanzielle Lage der Unternehmen begrenzt werden. So wird eine Organisation, welche nicht über ausreichende Mittel für die volle Integration der Aktivitäten verfügt, sich wohl für die Form der Kooperation entscheiden. Der Mangel an

---

[144] Vgl. Barney (1991), S. 99ff..
[145] Vgl. Pfeffer/Salancik (1978), S. 146ff..
[146] Vgl. Schäper (1997), S. 72ff..

finanziellen Ressourcen für eine wenigstens partiell integrierte Lösung wird das Unternehmen dagegen zur Abwicklung der Transaktion über Markt veranlassen.

Es soll noch erwähnt werden, dass der Resource-Dependence-Ansatz die Kooperationen als äußerst konfliktträchtige Formen der Koordination von zwischenbetrieblichen Beziehungen ansieht. Die Führungskräfte sind aufgrund der Ressourcen-Interdependenz stark daran interessiert, eigene Abhängigkeiten abzubauen und fremde aufzubauen. Der Frage der Konfliktvermeidung bzw. – milderung im Laufe einer Kooperation kommt demnach eine besondere Bedeutung zu.[147]

(2) Grundlage des *spieltheoretischen Ansatzes* bildet die Erkenntnis, dass das Ergebnis wirtschaftlichen Handelns nicht nur von autonomen Gegebenheiten und Handlungen einzelner Unternehmen abhängt, sondern auch durch Aktivitäten anderer Wirtschaftsteilnehmer stark beeinflusst wird.[148]

Eines der bekanntesten spieltheoretischen Paradigmen, das die Vorteilhaftigkeit einer kooperativen Strategie demonstriert, ist das sog. *Gefangenendilemma* - ein vereinfachtes Modell der Realität, in dem zwei verhaftete Personen vom Staatsanwalt einzeln befragt werden und vorher keine Möglichkeit hatten miteinander zu kommunizieren. Falls keine von ihnen als Zeuge des Staatsanwaltes auftreten wird, werden sie nur für Landstreicherei verurteilt. Wenn aber eine gesteht und die andere nicht, so wird die erste sehr mild und die zweite sehr hart bestraft. Ein beiderseitiges Geständnis führt dagegen zu einer verhältnismäßig harten Bestrafung beider Gefangenen.[149] Das Dilemma liegt darin, dass es für beide Spieler, unabhängig vom Verhalten des anderen, vorteilhafter ist, als Zeuge des Staatsanwaltes aufzutreten. Ein beiderseitiges Geständnis ist jedoch für jeden Spieler ungünstiger als wechselseitige Kooperation.[150]

Das Gefangenendilemma kann durch Einführung von mehreren Runden entschärft werden. Ein Problem stellt dabei jedoch die jeweils letzte Runde des Spiels dar. Anfänglich wird den Spielern ein kooperatives Verhalten unterstellt, das den beiderseitigen Vertrauensaufbau fördern soll. In der letzten Spielrunde lohnt sich die Kooperation aber weder aus der Perspektive des ersten noch des zweiten Spielers. Da beide Spieler ähnliche Überlegungen haben, gelten die gleichen

---

[147] Vgl. im Folgenden: Schäper (1997), S. 72ff..
[148] Vgl. Buck (1970), S. 1.
[149] Vgl. Bodemer, in: Gabriel (1978), S. 163.
[150] Vgl. Axelrod (1991), S. 7.

Vermutungen auch für den vorletzten Zug usw., so dass das kooperative Verhalten gar nicht zur Geltung kommt. Die Voraussetzungen einer kooperativen Strategie sind also aus spieltheoretischer Sicht ein unendlicher oder zeitlich nicht näher spezifizierter Zeithorizont der Zusammenarbeit sowie die Existenz von Vertrauen.[151] Gegenseitiges Vertrauen oder mindestens ein Vertrauensvorschuss zu Beginn der kooperativen Beziehung bilden die Grundlagen der Kooperationsbereitschaft der Transaktionspartner.[152]

Die Existenz von Vertrauen als Voraussetzung für die Entstehung von Kooperationen schafft einen direkten Bezug zu der transaktionsökonomischen Annahme des menschlichen Opportunismus und der Variable der Verhaltensunsicherheit. Indirekt bezieht sich der spieltheoretische Ansatz auch auf die soziokulturellen Rahmenbedingungen der Transaktion. Die Basis für die Entstehung von Vertrauen bildet nämlich eine erfolgreiche Kommunikation zwischen den Partnern[153], die, besonders im Falle von grenzüberschreitenden Kooperationen, durch die Existenz kultureller Unterschiede stark determiniert wird. Ein indirekter Bezug lässt sich ferner zu dem Standortfaktor „Entwicklungsstand der IuK-Technik" herstellen, welcher den Kommunikationsprozess zwischen den Kooperationspartnern hinsichtlich seiner Qualität und Häufigkeit mit beeinflussen kann. Schließlich üben auch der Grad an Rechtsschutz und die Ausgestaltung der Rechtsvorschriften einen signifikanten Einfluss auf das Niveau der Unsicherheit in bezug auf das Verhalten des Transaktionspartners.

(3) Im Rahmen des *Netzwerkansatzes* wird die Entstehung von Unternehmensnetzwerken als Folge von Markt- und Organisationsversagen angesehen.[154] Wie in Unterkapitel 2.1. bereits erwähnt, stellen Netzwerke eine Sonderform zwischenbetrieblicher Zusammenarbeit dar und werden nach Sydow (1992)[155] als auf die Realisierung von Wettbewerbsvorteilen zielende Organisationsformen ökonomischer Aktivitäten definiert, die sich durch komplex-reziproke, eher kooperative denn kompetitive und relativ stabile Beziehungen zwischen rechtlich selbständigen, wirtschaftlich jedoch zumeist abhängigen Unternehmen auszeichnen.

Unternehmensnetzwerke internalisieren die Stärken der extremen Koordinationsformen, wie z.B. die marktliche Funktionsspezialisierung bzw. das in

---

[151] Vgl. Axelrod (1991), S. 1ff..
[152] Vgl. Schäper (1997), S. 77ff..
[153] Vgl. Anderson/Narus (1990), S. 54.
[154] Vgl. Reiss (1996), S. 195.
[155] Vgl. Sydow (1992), S. 79ff..

Hierarchien verankerte Vertrauen. Gleichzeitig zielen sie auf die Eliminierung von Schwächen dieser Formen, d.h. des Opportunismus im Falle des Marktes und des Fehlens von marktlichem Effizienzdruck im Falle einer Hierarchie, ab.[156]

Im Unterschied zu gewöhnlichen Kooperationen bestehen Netzwerke generell aus einer größeren Anzahl von Akteuren und sind auf Dauer angelegt.[157] Die Beziehungen zwischen den Netzwerkpartnern können dabei unterschiedliche Formen kooperativer Zusammenarbeit annehmen und erstrecken sich über das ganze in Abbildung 7 dargestellte Kontinuum zwischen Markt und Hierarchie.[158] Darüber hinaus werden in Netzwerken mehrere unterschiedliche Zwecke gleichzeitig verfolgt und die persönlichen Kontakte anstatt der vorgenommenen Projekte in den Vordergrund gestellt. Vertrauen, Reziprozität und gegenseitige Anpassung zählen zu den wichtigsten Koordinationsinstrumenten im Rahmen eines Netzwerkes.[159]

Aufgrund der zentralen Rolle, welche das Vertrauen im Rahmen der Netzwerktheorie spielt, kann ein direkter Bezug dieses Ansatzes zu dem transaktionsökonomischen Konstrukt der Verhaltensunsicherheit festgestellt werden. Ähnlich wie im Falle der Spieltheorie bezieht sich der Netzwerkansatz indirekt auch auf die einzelnen Elemente der Transaktionsatmosphäre, insbesondere auf die soziokulturellen Rahmenbedingungen des Engagements und den Entwicklungsstand moderner IuK-Technologien, welche den Kommunikationsprozess zwischen den Transaktionspartnern (d.h. die Grundlage für die Entstehung des Vertrauens) mit beeinflussen können.

(4) Im Rahmen der *industrieökonomischen Ansätze* wird das Eingehen von Kooperationen als eine der möglichen Antworten eines Unternehmens auf Veränderungen der Industriestruktur angesehen. Auf den Erkenntnissen der Industrieökonomik baut sehr stark der *Portersche Ansatz des strategischen Managements* auf. Der gravierendste Unterschied zwischen diesen beiden Ansätzen bezieht sich auf ihre Betrachtungsebene. Der Ansatz des strategischen Managements untersucht die Veränderungen der Industriestruktur und ihre Auswirkungen aus der Perspektive eines einzelnen Unternehmens, das an der Verbesserung seiner Ergebnisse interessiert ist. Für die Industrieökonomen stellen dagegen eine ganze Branche und das Marktergebnis im wohlfahrtsökonomischen

---

[156] Vgl. Siebert, in: Staehle/Sydow (1991), S. 294ff..
[157] Vgl. Schäper (1997), S. 93f..
[158] Vgl. Albe (1996), S. 156.
[159] Vgl. Schäper (1997), S. 93f..

Sinne (Fortschritt, Vollbeschäftigung, allokative Effizienz usw.) die relevanten Analyseeinheiten dar.[160] Beide Ansätze stehen in einer komplementären Beziehung zueinander und bilden gemeinsam eine Basis für die Ableitung theoretischer Aussagen zu Kooperationsbeziehungen. Da ihnen jedoch vergleichbare Annahmen zugrunde liegen und sich zudem das vorliegende Forschungsprojekt auf die Analyse unternehmerischer Partnerschaften aus der Perspektive einzelner Betriebe konzentriert, werden die industrieökonomischen Ansätze im Folgenden durch den Porterschen Ansatz repräsentiert.

Im Rahmen des Ansatzes des strategischen Managements entwickelte Porter (1995)[161] ein Instrumentarium zur Analyse der Branchenstruktur anhand folgender fünf Wettbewerbskräfte: der Rivalität unter den bestehenden Unternehmen, der Verhandlungsstärke der Lieferanten, der Verhandlungsmacht der Abnehmer, der Bedrohung durch neue Konkurrenten sowie der Bedrohung durch Ersatzprodukte und –dienste. Weitere wichtige Bestandteile der wettbewerbsorientierten Analyse einer Industrie bzw. eines Industriezweiges sind der Grad an Fragmentierung der jeweiligen Branche, die Entwicklungsstufe, auf der sie sich gerade befindet sowie die Änderungsdynamik, welcher sie unterliegt.[162] Abhängig von der Einstufung des Industriezweiges nach den genannten Kriterien werden von Porter unterschiedliche Strategien empfohlen (vgl. Tabelle 1 im Anhang).

Nach dem Porterschen Ansatz des strategischen Managements gehen Unternehmen Kooperationen ein, um ihre Wettbewerbsposition gegenüber anderen Organisationen zu verbessern. Zwischenbetriebliche Partnerschaften stellen jedoch nur eine der möglichen Antworten des Unternehmens auf die Veränderungen der Wettbewerbsbedingungen dar (vgl. Abbildung 9).

---

[160] Vgl. Hammes (1994), S. 67ff..
[161] Vgl. Porter (1995), S. 247ff..
[162] Vgl. Porter (1995), S. 57.

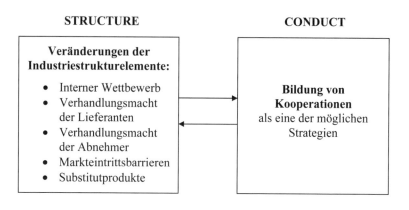

Vgl. Hammes (1994), S. 110.

Im Rahmen des Porterschen Ansatzes wird nicht spezifiziert, unter welchen Voraussetzungen gerade die Kooperationsstrategie ausgewählt werden soll. Somit beschränkt sich der Beitrag dieses Ansatzes hinsichtlich der Entstehung von Kooperationen auf Situationen, in denen besondere strategische Gründe für das Eingehen einer zwischenbetrieblichen Partnerschaft sprechen und diese Entscheidung unabhängig von ihrem Einfluss auf die Effizienz der jeweiligen Einzeltransaktion getroffen wird. Eine solche Situation kann z.B. in einem oligopolistisch strukturierten Markt vorkommen, wenn ein Unternehmen seinen Wettbewerbern folgend eine Kooperation eingeht, um sich im Konkurrenzkampf nicht schlechter zu stellen.

Wie bereits angemerkt wurde, liefert keiner der oben dargestellten Ansätze eine vollständige Erklärung der Existenz von zwischenbetrieblichen Kooperationen. Darüber hinaus weisen die einzelnen Theorien zusätzliche Schwachpunkte auf. Für den Resource-Dependence-Ansatz liegen beispielsweise relativ wenige empirische Untersuchungen vor.[163] Den existierenden Studien werden außerdem eine falsche Analyseebene (Branchen statt einzelne Unternehmen) sowie Vernachlässigung

---

[163] Vgl. Hermesch (2002), S. 109.

mancher Variablen und der Interdependenzbeziehungen zwischen den Einflussfaktoren vorgeworfen.[164]

Die Schwäche der Spieltheorie wird in der zu starken Vereinfachung der Wirklichkeit gesehen, welche auf einzelne Spiele mit zwei Spielern und zwei Strategien mit von vornherein exakt festgelegten Auszahlungen zurückgeführt wird. Außerdem berücksichtigt das Gefangenendilemma nicht die Tatsache, dass die Spielteilnehmer ihre subjektive Wahrnehmungen über die möglichen Auszahlungen in den Entscheidungsprozess mit einbeziehen[165] und lässt durch die Beschränkung der Spieler auf lediglich zwei extreme Alternativen Kooperation oder Nicht-Kooperation die unterschiedlichen Intensitätsgrade kooperativen Verhaltens außer Acht.[166] Darüber hinaus befinden sich die Unternehmen in der Wirklichkeit oft nicht nur in einem Spiel, sondern in verschiedenen Spielen, die häufig voneinander abhängig sind.[167] Abschließend zu den Schwächen des spieltheoretischen Modells soll noch angemerkt werden, dass das Gefangenendilemma die Gleichzeitigkeit der Entscheidungen beider Spieler über Kooperation/Nicht-Kooperation voraussetzt, die in der Realität nie vollständig erreicht werden kann. Die Handlungen der Partner sind normalerweise zeitlich nachgeordnet, wodurch die empirische Bedeutung des Gefangenendilemmas für die Kooperationsproblematik weiter eingeschränkt wird.[168] Auch die in der Spieltheorie unterstellten fehlenden Verständigungsmöglichkeiten zwischen den Spielern sind im Rahmen von Unternehmenskooperationen eine sehr realitätsferne Annahme.[169]

Der Netzwerkansatz wurde auf Grundlage der Beobachtungen von Märkten für Investitionsgüter entwickelt, die sich durch relativ stabile und langjährige Austauschbeziehungen auszeichnen. An dieser Theorie ist demnach u.a. die Annahme zu kritisieren, dass Strukturen von Investitionsgütermärkten auf alle anderen Märkte übertragbar seien. Darüber hinaus wird dem Netzwerkansatz die Vernachlässigung der Machtverhältnisse vorgeworfen.[170]

Der Schwachpunkt der älteren industrieökonomischen Theorien wird vorwiegend in ihrem unilateralen Determinismus gesehen. An den neueren industrieökonomischen Ansätzen und ihren Weiterentwicklungen wird hingegen in erster Linie eine reine

---

[164] Vgl. Davis/Powell, in: Dunnette/Hough (1992), S. 325ff..
[165] Vgl. Schrader (1989), S. 30; Fontanari (1996), S. 96.
[166] Vgl. Kabst (2000), S. 26.
[167] Vgl. Hammes (1994), S. 132.
[168] Vgl. Güth/Kliemt, in: Herder-Dorneich/Schenk/Schmidtchen (1993), S. 257.
[169] Vgl. Kabst (2000), S. 26.
[170] Vgl. Morath (1996), S. 29ff..

Auflistung möglicher strategischer Vorteile von Kooperationen kritisiert, ohne die Spezifizierung der Bedingungen, unter welchen diese Vorteile erreichbar wären, sowie ohne ihre Integration in einen klaren theoretischen Bezugsrahmen.[171]

Der Transaktionskostenansatz bleibt ebenfalls nicht einwandfrei. Den zentralen Kritikpunkt an der Transaktionskostentheorie stellt nach den meisten Autoren die schwierige Operationalisierung und Messung der Transaktionskosten dar.[172] In der Praxis ist dieses Problem jedoch relativ irrelevant, da es im Transaktionskostenansatz letztendlich nicht auf absolute, sondern nur auf relative Größen und Tendenzaussagen ankommt.[173] Die Effizienz institutioneller Arrangements kann nur im Vergleich zu anderen diskreten Strukturalternativen, d.h. real existierenden oder gedanklich vorstellbaren Institutionen, sinnvoll ermittelt und diskutiert werden.[174] Dabei ist anzumerken, dass es in bestimmten Fällen zur Überschneidung der aus dem Transaktionskostenansatz resultierenden Tendenzaussagen kommt, was die Aufstellung von klaren Empfehlungen erschweren kann.[175] Ein grober Vergleich der Einflussfaktoren reicht aber in der Regel aus, um zu transaktionskostentheoretisch fundierten Entscheidungen über das optimale Ausmaß an vertikaler Integration zu gelangen.[176]

Der Transaktionskostentheorie wird auch eine vorwiegend statische Anlage[177] und eine Vernachlässigung von Ertragsfaktoren[178] vorgeworfen. Ferner wird kritisiert, dass den Individuen bei der Wahl von Organisationsformen streng rationale Vergleiche der Transaktionskosten unterstellt werden, obwohl die Annahme der beschränkten Rationalität einen der wichtigsten Bausteine des Ansatzes bildet.[179] Dem letzten Vorwurf kann mit dem Argument von Schaper-Rinkel (1998)[180] begegnet werden. Die beschränkte Rationalität bezieht sich nur auf die begrenzten kognitiven Fähigkeiten der Menschen und soll nicht mit Irrationalität verwechselt werden. Auch begrenzt rationale Individuen sind im Stande, durch eine strukturierte Analyse der Ausgangslage des jeweiligen Unternehmens, eine richtige Entscheidung über die anzuwendende Koordinationsform der durchzuführenden Transaktionen zu treffen.

---

[171] In Anlehnung an: Schäper (1997), S. 86.
[172] Vgl. Leitermann (1996), S. 120.
[173] Vgl. Göltenboth (1998), S. 83.
[174] Vgl. Dahlman (1979), S. 160ff..
[175] Vgl. Göltenboth (1998), S. 81f..
[176] Vgl. Picot (1982), S. 281.
[177] Vgl. Domrös (1994), S. 93ff..
[178] Vgl. Krüsselberg (1992), S. 206.
[179] Vgl. Schneider (1985), S. 530.
[180] Vgl. Schaper-Rinkel (1998), S. 141.

Von manchen Wissenschaftlern wird darüber hinaus die Opportunismusannahme in der Transaktionskostentheorie kritisiert. Michaelis (1985)[181] merkt an, dass neben Opportunismus auch eine Vielzahl anderer die Höhe der Transaktionskosten beeinflussenden Verhaltensweisen der Transaktionspartner möglich ist. So ist z.B. altruistisches Verhalten als Mittel zur Befriedigung des eigenen Bedürfnisses nach Anerkennung durch die Umwelt bzw. in Erweiterung eigener Vergünstigungen denkbar. Nach Ghoshal und Moran (1996)[182] werden aufgrund der Annahme des opportunistischen Verhaltens die Anweisungs-, Überwachungs- und Kontroll-mechanismen in der Realität übermäßig eingesetzt und der Vertrauensaspekt vernachlässigt. Die Opportunismusannahme kann sogar zu einer sich selbsterfüllenden Prognose führen, da der Einsatz starker Überwachungsinstrumente ein Signal des Misstrauens den Mitarbeitern gegenüber darstellt und in ihrer abnehmenden Loyalität und einem verstärkten Willen zu egoistischer Ausnutzung der verbliebenen Handlungsspielräume resultieren kann. Auf die abnehmende Loyalität der Mitarbeiter wird mit erhöhter Überwachungsintensität reagiert, was den „Teufelskreis" zwischen Kontrollinstrumenten und opportunistischem Verhalten schließt und die Effizienz der Unternehmung senkt.

Trotz der oben aufgelisteten Unzulänglichkeiten stellt der Transaktionskostenansatz jedoch ein leistungsfähiges Instrument für effizienzbezogene Vergleiche zwischen alternativen Koordinationsformen dar, der sich auch in zahlreichen empirischen Untersuchungen weitgehend als robust erwiesen hat.[183] Sein Verdienst für die Erklärung der Entstehung von Unternehmenskooperationen kann insbesondere in der genauen Spezifizierung von Bedingungen angesehen werden, unter denen eine zwischenbetriebliche Zusammenarbeit die effizienteste Koordinationsform wirtschaftlicher Aktivitäten darstellt. Auf die Kombinationen der Ausprägungen transaktionsökonomisch relevanter Variablen, welche die Entstehung einer Kooperation begünstigen, wird in den Abschnitten 2.3.3. und 2.3.4. noch ausführlich eingegangen.

Eine weitere Begründung für eine vorwiegend transaktionskostenökonomisch ausgerichtete Analyse der Entstehung von zwischenbetrieblichen Kooperationen im Rahmen der vorliegenden Studie liefert der relativ klar feststellbare Standortbezug des Transaktionskostenansatzes. Im Gegensatz zu den meisten oben dargestellten Erklärungsansätzen lassen sich im Rahmen der Transaktionskostentheorie

---

[181] Vgl. Michaelis (1985), S. 105.
[182] Vgl. Ghoshal/Moran (1996), S. 20ff..
[183] Für den Überblick über die empirischen Studien zur Gültigkeit des Transaktionskostenansatzes vgl. Rindfleisch/Heide (1997), S. 33ff., 43ff..

Standortfaktoren identifizieren, welche die Entstehung von Kooperationen *direkt* beeinflussen. Zu diesen Faktoren zählen insbesondere die rechtlichen, technologischen und kulturellen Rahmenbedingungen der Transaktionsvorgänge. Wie noch später aufgezeigt wird (Kapitel 4), lassen sich aus der betriebswirtschaftlichen Standorttheorie und der Internationalisierungstheorie auch weitere Standortfaktoren ableiten, welche die Umweltunsicherheit der Transaktionen mitbestimmen, wie z.B. der Grad an institutioneller Unterstützung oder das Länderrisiko.

Die besondere Bedeutung des Transaktionskostenansatzes bei der Erklärung der Entstehung von Unternehmenskooperationen basiert darüber hinaus auf der Tatsache, dass der Einfluss zentraler Variablen aus den meisten alternativen Erklärungsansätzen sich, wie im Laufe dieses Abschnitts dargestellt, mit transaktionsökonomischen Aussagen erläutern lässt (vgl. Abbildung 10). Auf Grundlage des Ansatzes des strategischen Managements und des Ressource-Dependence-Ansatzes können jedoch zwei ergänzende Determinanten der Wahl von Koordinationsformen abgeleitet werden. Wie in den Ausführungen zu dem Porterschen Ansatz erwähnt wurde, entstehen manche Entscheidungen über die anzuwendende institutionelle Form des Engagements aufgrund von rein strategischen Erwägungen. Diese haben nicht die Effizienz des konkreten Einzelengagements, sondern die langfristige Maximierung der Effizienz des ganzen Unternehmens zum Ziel. Die zweite ergänzende Determinante der Koordinationsformenwahl, welche auf die Aussagen des Resource-Dependence-Ansatzes zurückzuführen ist, stellt die finanzielle Lage des konkreten Unternehmens dar. Ist diese angespannt, so kann das eine Reduzierung der Entscheidungsfreiheit der Organisation von einem breiten Alternativenbündel hin zu ausschließlich finanziell tragbaren Lösungen zur Folge haben.

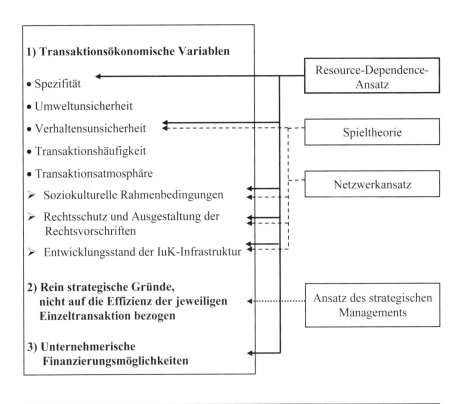

2.3.3. Typologie effizienter Koordinationsformen

Im vorhergehenden Abschnitt wurden die Einflussfaktoren der Entstehung von Unternehmenskooperationen ermittelt. Es bleibt noch zu klären, welche *Ausprägungen* der als relevant erkannten Variablen die Organisationen zur Wahl einer kooperativen Koordinationsform für die von ihnen abzuwickelnden wirtschaftlichen Aktivitäten veranlassen.

Auf Basis des Transaktionskostenansatzes ist es möglich, eine Typologie effizienter Koordinationsformen für bestimmte Transaktionen in Abhängigkeit von ihrer Spezifität, Unsicherheit und Häufigkeit sowie den einzelnen Elementen der Transaktionsatmosphäre abzuleiten. Unabhängig vom Unsicherheitsgrad einer

Transaktion wird eine hierarchische einer marktlichen Transaktionsabwicklung dann vorgezogen, wenn die jeweilige Transaktion den Einsatz hoch spezifischer Aktiva erfordert.[184] Die gegenseitige Abhängigkeit aufgrund von spezifischen Investitionen rechtfertigt nämlich den teuren Aufbau institutioneller Regelungen. Die marktliche Koordination erweist sich dagegen im Falle des Einsatzes unspezifischer Faktoren als vorteilhafter, denn diese Art von Faktoren wird jederzeit von mehreren potentiellen Transaktionspartnern angeboten und nachgefragt und kann über den Preismechanismus kostengünstiger koordiniert werden.[185]

Bei mittlerer Spezifität und geringer bis mittlerer Unsicherheit wird die Zwischenform der Kooperation empfohlen. Die Verbindung der mittleren Spezifität mit hoher Unsicherheit weist jedoch schon eher auf die Effizienz einer marktlichen (bei relativ niedrigerem Spezifitätsgrad) bzw. einer hierarchischen (bei relativ höherem Spezifitätsgrad) Koordinationsform hin.[186] (Vgl. Abbildung 11)

Abbildung 11: Effiziente Koordinationsformen in Abhängigkeit vom Spezifitäts- und Unsicherheitsgrad der Transaktion

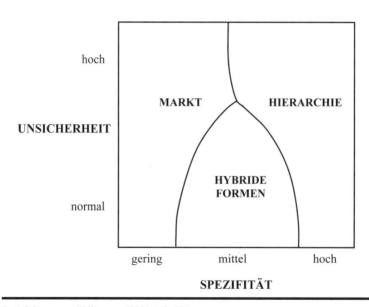

In Anlehnung an: Williamson (1991a), S. 292.

---

[184] Vgl. Chung (1998), S. 67.
[185] Vgl. Williamson (1985), S.90f..
[186] Vgl. Williamson (1991), S. 292.

Besondere Probleme ergeben sich im Falle eines Informationsaustausches. Aufgrund des Arrows Paradoxons[187] und wegen der Existenz schwer kodifizierbaren Wissens scheidet die Form des Marktes für den geschäftlichen Austausch von Informationen aus. Die Form der Hierarchie bietet dagegen schwächere Lern- und Innovationseffekte als eine kooperative Informationsgenerierung an. Außerdem führt die Herstellung einiger Informationen in Kooperation mit interessierten Akteuren zur Internalisierung der dabei entstehenden externen Effekte, die andernfalls den Anreiz zur selbständigen Produktion von Informationen dämpfen könnten.[188] Andererseits stellt schwer kodifizierbares Wissen oft eine wertvolle Ressource dar und weist somit einen hohen Grad an Spezifität auf. Deswegen bevorzugen einige Unternehmen die Kontrolle über diese Ressource beizubehalten und wählen hoch integrierte Formen des Engagements aus. Da die dargestellten Reaktionen entgegengesetzte Effekte hervorrufen, ist es schwierig abzuschätzen, welche Koordinationsform in einem konkreten Fall von Wissensaustausch angewandt wird.

Falls aus der Analyse der Kombination von Spezifität und Unsicherheit sich keine eindeutigen Aussagen zu der in einem bestimmten Fall anzuwendenden Koordinationsform aufstellen lassen, empfiehlt es sich, eine weitere Einflussgröße des Transaktionskostenansatzes in die Untersuchung mit einzubeziehen - die Transaktionshäufigkeit. Wie schon im Abschnitt 2.3.1 erwähnt wurde, wächst mit steigender Transaktionshäufigkeit ceteris paribus der Grad an vertikaler Integration[189]. In der Praxis heißt das, dass im Zweifelsfall zwischen Kooperation und Hierarchie bei geringer Transaktionshäufigkeit die Form der Kooperation und bei hoher Transaktionshäufigkeit entweder eine hierarchische Lösung oder eine Kooperationsform, die einen höheren Grad an vertikaler Integration aufweist, ausgewählt wird. Ähnliche Überlegungen gelten für die Grenzfälle zwischen Kooperation und Markt. Bei geringer Transaktionshäufigkeit wird die Form des Marktes bzw. die Kooperationsform niedrigeren Integrationsgrades bevorzugt, während eine hohe Häufigkeit der Transaktion eher die Anwendung einer Kooperationsform weiter rechts auf dem Markt-Hierarchie-Kontinuum nahe legen würde.

Die Berücksichtigung der Variable Transaktionshäufigkeit erfolgt ebenfalls durch die Ausgestaltung des Transaktionsvertrages. Nach Williamson soll jede generische Koordinationsform, d.h. Markt, Kooperation oder Hierarchie, durch eine

---

[187] Das *Informationsparadoxon* von Aarow besagt, dass der Nutzen einer Information erst dann bestimmt werden kann, wenn die Information bekannt wird. Vgl. Arrow (1971), S. 152.
[188] Vgl. Picot/Dietl/Franck (2002), S. 189ff..
[189] Vgl. Chung (1998), S. 66.

entsprechende Vertragsform unterstützt werden[190]. In der Neuen Institutionen-ökonomie wird zwischen klassischen, neoklassischen und relationalen Verträgen unterschieden. *Klassische* Verträge beziehen sich auf einen bestimmten Zeitpunkt und regeln alle Aspekte einer Transaktion im Voraus, d.h. sie sehen keine Anpassungen an sich potentiell ändernde Bedingungen vor.[191] Zur Klärung etwaiger Ansprüche wird grundsätzlich der Gerichtsweg eingeschaltet. Diese Art von Verträgen eignet sich für kurzfristige[192], vereinzelte[193] Transaktionen.

Die *neoklassische* Vertragsform ist dagegen längerfristig angelegt. Sie stützt sich auf die Annahme, dass nicht alle Eventualitäten bereits vor Vertragsabschluss vorgesehen werden können und lässt die Vornahme von notwendigen Anpassungen zu. Zu den möglichen Anpassungsinstrumenten zählen u.a. eine nachträgliche Modifizierung des Vertrages, die Einbeziehung eines neutralen Schiedsrichters, Wiedergutmachungs-zahlungen, die Kopplung der Verrechnungspreise an bestimmte Indexe usw.[194]

Im Gegensatz zu klassischen und neoklassischen Verträgen, die vorwiegend auf formalen Regelungen und expliziten Vereinbarungen basieren, bilden gemeinsame Wertgrundlagen, implizite Vereinbarungen und stillschweigende Einverständnisse die Grundlage der *relationalen* Verträge.[195] Diese Art von Verträgen bezieht sich auf eine langfristige Bindung, die verschiedene Anpassungsprozesse zulässt und den Vertrag zu einer Art Minigesellschaft mit bestimmten Regeln formt.[196] Relationale Verträge sind durch Außenstehende nur unter großen Schwierigkeiten verifizierbar aus diesem Grunde mit einem höheren Risiko verbunden. Die Haltung an implizite Regeln und Normen ist jedoch im Falle von häufigen Transaktionen und mittlerer bis hoher Spezifität kostengünstiger als der Versuch einer ex-ante Festlegung aller möglichen Eventualitäten.[197]

Im Falle von marktlichen Transaktionen werden am häufigsten klassische Verträge geschlossen. Hierarchische Lösungen implizieren vereinheitlichte Kontrolle und den Einsatz relationaler Verträge. Bei gelegentlichen Transaktionen im Rahmen kooperativer Koordinationsformen wird das neoklassische- und im Falle häufiger Transaktionen das relationale Vertragsrecht empfohlen.[198] (Vgl. Abbildung 12)

---

[190] Vgl. Williamson (1991), S. 271.
[191] Vgl. MacNeil (1978), S. 893.
[192] Vgl. MacNeil (1978), S. 858ff..
[193] Vgl. Ochsenbauer (1989), S. 218.
[194] Vgl. MacNeil (1978), S. 865ff..
[195] Vgl. Wolff (1995), S. 36f..
[196] Vgl. MacNeil (1978), S. 901.
[197] In Anlehnung an: Wolff (1995), S. 37.
[198] Vgl. Pfohl/Large (1992), S. 30f..

Abbildung 12: Effiziente Vertragsarten in Abhängigkeit von Investitionsspezifität und Transaktionshäufigkeit

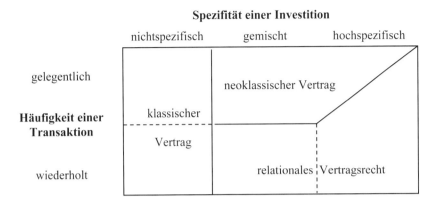

Spezifität einer Investition

nichtspezifisch　　gemischt　　hochspezifisch

gelegentlich

Häufigkeit einer Transaktion

wiederholt

klassischer Vertrag

neoklassischer Vertrag

relationales Vertragsrecht

Vgl. Williamson (1990), S. 89.

Auf den Einfluss der sonstigen transaktionsökonomischen Variablen (d.h. der technologischen, rechtlichen und soziokulturellen Rahmenbedingungen einer Transaktion) auf die Typologie effizienter Koordinationsformen wird in den folgenden Abschnitten gesondert Bezug genommen.

2.3.4. Einfluss der Transaktionsatmosphäre auf die Höhe der Transaktionskosten und die Wahl der optimalen Koordinationsform

2.3.4.1. Technologische Rahmenbedingungen

Wie im Abschnitt 2.3.1. bereits erwähnt wurde, beziehen sich die technologischen Rahmenbedingungen einer Transaktion in erster Linie auf den Entwicklungsstand und die Verfügbarkeit moderner Informations- und Kommunikationstechnik. Die transport- und produktionstechnologischen Faktoren werden in der Transaktionskostentheorie zwar erwähnt, es wird ihnen jedoch nur eine untergeordnete Rolle zugeschrieben.[199]

Die inhaltliche Bestimmung der Begriffe „Information" und „Kommunikation" hilft für ein besseres Verständnis der Rolle, welche die IuK-Technologien in der Abwicklung wirtschaftlicher Aktivitäten spielen. Eine *Information* kann als ein

---

[199] Vgl. Leitermann (1996), S. 62.

bestimmter Wissensausschnitt in kodierter Form definiert werden.[200] Von *Daten* unterscheiden sich Informationen durch ihre Zweckorientierung.[201] *Kommunikation* ist dagegen ein Prozess, bei dem Informationen zum Zwecke der aufgabenbezogenen Verständigung ausgetauscht werden.[202] Die *Informationstechnologien* befassen sich somit vorwiegend mit der Erfassung, Speicherung, Verarbeitung, Rückgewinnung und Darstellung von Informationen, während der Aufgabenschwerpunkt von *Kommunikationstechnologien* in der Informationsübermittlung liegt.[203]

Der Einsatz fortgeschrittener Informations- und Kommunikationstechnik ermöglicht eine integrierte Datenverarbeitung von mehreren Benutzern[204], einen sowohl zeitgleichen als auch zeitversetzten Austausch von Informationen[205] sowie die Beschleunigung und Formalisierung administrativer Aufgaben in operativen Anwendungsbereichen. Auf diese Art und Weise führt er zur Verschiebung der Schranken für die Informationsaufnahme- und Informationsverarbeitungskapazität und somit zur Abschwächung des Faktors der beschränkten Rationalität.[206] Die Verringerung von Kontroll- und Kommunikationsproblemen sowie von Schwierigkeiten bei der Informationssuche gewinnt insbesondere im Rahmen von grenzüberschreitendem Engagement und der mit ihm verbundenen Aufteilung der Unternehmenstätigkeit auf mehrere Standorte an Bedeutung.

Die transaktionskostensenkende Wirkung moderner IuK-Technologien kann in jeder Phase einer zwischenbetrieblichen Kooperation beobachtet werden. Im Prozess der Partnersuche können beispielsweise durch Einsatz von Datenbankrecherchen kostengünstig erste Informationen über die potentiellen Partnerunternehmen gewonnen werden. Die Senkung der Kontrollkosten durch die Substitution aufwendiger grenzüberschreitender Reisetätigkeiten[207] und die Implementierung einheitlicher Kennzahlensysteme sind weitere Beispiele für die opportunismus- und koordinationskostensenkende Wirkung des Einsatzes von IuK-Technologien.[208] Es soll jedoch nicht vergessen werden, dass der Aufbau von Informationssystemen und die Mitarbeiterschulung sich transaktionskostenerhöhend auswirken und dass diese beiden

---

[200] Vgl. Rupprecht-Däullary (1994), S. 114.
[201] Vgl. Wiig (1993), S. 73.
[202] Vgl. Reichwald, in: Bitz et al. (1990), S. 416.
[203] Vgl. Rupprecht-Däullary (1994), S. 121.
[204] Vgl. Teubner (1999), S. 47ff..
[205] Vgl. Motz (1998), S. 143.
[206] Vgl. Brynjolfsson/Malone/Gurbaxani (1988), S. 8; Leitermann (1996), S. 63.
[207] Vgl. Rupprecht-Däullary (1994), S. 120.
[208] Zur koordinationskostensenkenden Rolle von IuK-Technologien vgl. z.B. Cash/Konsynski (1985), Johnston/Vitale (1988), Rockart/Short (1989), Bakos (1991).

Faktoren gegen die erwarteten Vorteile des Einsatzes von IuK-Technik abgewogen werden müssen.[209]

Der Einfluss der IuK-Technik auf die Höhe der Transaktionskosten wird mit Hilfe von Abbildung 13 dargestellt. Aus der Analyse des Verlaufes der fett markierten Kurven ist zum ersten ersichtlich, dass Koordination über Märkte sich eher für Transaktionen geringen Spezifitätsgrades (0 bis S^1) eignet. Vertikale Integration stellt dagegen für hochspezifische Transaktionen (ab S^2) und die Zwischenform der Kooperation für Transaktionen mittleren Spezifitätsgrades (S^1 bis S^2) die effizienteste Lösung dar.

Die Wirkung des Einsatzes moderner IuK-Technik auf die Transaktionskostenhöhe erfolgt auf drei verschiedenen Ebenen - der Ebene der Fixkosten, der variablen Kosten und des sich ändernden Spezifitätsgrades von Investitionen. Die fixen Kosten für die Anschaffung und Implementierung eines Informationssystems sinken bei allen in Abbildung 13 fett markierten Kurven aufgrund der ständigen Verringerung des Preis-Leistungs-Verhältnisses für die IuK-Technik.[210] Diese Tatsache führt zu einer parallelen Verschiebung der Kurven nach unten und somit zur Erhöhung der absoluten Effizienz aller drei Koordinationsformen, wobei kein Einfluss auf die relative Vorteilhaftigkeit der einzelnen Formen ausgeübt wird.[211]

Mit steigender Spezifität einer Investition wachsen durch die Notwendigkeit des erhöhten Informationsaustausches im Rahmen der Transaktionsbeziehung die Kosten der Kommunikation.[212] Mit immer größerem Volumen der Kommunikationsvorgänge vermindern sich jedoch die Kommunikationskosten pro Einheit, was dazu führt, dass die Kosten der Koordination hochspezifischer Transaktionen schneller als die Kosten der Abwicklung wenig spezifischer Aktivitäten fallen. Dieser Effekt wird in Abbildung 13 durch die Verringerung der Steigungen der Kurven abgebildet.[213]

Die Reduzierung von fixen und variablen Transaktionskosten durch den Einsatz der IuK-Technik führt somit zu einer Rechtsdrehung aller drei Kostenfunktionen und ihrer Verschiebung nach unten.[214] Die Übergänge zur jeweils hierarchischeren Koordinationsform wandern dabei nach rechts (S^1 bis $S^{1'}$, S^2 bis $S^{2'}$). Viele Transaktionen, für die ursprünglich die Form der Hierarchie bzw. Kooperation am effizientesten war, werden jetzt entsprechend im Rahmen von Kooperationen bzw.

[209] Vgl. Rotering (1993), S. 128.
[210] Vgl. Clemons/Reddi/Row (1993), S. 17.
[211] Vgl. Picot/Ripperger/Wolff (1996), S. 69f..
[212] Vgl. Brand (2002), S. 27f..
[213] Vgl. Picot/Ripperger/Wolff (1996), S. 70f..
[214] Vgl. Picot/Ripperger/Wolff (1996), S. 70f..

Märkten abgewickelt, d.h. es kommt zu einem „shift from hierarchy to market".[215] Dieser Effekt wurde bereits von mehreren Wissenschaftlern theoretisch analysiert und empirisch nachgewiesen.[216] Die Anwendung moderner Informations- und Kommunikationstechnik führt also dazu, dass der Wechsel von einer weniger hierarchischen zu einer mehr hierarchischen Koordinationsform erst bei einem höheren Spezifitätsgrad als beim Einsatz der alten IuK-Technik effizient wird.[217]

Abbildung 13: Optimale Koordinationsformen bei Verfügbarkeit moderner IuK-Technik

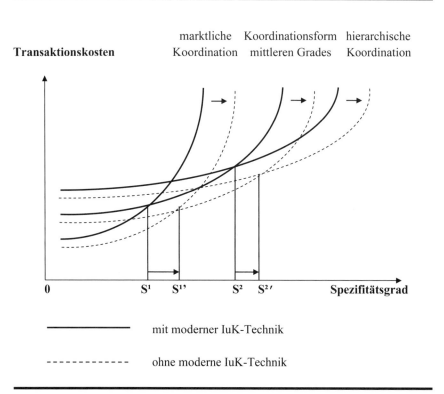

Transaktionskosten

marktliche Koordination / Koordinationsform mittleren Grades / hierarchische Koordination

0   S¹   S¹'   S²   S²'   **Spezifitätsgrad**

——————————   mit moderner IuK-Technik

- - - - - - - - - - -   ohne moderne IuK-Technik

Vgl. Picot/Reichwald/Wigand (1998), S. 59.

---

[215] Vgl. Picot, in: Kirsch/Picot (1989), S. 368.
[216] Vgl. dazu z.b. Malone/Yates/Benjamin (1987), Brynjolfsson/Malone/Gurbaxani (1988), Malone/Rockart (1991), Clemons/Row (1992), Clemons/Reddi/Row (1993), Brynjolfsson at al. (1994), Clemons/Reddi (1994), Argyres (1999), Hitt (1999).
[217] Vgl. Picot/Reichwald/Wigand (1998), S. 59f..

Neben der Senkung von Transaktionskosten kann die Verfügbarkeit fortgeschrittener IuK-Technik auch zur Verringerung der Spezifität einer Transaktion führen.[218] Durch eine einfachere Überwindung von räumlichen Distanzen und eine schnellere Kommunikation und Datenverarbeitung verringern sich beispielsweise die Raum- und Zeitspezifität von Investitionen.[219] Die Spezifitätsverringerung tritt am häufigsten bei Transaktionen ein, die mit dem Austausch oder der Anwendung von Wissen und Know-how verbunden sind. Moderne IuK-Technik ermöglicht eine leichte Transferierbarkeit von hoch komplexen Informationen über große Entfernungen und Grenzen hinweg zu alternativen Verwendungsmöglichkeiten und trägt somit zur Reduktion der Spezifität von Wissen bei.[220] Auch sonstige technologische Bedingungen, wie z.B. moderne Verkehrssysteme, können zur Verringerung der Standortspezifität bestimmter Investitionen beitragen, indem sie die Mobilität von Produktionsfaktoren und Endprodukten erhöhen.[221] Die Verringerung der Faktor-spezifität führt somit, wie in Abbildung 14 ersichtlich wird, zu einem gleichen Effekt wie die oben beschriebene „shift from hierarchy to market".[222]

---

[218] Vgl. dazu z.B. Malone/Yates/Benjamin (1987), Noteboom (1992), Argyres (1999), Hallikas/ Virolainen/Tuominen (2002).
[219] Vgl. Brynjolfsson/Malone/Gurbaxani (1988), S. 8; Brand (2002), S. 25.
[220] Vgl. Picot/Ripperger/Wolff (1996), S. 72f..
[221] Vgl. Picot/Dietl (1990), S. 180.
[222] Vgl. Picot/Ripperger/Wolff (1996), S. 71f..

Abbildung 14: Verringerung der Transaktionskosten bei IuK-induzierter Senkung des Spezifitätsgrades

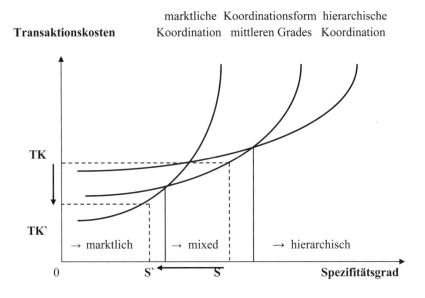

Transaktionskosten

marktliche Koordinationsform hierarchische
Koordination mittleren Grades Koordination

TK

TK`

→ marktlich   → mixed   → hierarchisch

0   S`   S   **Spezifitätsgrad**

Vgl. Picot/Ripperger/Wolff (1996), S. 72.

2.3.4.2. Soziokulturelle Rahmenbedingungen

Jede grenzüberschreitende wirtschaftliche Aktivität ist notwendigerweise interkulturellen Einflüssen ausgesetzt.[223] Trotz umfassender Kulturforschung besteht heutzutage jedoch immer noch keine Einigkeit über den Kulturbegriff. Eine der möglichen Definitionen sieht *Kultur* als ein System von Werten und Verhaltensnormen, welche durch eine Gruppe von Menschen geteilt werden und ihr Leben gestalten.[224] Werte und Normen werden im Zuge der Sozialisation weitervermittelt, sind im Zeitablauf relativ stabil und dienen u.a. dem Zusammenhalt und der Funktionsfähigkeit der sozialen Gruppe.[225]

---

[223] Vgl. Bergemann/Sourriseaux (1992), S. 1.
[224] Vgl. Hill (1994), S. 68.
[225] Vgl. Scherm/Süß (2001), S. 20.

Die transaktionsökonomische Relevanz des Faktors Kultur ist vorwiegend auf die starke Durchdringung der Kommunikationsprozesse durch kulturelle Variablen zurückzuführen.[226] Die Grundlage des selektiven Wahrnehmungs- und Interpretationsprozesses von Kommunikationsteilnehmern bilden deren jeweilige individuelle Normen, Regeln und Werte. Die Ähnlichkeit dieser drei Größen unter den Interaktionspartnern erhöht die Wahrscheinlichkeit, dass die Kommunikation aufgrund der Kongruenz von Annahmen erfolgreich verläuft.[227] Ein mangelhaftes Verständnis der einheimischen Mentalität und die Verständigungsschwierigkeiten auf Sprachebene, die nicht nur verbale Kommunikation, sondern auch Unterschiede im Sprachkontext betreffen, komplizieren dagegen erheblich den Informationsaustausch und können sich aufgrund der durch die Kommunikationsstörungen verursachten Verlängerung und Erschwerung von Abstimmungs-, Verhandlungs- und Planungsprozessen transaktionskostenerhöhend auswirken.[228]

Die Kulturproblematik wird ferner zu einem ganz entscheidenden Faktor, wenn sie in Verbindung mit dem Konstrukt des Vertrauens gebracht wird.[229] Aus den unzähligen Definitionen des Begriffes *Vertrauen* zählt der Definitionsvorschlag von Mayer, Davis and Shoorman (1995)[230] zu den prominentesten: „Trust is the willingness of a party to be vulnerable to the actions of another party based on the expectations that the other party will perform a particular action important to the trustor, irrespective of the ability to monitor or control that other party".[231]

Die hohe Bedeutung des Vertrauens im Kooperationsprozess ist auf die Tatsache zurückzuführen, dass die Koordinationsfunktion von Preisen bzw. von Autorität zur Stabilisierung der Transaktionen alleine oft nicht ausreicht. Da Vertrauen die begrenzte Rationalität und den Opportunismus reduziert[232], spielt es eine äquivalente bzw. komplementäre Rolle in Bezug auf harte transaktionssichernde Mechanismen und führt demnach ebenfalls zur Reduktion von Transaktionskosten[233] und zur Erhöhung der Stabilität von Kooperationen[234]. Basis für die Entstehung von Vertrauen ist die

---

[226] Vgl. Hall (1959), S. 97.
[227] Vgl. Hasenstab (1999), S. 158.
[228] Vgl. Goette (1994), S. 239f..
[229] Vgl. Strübing (1997), S. 48.
[230] Vgl. Aulinger, in: Engelhard/Sinz (1999), S. 101.
[231] Mayer/Davis/Schoorman (1995), S. 712.
[232] Vgl. Brand (2002), S. 84.
[233] Vgl. z.B. Barney/Hansen (1994), Gulati (1995), Dyer (1997), Uzzi (1997), Zaheer/McEvily/Perrone (1998), Dyer/Chu (2003).
[234] Vgl. Grüninger (2001), S. 81, 203. Dabei ist jedoch anzumerken, dass ein überhöhter Einsatz von Kontrollmaßnahmen sich auf die Entwicklung des Vertrauens negativ auswirken kann. Vgl. Ghoshal/Moran (1996), S. 42; Das/Teng (2001), S. 263.

Kommunikation zwischen den Kooperationspartnern[235], die, wie schon früher erwähnt wurde, durch kulturelle Einflüsse durchdrungen ist[236]. Kulturbedingte Kommunikationsschwierigkeiten verringern die Wahrscheinlichkeit, dass sich eine vertrauensvolle Beziehung überhaupt einstellt und Vertrauen seine transaktionskostenreduzierende Rolle einnehmen kann.

Der Einfluss soziokultureller Rahmenbedingungen wird im Rahmen von grenzüberschreitenden Kooperationen auch im Zusammenhang mit der Problematik des Wissenstransfers als relevant angesehen. Nach Polanyi (1962) wird das Wissen in subjektives und objektives eingeteilt. Das *objektive Wissen* ist kodifizierbar und objektiv nachprüfbar, während das *subjektive Wissen* auf individuellen Erfahrungen basiert und sich explizit nicht ausdrücken lässt, dennoch in Fähigkeiten und Fertigkeiten einer Person beobachtbar ist.[237]

Technologietransferprozesse beinhalten nicht lediglich eine Übertragung von Informationen und physischen Kapitalgütern, wie z.B. Maschinen und Werkzeugen, sondern auch von Elementen des subjektiven Wissens.[238] Da Begriffe ihre Bedeutung aus dem Kontext erhalten, in dem sie erlernt wurden[239], ist für die Kommunikation und Übertragung impliziten Wissens zwischen zwei Individuen ein gemeinsamer Interpretationsrahmen unerlässlich. Ein solcher Rahmen entsteht z.B. durch die Herausbildung geteilter Werte und Grundüberzeugungen in einer zwischenbetrieblichen Beziehung.[240] *Werte* können als ethische Prinzipien aufgefasst werden, welche das Verhalten der Mitarbeiter leiten und von ihnen gemeinsam akzeptiert werden. *Grundüberzeugungen* sind dagegen die von den Mitarbeitern geteilten kausalen Beziehungen.[241] Sie bestimmen die Wichtigkeit der einzelnen Probleme und Aufgaben für die jeweilige Unternehmung sowie die Auswahl der als sinnvoll betrachteten Lösungen.[242] Neben den gemeinsamen Werten und Grundüberzeugungen sind auch Musterbeispiele und symbolische Verallgemeinerungen, d.h. Symbole und Abkürzungen aus den internen Berichten, Memos, Formularen usw. Bestandteile eines Interpretationskontextes.[243] Das subtile Wissen über die Interaktion zwischen den Mitarbeitern und über die optimale Arbeit in den Teams stellt ebenfalls einen

---

[235] Vgl. Platzköster (1989), S. 39; Anderson/Narus (1990), S. 54; Neubauer, in: Schweer (1997), S. 106ff..
[236] Vgl. Hall (1959), S. 97.
[237] Vgl. Polanyi (1962), S. 49, 300ff..
[238] Vgl. Teece (1977), S. 243ff.; Teece (1981), S. 83.
[239] Vgl. Schor (1991), S. 104ff..
[240] Vgl. Chung (1998), S. 169f..
[241] Vgl. Kuhn (1970), S. 184f..
[242] Vgl. Bresser (1983), S. 589.
[243] Vgl. Kuhn (1970), S.182f..

Bestandteil der impliziten gruppenspezifischen Kommunikations- und Koordinierungsstruktur dar.[244] Die Aufnahme fremden Wissens in die Unternehmung erfordert daher eine zeitaufwendige Anpassung der Kommunikations- und Interpretationsrahmen.[245]

Die Reduzierung der potentiellen interkulturellen Probleme in zwischenbetrieblichen Beziehungen kann grundsätzlich auf zwei verschiedene Wege geschehen - (1) bei niedriger bis mittlerer Spezifität der Investition erfolgt sie durch die Auswahl der marktlichen Koordinationsform, welche die Anzahl notwendiger Vereinbarungsprozesse und somit das potentielle Volumen der interkulturellen Probleme minimalisiert und (2) bei mittlerer bis hoher Spezifität kommt sie durch den Einsatz einer hierarchischen Lösung zustande, die nach anfänglichen kulturellen Schwierigkeiten zu Sozialisierungseffekten und gegenseitiger Anpassung führt. Im Zeitablauf der hierarchischen Beziehung erhöht sich nämlich relativ schnell die interkulturelle Kompetenz der integrierten Partner, wodurch sich die kulturbedingten Transaktionskosten verringern. Die Form der Kooperation wird dagegen in Fällen empfohlen, in denen mittlere Spezifität der Investition mit der Nichtexistenz von interkulturellen Schwierigkeiten oder deren schwachen Ausprägung korrespondiert.

2.3.4.3. Rechtliche Rahmenbedingungen

Wie im Abschnitt 2.3.1. erwähnt wurde, beziehen sich die rechtlichen Rahmenbedingungen einer Transaktion auf die Effizienz von Rechtsprechung und Rechtsvollzug sowie auf die konkrete Ausgestaltung relevanter Rechtsgebiete.[246] Ersteres vermindert Unsicherheiten und den Verhandlungsbedarf seitens der Unternehmen und wirkt sich dadurch transaktionskostenmindernd aus.[247] Bei nicht ausreichendem Rechtschutz sind die Verfügungsrechte sowie das Know-how von Organisationen dagegen den Gefahren der Verletzung bzw. Diffusion ausgesetzt. Um diesem Risiko auszuweichen, wählen Unternehmen hierarchisch hoch integrierte Koordinationsformen für ihre Aktivitäten aus.[248]

Der Einfluss der Ausgestaltung bestimmter Rechtsgebiete wird im Folgenden diskutiert. Dabei ist anzumerken, dass im Falle von grenzüberschreitenden Kooperationen die rechtlichen Rahmenbedingungen aufgrund ihrer Unterschiedlichkeit

---

[244] Vgl. Badaracco (1991), S. 100.
[245] Vgl. Chung (1998), S. 173.
[246] Vgl. Kappich (1989), S. 195; Leitermann (1996), S. 61.
[247] Vgl. Rotering (1993), S. 127.
[248] Vgl. Hill/Hwang/Kim (1990), S. 125 sowie die empirische Untersuchung von Luo (2001).

in verschiedenen Ländern besonders an Bedeutung gewinnen. Beispielsweise können manche Rechtsformen im Falle einer grenzüberschreitenden Abwicklung wirtschaftlicher Aktivitäten aufgrund der spezifischen Ausgestaltung von Rechtsvorschriften des Gastlandes a priori ausscheiden.

Die in der Praxis vorkommenden Formen der Koordination des wirtschaftlichen Engagements können als Bündel von rechtlichen Normen aufgefasst und analysiert werden. Jede dieser Formen bietet unterschiedliche Mechanismen zur Beherrschung der Einflussfaktoren von Transaktionsproblemen an[249] und kann als ein bestimmter Transaktionstyp angesehen werden, welche die Übertragung von Verfügungsrechten an Unternehmen zum Gegenstand hat. Dabei ist anzumerken, dass die Logik des Transaktionskostenansatzes sich sowohl für einzelne Interaktionen und Tätigkeiten anwenden lässt, wie auch für „große Verträge" im Sinne der Bildung eines Joint Ventures oder des Eingehens eines Kooperationsvertrages.[250]

Aufbauend auf der Definition der Verfügungsrechte aus Abschnitt 2.3.1. können vier Arten von Mechanismen identifiziert werden, welche auf die Beherrschung von Transaktionsproblemen ausgerichtet sind. Sie beziehen sich auf (1) die Koordination von Aktivitäten, (2) die Verteilung des Transaktionserfolges, (3) Veränderungen der früher vereinbarten Koordinations- und Erfolgsaneignungsrechte sowie (4) die Beendigung der Zusammenarbeit.[251] Die Wahl einer Transaktionskosten minimierenden Koordinationsform kann somit als Problem der Auswahl einer geeigneten Ausprägungskombination oben aufgezählter Mechanismen angesehen werden.

Die Koordinationsproblematik unterschiedlicher Zusammenschlussformen betrifft vorwiegend die Verteilung von Entscheidungskompetenzen bei der Transaktionsabwicklung und die Existenz von Koordinationsinstrumenten. Das Risiko opportunistischen Verhaltens seitens des jeweiligen Transaktionspartners wird umso geringer, je stärker sein Entscheidungsspielraum abgegrenzt werden kann. Die Opportunismusgefahr gewinnt dabei an Bedeutung, falls aufgrund von Umweltentwicklungen oder nicht ausreichender Spezifizierung des Transaktionsvertrages eine Anpassung der ursprünglichen Bestimmungen notwendig wird. Wenn die Entscheidungskompetenzen bei beiden Unternehmen liegen, wird der jeweilige Transaktionspartner eines Unternehmens der Modifizierung von Vereinbarungen nur

---

[249] Vgl. Leitermann (1996), S. 67ff..
[250] Vgl. Weber (1991), S. 54f..
[251] Vgl. im Folgenden: Leitermann (1996), S. 89ff..

dann zustimmen, falls er im Vergleich zur Situation vor Änderung der Regelungen zumindest nicht schlechter gestellt wird.

Einen wichtigen Punkt bei der Koordinationsproblematik stellen ferner die rechtlich-institutionellen Informationsmöglichkeiten dar, die insbesondere die Gefahr opportunistischen Verhaltens sowie die Anpassungs- und Komplexitätsproblematik von Transaktionen beeinflussen. Informationen über den Ablauf transaktionsrelevanter Prozesse dienen u.a. dem Vergleich des tatsächlichen und des vereinbarten Verhaltens von Transaktionspartnern und somit der Kontrolle der Transaktionsabwicklung.

Die Problematik der Verteilung des Transaktionserfolges betrifft vorwiegend Schwierigkeiten bei der Beschreibung, Messung und Bewertung von Leistungsbeiträgen der Transaktionspartner. Außer den Problemen, die mit einer genauen Festlegung des jeweiligen Leistungsbeitrags verbunden sind, kommt es bei einzelleistungsbezogener Entlohnung im Falle von Umweltveränderungen zur Notwendigkeit einer erneuten Festsetzung der Vergütung. Als transaktions-kostenmindernd kann sich in vielen Fällen die Regelung einer pauschalen Entlohnung erweisen, die auf Proxy-Größen basiert und somit eine detaillierte Leistungsbeurteilung erübrigt. Dabei muss aber angemerkt werden, dass die Suche nach und das Aushandeln von Proxy-Größen ebenfalls Verhandlungsaufwand darstellen und dass der besser informierte Erbringer der jeweiligen Leistung nur dann einer Pauschalvergütung zustimmen wird, wenn er sich gegenüber einer einzelleistungsbezogenen Bewertung nicht schlechter stellt. Bei der Pauschalvergütung wird somit gewöhnlich eine „Prämie" enthalten sein, die den Aufwand der Feststellung exakter Leistungsbeiträge nicht überschreiten soll. Die pauschale Entlohnungs-vergütung erweist sich also im Falle von leicht beschreibbaren und bewertbaren, im Zeitablauf weitgehend unveränderten Leistungen, als nicht vorteilhaft und sollte eher durch einzelleistungsbezogene Bewertung ersetzt werden.

Die Bestimmungen zur Auflösbarkeit des Unternehmenszusammenschlusses beeinflussen die Gefahr opportunistischen Verhaltens sowie die Problematik der Investitionsspezifität.[252] Eine leichte Auflösbarkeit der Transaktionsbeziehung erhöht die interorganisationale Flexibilität, worauf im Abschnitt 2.2.3. bereits eingegangen wurde. Andererseits verringert sie jedoch die Stabilität der Transaktionsbeziehung, die durch den Aufbau entsprechender rechtlich-institutioneller Austrittsschwellen bedingt ist.[253] Hohe Austrittsbarrieren geben den Unternehmen einen Anreiz, ein möglichst

---

[252] Vgl. Leitermann (1996), S. 120ff..
[253] Vgl. Sydow (1992), S. 116f..

günstiges Ergebnis des Zusammenwirkens zu erzielen[254], d.h. sie verringern das Opportunismusrisiko und führen dazu, dass Organisationen bereit sind, transaktionsspezifische Investitionen vorzunehmen.

Zusammenfassend lässt sich sagen, dass sich die rechtlichen Rahmenbedingungen einer Transaktion auf die geltenden Rechtsvorschriften aus allen relevanten Rechtsgebieten und die im Rahmen eines Vereinbarungsprozesses zwischen den Transaktionspartnern ausgehandelten Regelungen beziehen. Die Wahl einer Transaktionskosten minimierenden Koordinationsform kann letztendlich als Problem der Auswahl einer geeigneten Ausprägungskombination oben beschriebener Mechanismen zur Beherrschung von Transaktionsproblemen angesehen werden, wobei eine eindeutige Zuordnung dieser Mechanismen jeweils auf eine bestimmte Einflussgröße der Transaktionsproblematik aufgrund ihres komplexen Zusammenwirkens unmöglich bleibt. Die genauen Wirkungszusammenhänge müssen daher eher in einer detaillierten Analyse in Abhängigkeit von der in einem konkreten Fall abzuwickelnden Aufgabe untersucht werden.[255]

2.3.5. Typologie effizienter Kooperationsformen in Abhängigkeit von Ressourceneigenschaften

Falls die Kombination der Ausprägungen transaktionsökonomischer Variablen auf die relativ höhere Effizienz einer kooperativen Lösung hinweist, kann die konkret anzuwendende Form der Kooperation von den Eigenschaften der Ressourcen abgeleitet werden, die in die Beziehung eingebracht werden sollen. Im engen Zusammenhang mit der Spezifitäts- und Verhaltensunsicherheitsproblematik wird zwischen abhängigen, potenten und plastischen Ressourcen unterschieden. Eine Ressource wird als *abhängig* bezeichnet, wenn sie bei getrennter Nutzung einen geringeren Ertrag erwirtschaftet als in Verbindung mit den Ressourcen eines anderen Unternehmens. Von *potenten* Ressourcen wird gesprochen, wenn andere Ressourcen von ihnen abhängig sind. Die *Plastizität* einer Ressource weist dagegen auf Schwierigkeiten bei der Beurteilung der Art und des Umfanges ihrer Nutzung hin. Zu plastischen Ressourcen zählen beispielsweise spezifisches Know-how oder nur über einen Partner aktivierbare Geschäftsbeziehungen.[256] Je nach Kombination der drei Ressourceneigenschaften ergeben sich unterschiedliche Empfehlungen in Hinsicht auf die anzuwendende Kooperationsform (vgl. Tabelle 4).

---

[254] Vgl. Hauser, in: Wunderer (1991), S. 119.
[255] Vgl. Leitermann (1996), S. 67ff..
[256] Vgl. im Folgenden: Picot/Dietl/Franck (2002), S. 192ff..

Tabelle 4: Effiziente Kooperationsformen in Abhängigkeit von Eigenschaften der eingebrachten Ressourcen

		Ressourcen von Unternehmen A		
		abhängig	potent und von geringer Plastizität	potent und von hoher Plastizität
Ressourcen von Unternehmen B	potent und von hoher Plastizität	**Kooperations-vertrag mit Mehrheits-beteiligung von B an A/ langfristiger Liefervertrag mit B** (und mindestens einem weiteren Unternehmen) Morald-hazard-Gefahr für A (Verwendung der Ressourcen des B nicht überwachbar) Hold-up-Gefahr für A (Ressourcen von A sind von den Ressourcen des B abhängig)	**Kooperations-vertrag mit Kapitalbeteiligung von A an B** Morald-hazard-Gefahr für A (Verwendung der Ressourcen des B nicht überwachbar) Keine Hold-up-Gefahr, da gegenseitige Abhängigkeit besteht	**Joint Venture** Starke Moral-hazard-Gefahr für beide Seiten, da die eingebrachten Ressourcen nicht überwacht werden können Keine Hold-up-Gefahr, da gegenseitige Abhängigkeit besteht
	potent und von geringer Plastizität	**Lizenzvergabe von B an A** Hold-up-Gefahr für A (Ressourcen von A sind von den Ressourcen des B abhängig) Lizenzvergabe nur unter der Bedingung eines wirksamen Reputations-mechanismus effizient	**Konsortium** Weder Hold-up- noch Moral-hazard-Gefahr für beide Seiten	**Kooperations-vertrag mit Kapital-beteiligung von A an B** Moral-hazard-Gefahr für B (Verwendung der Ressourcen des A nicht überwachbar) Keine Hold-up-Gefahr, da gegenseitige Abhängigkeit besteht

In Anlehnung an: Picot, Arnold/Dietl/Franck (2002), S. 193ff.

Die Kombination abhängiger, aber nicht potenter Ressourcen eines Partners mit potenten Ressourcen des anderen Partners resultiert in einem einseitigen Abhängigkeitsverhältnis und der Hold-up-Gefahr für den Besitzer der abhängigen Ressourcen. Bei hoher Plastizität der von einem Partner eingebrachten Ressourcen ergibt sich dagegen die Moral-hazard-Gefahr für den anderen Partner. Plastische Ressourcen verursachen hohe Kosten der Überwachung ihres Besitzers, der zu Lasten der übrigen Kooperationspartner versuchen könnte, zu geringe oder schlechte Leistungsbeiträge beizusteuern.

Bei einseitigen Abhängigkeitsverhältnissen oder schwer kontrollierbaren Ressourcen eines Partners dienen Kapitalbeteiligungen als Garant dafür, dass der andere Kooperationspartner seine Verhaltensspielräume oder die Abhängigkeit des Partnerunternehmens nicht opportunistisch ausnutzt, denn dadurch würde er auch sich selbst schädigen. Je nachdem, ob nur eine Moral-hazard- oder auch eine Hold-up-Gefahr besteht und ob es sich um eine einseitige oder wechselseitige Abhängigkeit handelt, werden Kapitalbeteiligungen unterschiedlicher Stärke als Mittel zur Eingrenzung des Opportunismusrisikos eingesetzt. Im Falle einer einseitigen Abhängigkeit können darüber hinaus auch langfristige Lieferbedingungen mit mindestens zwei Unternehmen (*dual sourcing Option*) zum Umgang mit der Hold-up-Gefahr in vertikalen Lieferbeziehungen eingesetzt werden. Der durch die dual sourcing Option induzierte Wettbewerb zwischen den Lieferanten ermöglicht einen unmittelbaren Leistungsvergleich und die Einschätzung von realen Produktionskosten der zu liefernden Güter, die im Falle eines langfristigen single sourcing und der damit verbundenen Entstehung einer spezifischen Leistungsbeziehung seitens des Lieferanten manipulierbar wären. Falls jedoch die durch die Einführung der dual sourcing Option entgangenen Skaleneffekte die Transaktionskostenersparnisse aus verbesserten Anreiz- und Kontrollstrukturen übersteigen sollten, empfiehlt es sich, das dual sourcing durch das single sourcing und eine Kapitalbeteiligung an dem Lieferanten zu ersetzen.

Im Rahmen eines Lizenzvertrages werden Art und Umfang der Verwertung des lizenzierten Gutes durch den Lizenznehmer festgelegt. Da der Lizenzgeber dem Lizenznehmer mit der Kündigung bzw. Nichtverlängerung des Lizenzvertrages oder mit der Vergabe weiterer Lizenzen an seine Konkurrenten drohen kann, entsteht für den Lizenznehmer ein Hold-up-Risiko. Dieses Risiko wird jedoch bei Existenz eines wirksamen Reputationsmechanismus maßgeblich begrenzt. Bei starker Ausnutzung der Lizenznehmer durch den Lizenzgeber würde nämlich der letztgenannte seine Reputation als fairer Lizenzgeber verlieren und dadurch Schwierigkeiten bei der Akquisition von neuen Lizenznehmern bekommen.

Eine beiderseitige Einbringung von plastischen Ressourcen in die Kooperations-beziehung eröffnet große Verhaltensspielräume für beide Partner. In diesem Fall ist die Form eines Joint Ventures zu empfehlen, weil sie aufgrund der gemeinsamen Beteiligung ein großes Interesse der beiden Partner am Erfolg des Vorhabens sichert. Bei leicht kontrollierbaren Ressourcen und wechselseitigen Abhängigkeits-verhältnissen ist dagegen der relativ lockere Zusammenschluss zu einem Konsortium am effizientesten.

Neben den oben beschriebenen einfachen Kooperationsarten werden in bestimmten Situationen auch komplexere Formen zwischenbetrieblicher Zusammenarbeit angewandt, wie z.B. Franchising Verträge. Bei dieser Form der Kooperation ist die Auswahl der Franchisenehmer durch den Franchisegeber mit dem Adverse-selection-Risiko verbunden. Der Franchisegeber kann außerdem die Beiträge der Franchisenehmer zur Erhaltung der guten Reputation der Gesamtmarke nicht direkt beobachten, was zu einem Moral-hazard-Risiko führt. Die Franchisenehmer sind dagegen ihrerseits einem Hold-up-Risiko ausgesetzt, da der Franchisegeber ihnen die Lizenz entziehen bzw. in unmittelbarer Nähe ihres Standortes weitere Lizenzen vergeben kann. Die Risiken der Franchisegeber werden durch die Verpflichtung der Franchisenehmer zur Tätigung transaktionsspezifischer Investitionen beschränkt. Das Hold-up-Risiko der Franchisenehmer wird dagegen durch die Abhängigkeit des Franchisegebers von seiner Reputation als fairer Kooperationspartner begrenzt. Für die Effizienz des Franchising-Systems ist dabei wichtig, dass die gegenseitigen Abhängigkeiten ausgewogen bleiben.

Franchising wird der Errichtung einer Filiale des Franchisegebers, d.h. einer hierarchischen Lösung, dann vorgezogen, falls die lokal bedingten Erfolgsrisiken als groß eingeschätzt werden und somit dezentrales Know-how eine besondere Bedeutung erlangt und falls aufgrund einer großen räumlichen Entfernung die direkte Beobachtung des Betriebes durch die Zentrale erschwert bleibt. Die Belassung der Entscheidungsrechte bei einer schlecht informierten Zentrale könnte in einem solchen Fall zu Ineffizienzen führen.[257]

Nach der Auseinandersetzung mit der Problematik der Wahl effizienter Koordinationsformen des Unternehmensengagements wird im folgenden Kapitel ein besonderes Augenmerk auf die standortbezogenen Einflussfaktoren transnationaler Wirtschaftstätigkeit von Organisationen gelegt. Diese werden aus der Internationalisierungstheorie und der Theorie der betrieblichen Standortwahl

---

[257] Vgl. Lafontaine (1992), S. 270.

abgeleitet, mit dem Ziel, sie in Kapitel 4 mit den Determinanten der Entstehung von Unternehmenskooperationen zu verbinden und daraus standortbezogene Einflussfaktoren grenzüberschreitender betrieblicher Partnerschaften zu ermitteln.

3. Standortbezogene Einflussfaktoren grenzüberschreitenden Unternehmensengagements

3.1. Systematik der Standortfaktoren

Standortfaktoren lassen sich nach unterschiedlichen Kriterien systematisieren. Die in der Literatur zur Standortwahl vorherrschenden Klassifizierungen umfassen die Zuordnung der einzelnen lokalen Bedingungen zur unternehmerischen Mikro- und Makroumwelt, die Unterteilung in harte und weiche Faktoren sowie die Differenzierung nach dem Grad der Manipulierbarkeit der Standortfaktorausprägungen.

3.1.1. Die unternehmerische Mikro- und Makroumwelt

Das unternehmerische Umfeld lässt sich in Mikro- und Makroumfeld unterteilen. Das *Mikroumfeld* (auch *Aufgabenumwelt* genannt) umfasst markt- und branchenbezogene Faktoren, d.h. es bezieht sich auf die Absatz- und Beschaffungsmärkte eines Unternehmens sowie auf die jeweilige Branche und Konkurrenz. Zum unternehmerischen *Makroumfeld* zählen dagegen politisch-rechtliche, makroökonomische, technologische, physische und soziokulturelle Rahmen-bedingungen[258], die von Unternehmen nur begrenzt, wenn überhaupt, beeinflusst werden können[259].

Die *politisch-rechtliche* Dimension des Makroumfeldes umfasst drei Bestandteile: Legislative, Exekutive und Judikative, deren Zusammenspiel die Stabilität eines politischen Systems bestimmt.[260] Die politische Stabilität wird darüber hinaus durch die Existenz politischer Konflikte und politischer Interventionen[261] sowie Entwicklungen der Wirtschafts-, Handels- und Währungspolitik beeinflusst. Die rechtliche Dimension des Makroumfeldes bezieht sich neben dem nationalen Recht auch auf die internationalen und supranationalen Rechtsregelungen. Zum internationalen Recht gehören zwischenstaatliche Verträge und Abkommen, insbesondere zur Regelung grenzüberschreitender Aktivitäten, wie z.B. handlungs- oder währungspolitische Abkommen. Die Grundlage des supranationalen Rechts, das den nationalen Rechtsnormen übergeordnet ist, bildet dagegen das allgemeine

---

[258] In der Literatur findet sich eine Vielzahl von alternativen Einteilungen des Makroumfeldes. Vgl. z.B. Weber (1997), S. 45ff.; Quack (2000), S. 26ff; Kutschker/Schmid (2002), S. 796f..
[259] Vgl. Schaper-Rinkel (1998), S. 64.
[260] Vgl. Kabst (2000), S. 106.
[261] Vgl. Meffert/Bolz (1994), S. 47.

Völkerrecht, das sowohl zwischenstaatliche Beziehungen als auch Beziehungen zu internationalen Institutionen regelt.[262]

Die *makroökonomische* Umweltdimension betrifft vorwiegend Faktoren der gesamtwirtschaftlichen Entwicklung eines Landes bzw. einer Region. Aufschluss über die makroökonomischen Rahmenbedingungen geben u.a. das Bruttosozialprodukt, das Pro-Kopf-Einkommen, die Inflationsrate sowie branchenspezifische Entwicklungstendenzen.[263]

Die *technologischen* Rahmenbedingungen der Unternehmensaktivitäten beziehen sich auf den technologischen Wandel, der die Umweltunsicherheit durch das Setzen von neuen Standards erheblich erhöhen kann.[264] Die technologiebezogene Umweltanalyse dient somit vorwiegend der Identifizierung relevanter Technologien und der Bestimmung ihrer strategischen Rolle.[265]

Die *physische* Umweltdimension umfasst klimatische Verhältnisse, topographische Gegebenheiten, Ressourcenausstattung und länderspezifische Infrastruktur.

Die *soziokulturelle* Dimension beinhaltet schließlich Daten zur Struktur von Gesellschaften und zu den in einer Gesellschaft vorherrschenden Denk- und Verhaltensmustern.[266]

3.1.2. Harte und weiche Standortfaktoren

Standorte können durch Bündel von *Standortfaktoren* beschrieben werden, d.h. von Bedingungen, die an einem Standort gegeben sind und die sich auf die unternehmerische Tätigkeit sowohl positiv als auch negativ auswirken können.[267] Während sich die *harten* Standortfaktoren und ihr Einfluss auf das wirtschaftliche Geschehen im Rahmen eines Unternehmens mit monetären Größen messen lassen, ist dies im Falle von *weichen* Standortfaktoren unmöglich.[268] Nach Hahne (1995)[269] werden zwei Typen von weichen Standortfaktoren unterschieden: weiche *unternehmensbezogene* Faktoren, welche die Wettbewerbsfähigkeit eines Unter-

---

[262] Vgl. Weber (1997), S. 48ff..
[263] In Anlehnung an: Weber (1997), S. 51ff. und Kabst (2000), S. 107.
[264] Vgl. Kabst (2000), S. 107.
[265] Vgl. Weber (1997), S. 55.
[266] Vgl. Quack (2000), 29ff..
[267] In Anlehnung an: Kaiser (1979), S. 15.
[268] Vgl. Meyer-Stamer (1999), S. 7ff..
[269] Vgl. Hahne, in: Ridinger/Steinröx (1995), S. 8ff..

nehmens direkt beeinflussen, und weiche *personenbezogene* Faktoren, die sich auf die Lebensqualität der Beschäftigten auswirken. Beispiele für alle drei Standortfaktorentypen enthält Tabelle 5.

Tabelle 5: Harte und weiche Standortfaktoren

Harte Standortfaktoren	Weiche unternehmensbezogene Standortfaktoren	Weiche personenbezogene Standortfaktoren
• Lage zu den Beschaffungs- und Absatzmärkten • Verkehrsanbindung • Arbeitsmarkt (quantitativ, qualitativ) • Verfügbarkeit und Kosten von Grundstücken und Gebäuden • Energie- und Umweltkosten • Lokale Abgaben • Förderangebote	• Wirtschaftsklima • Qualität und Disposition der öffentlichen Verwaltung • Stadt-/Region-Image • Branchenkontakte, Kommunikations- und Kooperationsmöglichkeiten • Hochschulen/Forschung • Innovatives Milieu der Region • Leistungsfähigkeit von Wirtschaftsverbänden	• Wohnen/Wohnumfeld • Umweltqualität • Schulen/Ausbildung • Soziale Infrastruktur • Freizeitmöglichkeiten (Sport, kulturelles Angebot)

Vgl. Meyer-Stamer (1999), S. 8.

3.1.3. Differenzierung der Standortfaktoren nach dem Grad ihrer Manipulierbarkeit

Die Standortbedingungen können in langfristig gewachsene (natürliche) Standortfaktoren, kurzfristig durch den Staat manipulierbare (künstliche) Standortfaktoren sowie institutionelle Rahmenbedingungen untergliedert werden.

Nach Sell (1994)[270] werden zu den *langfristig gewachsenen Standortfaktoren* folgende Bedingungen gezählt:
- Verfügbarkeit natürlicher Ressourcen,
- Verfügbarkeit von Arbeit und Kapital,

---

[270] Vgl. im Folgenden: Sell (1994), S. 61ff..

- industrielle Infrastruktur,
- Verkehrs- und Kommunikationswesen,
- klimatische Bedingungen,
- Angebot an finanziellen und technologischen Dienstleistungen,
- Marktgröße und Einkommensniveau,
- Kultur, Sprache, Verbrauchsgewohnheiten usw.,
- soziale Struktur,
- innenpolitische Stabilität sowie
- verkehrsmäßige Nähe zu potentiellen Absatzmärkten.

Zu den *kurzfristig durch den Staat manipulierbaren Standortfaktoren* zählen dagegen u.a.:

- Bestimmungen über Formen wirtschaftlicher Aktivitäten und über Unternehmensbesteuerung,
- Diskriminierungen von ausländischen Investoren im Vergleich zu Inländern (z.B. Beschränkungen der Nutzung lokaler Kapitalmärkte, Festlegung des maximalen Anteilserwerbs an Unternehmen usw.),
- Regelungen über Devisenzugang und –verfügbarkeit,
- Förderung ausländischer Investitionen durch Steuer- , Zollerleichterungen usw.,
- Mindestlohnvorschriften und andere arbeitsrechtliche Regelungen,
- Umweltschutzstandards sowie
- Einbindung in internationale Verträge und Rechtsnormen.

Die *institutionellen Rahmenbedingungen*, die nicht vom Gastland oder nicht vom Gastland allein verändert werden können, beinhalten:
- außenpolitische Stabilität,
- Zugehörigkeit zu Wirtschaftsunionen und Handelsabkommen,
- Existenz protektionistischer Maßnahmen in wichtigen Absatzmärkten,
- einseitige Maßnahmen der Herkunftsländer zur Förderung oder Begrenzung von Auslandsinvestitionen und anderen Aktivitäten in bestimmten Regionen und Sektoren sowie
- bilaterale Verträge über den Schutz von Investitionen und die Vermeidung der Doppelbesteuerung von Unternehmen und natürlichen Personen.

Nach der einführenden Definition und Systematisierung verschiedener Arten von Standortfaktoren werden im Folgenden die am häufigsten zitierten standortbezogenen Ansätze zur Erklärung der internationalen Wirtschaftsbeziehungen und des grenzüberschreitenden Unternehmensengagements diskutiert. Anschließend wird eine

Liste von Standortfaktoren erstellt, die nach Aussagen der analysierten Ansätze das grenzüberschreitende Engagement von Unternehmen (mit)bestimmen.

3.2. Ausgewählte standortbezogene Ansätze zur Erklärung des internationalen Wirtschaftsengagements von Unternehmen

Die standortbezogenen Erklärungsansätze des internationalen Wirtschaftsengagements von Unternehmen lassen sich in zwei Kategorien unterteilen - Theorien zur Erklärung des Außenhandels und Erklärungsansätze für Direktinvestitionen. Die erste Kategorie von Theorien (Abschnitt 3.2.1.) befasst sich mit den Bestimmungsgründen des internationalen Handels und lässt, u.a. aufgrund der Annahme der Immobilität von Produktionsfaktoren, andere Formen des grenzüberschreitenden Wirtschaftsengagements außer Acht. Die meisten Ansätze zur Erklärung von Direktinvestitionen (Abschnitt 3.2.2.) liefern dagegen Bestimmungsfaktoren für die drei grundlegenden Formen des grenzüberschreitenden Wirtschaftsengagements, d.h. für den Außenhandel, die Lizenzvergabe und die Direktinvestitionen. Der internationalen Standorttheorie von Tesch, die den umfassendsten Einblick in die standortbezogenen Determinanten eines grenzüberschreitenden Engagements liefert, wird ein eigener Abschnitt gewidmet (3.2.3.).

3.2.1. Bestimmungsfaktoren des Außenhandels

Unter *Außenhandel* wird der grenzüberschreitende Kauf bzw. Verkauf von Gütern und Dienstleistungen verstanden. Er lässt sich u.a. mit der Existenz von (1) absoluten bzw. (2) komparativen Kostenvorteilen eines Landes gegenüber anderen Ländern sowie mit (3) Unterschieden in den einzelstaatlichen Faktorausstattungen erklären. Im Folgenden werden die einzelnen Ansätze kurz dargestellt:

(1) Die älteste von den genannten Erklärungen ist die Theorie der *absoluten Kostenvorteile*[271], die den Außenhandel mit der Existenz absoluter Kostenvor- und –nachteile bei der Produktion bestimmter Güter in verschiedenen Ländern erklärt. Mit absoluten Kostenvor- und -nachteilen ist eine effizientere bzw. weniger effiziente Produktion eines bestimmten Gutes im Vergleich zu anderen Ländern gemeint, die auf Unterschiede in Arbeitsproduktivität, Faktorausstattung, Knowhow, Erfahrung und/oder Ausmaß der existierenden Größenvorteile zurückgeführt werden kann. Nach Smith (1775) werden sich Länder auf die Produktion und den

---

[271] Vgl. Smith (1775/1976).

Export der Güter spezialisieren, bei denen sie absolute Kostenvorteile aufweisen, und die Güter importieren, bei deren Herstellung sie weniger effizient sind.[272]

(2) Im Gegensatz zur Theorie der absoluten Kostenvorteile ist nach der Ricardianischen Theorie der *komparativen Kostenvorteile*[273] Außenhandel auch für Länder sinnvoll, welche bei der Produktion aller Güter weniger produktiv sind, aber gegenüber anderen Ländern komparative Vorteile aufweisen. Ein Land besitzt einen komparativen Vorteil in der Produktion eines Gutes, wenn die Opportunitätskosten der Herstellung dieses Gutes im Inland geringer sind als im Ausland. Länder sollen sich somit auf die Produktion und den Export der Güter spezialisieren, bei denen sie relativ einen größeren Vorteil gegenüber dem Ausland besitzen und diejenigen Güter importieren, bei denen sie relative Kostennachteile aufweisen.

(3) Nach Heckscher und Ohlin[274] ist dagegen Außenhandel vorwiegend auf die unterschiedlichen *Faktorausstattungen* der Länder zurückzuführen. Bei einer vereinfachten Unterscheidung von zwei Produktionsfaktoren - Arbeit und Kapital - wird ein reichlich mit Kapital ausgestattetes Land sich auf die Produktion kapitalintensiver Güter einstellen und ein Land mit reichlich vorhandenen Arbeitskräften sich auf die Herstellung von arbeitsintensiven Gütern konzentrieren. Die Faktorausstattung des jeweiligen Landes hängt dabei von den relativen Faktorproportionen ab, d.h. vom Verhältnis der Existenz beider Produktionsfaktoren in einem Land im Vergleich zum Ausland.

Der Theorie der absoluten bzw. komparativen Kostenunterschiede sowie dem Faktorausstattungstheorem wird eine Reihe realitätsferner Annahmen vorgeworfen. Zu den wichtigsten zählen: die Beschränkung auf den 2-Länder/2-Güter-Fall und die Annahmen fixer Faktorausstattung, voller Faktorverwendung, fehlender Wechselkursprobleme, der Nichtexistenz von Transportkosten sowie der Faktorimmobilität bei gleichzeitiger Gütermobilität.[275] Das Faktorausstattungstheorem wurde darüber hinaus durch eine empirische Studie von Wassily Leontief[276] in Frage gestellt, aus der hervorging, dass die USA mehr arbeitsintensive als kapitalintensive Güter exportierten, obwohl sie als kapitalreiches Land galten.

---

[272] Vgl. Kutschker/Schmid (2002), S. 369ff..
[273] Vgl. Ricardo (1817/1970).
[274] Vgl. Ohlin (1930/1931), Heckscher (1949).
[275] Vgl. Kutschker/Schmid (2002), S. 375ff..
[276] Vgl. Leontief (1953).

3.2.2. Erklärungsansätze für Direktinvestitionen

Als *Direktinvestitionen* werden internationale Kapitalanlagen bezeichnet, welche die Investoren tätigen, um eine langfristige Beteiligung an einer in einem anderen Wirtschaftsgebiet ansässigen Einheit herzustellen oder aufrecht zu erhalten. Die Kapitalanlage wird dabei mit der Absicht getätigt, auf das Management der betroffenen Einheit einen spürbaren Einfluss auszuüben.[277]

Zu den bekanntesten Erklärungsansätzen für Direktinvestitionen gehören u.a.: (1) der Produktlebenszyklusansatz von Raymond Vernon, (2) das Uppsala-Modell der Internationalisierung von Jan Johanson, Finn Wiedersheim-Paul und Jan-Erik Vahlne, (3) die eklektische Theorie von John Dunning, (4) der Handelschrankenansatz sowie (5) die internationale Standorttheorie von Peter Tesch. Wie schon oben erwähnt wurde, befassen sich diese Theorien nicht nur mit der Erklärung der Vornahme von Direktinvestitionen, sondern sie geben auch Bedingungen an, unter welchen die sonstigen Formen des grenzüberschreitenden Wirtschaftsengagements seitens der Unternehmen verwirklicht werden. Im Folgenden werden die einzelnen Ansätze kurz diskutiert:

(1) Im Rahmen des *Produktlebenszyklusansatzes* von Vernon[278] werden im Lebenszyklus eines Produktes drei Phasen unterschieden: die Phase des neuen Produkts, die Phase des reifenden Produkts sowie die Phase des standardisierten Produkts. Die erste Phase umfasst die Einführung des Neuprodukts im Stammland. Das Gut wird normalerweise in einem hochindustrialisierten Land entwickelt, produziert und verkauft. Die eventuell existierende Auslandsnachfrage wird durch Exporte befriedigt. Die Preiselastizität der Nachfrage bleibt in der Einführungsphase relativ gering. Mit steigender Inlands- und Auslandsnachfrage sowie zunehmendem Wettbewerb kommt es zur Produktion größerer Stückzahlen des Gutes und zur Verschiebung seiner Produktion in andere Industrieländer. In der Phase des hochstandardisierten Massenprodukts verschiebt wachsender Kostendruck die Herstellung des Produktes aus dem Heimat- und den Industriestaaten in Entwicklungsländer mit niedrigem Lohnniveau, die ab diesem Zeitpunkt dieses Gut in die sonstigen Länder importieren.

An dem Produktlebenszyklus werden insbesondere der idealtypische Verlauf der Produktlebenszykluskurve[279], die Nicht-Berücksichtigung von alternativen Formen

---

[277] Vgl. OECD, S. 2f..
[278] Vgl. Vernon (1966).
[279] Vgl. Staehle (1999), S. 642.

des Auslandsengagements[280] sowie die Eignung des Ansatzes nur für ex-post Analysen[281] kritisiert. Die aufgrund der Wirtschaftsglobalisierung und der Verkürzung von Produktlebenszyklen immer mehr länderübergreifenden und parallelisierten Prozesse der Produktentwicklung, -standardisierung und -differenzierung stellen ein weiteres Problem bei der Anwendung dieser Theorie dar.[282]

(2) Nach dem *Uppsala-Modell* von Johanson/Wiedersheim-Paul[283] und Johanson/Vahlne[284] wird Internationalisierung von Unternehmungen als ein gradueller Prozess angesehen, der vier nacheinander folgende Stufen umfasst: kein regelmäßiger Export, Export mit Hilfe von unabhängigen Handelsvertretern, Aufbau einer eigenen Verkaufsniederlassung und Produktion im Ausland.

Im Internationalisierungsprozess wagen die Unternehmen zuerst nur *psychisch nahe*, d.h. kulturell ähnliche und geographisch nah liegende, Ländermärkte zu bearbeiten. Mit voranschreitender Internationalisierung erhöht sich das objektive Wissen der Unternehmungen über ausländische Märkte sowie das Erfahrungs-wissen aus der Ausweitung des internationalen Engagements. Als Beispiele für das objektive Wissen nennen Johanson und Vahlne die Kenntnis der speziellen Angebots- und Nachfragebedingungen auf dem zu bearbeitenden Markt, der politisch-rechtlichen Rahmenbedingungen, der Sprache und der lokalen Mentalität.

Der Ansatz der Uppsala-Schule wird von vielen Autoren als zu deterministisch angesehen.[285] In der Wirklichkeit treten nämlich unterschiedliche Internationalisierungsmuster auf, in denen bestimmte Stufen des Prozesses übersprungen werden.[286] Ein weiterer, aus Sicht der vorliegenden Studie besonders wichtiger Kritikpunkt ist die mangelnde Berücksichtigung der kooperativen Formen der Auslandsmarktbearbeitung.[287] Eine wertvolle Ergänzung des Uppsala-Ansatzes bildet jedoch der Ansatz der Helsinki-Schule von Luostarinen und Welch[288], der u.a. auch Kooperationen als mögliche Formen des

---

[280] Vgl. Kreikebaum/Gilbert/Reinhardt (2002), S. 62.
[281] Vgl. Braun (1988), S. 143ff..
[282] Vgl. Kreikebaum/Gilbert/Reinhardt (2002), S. 61.
[283] Vgl. Johanson/Wiedersheim-Paul (1975).
[284] Vgl. im Folgenden: Johanson/Vahlne (1977).
[285] Vgl. z.B. Andersen, in: Oesterle (1997), S. 32.
[286] Vgl. Hedlund/Kverneland (1985), S. 41ff. sowie die empirischen Untersuchungen von Millington/Bayliss (1990), Björkman/Eklund (1996) und Camino/Cazorla (1998).
[287] Vgl. z.B. Andersen, in: Oesterle (1977), S. 32.
[288] Vgl. Luostarinen/Welch (1988).

Auslandsengagements berücksichtigt und die psychische Distanz in physische, kulturelle und ökonomische zerlegt.

(3) Die *eklektische Theorie* von Dunning[289] versucht Art und Umfang des internationalen Engagements eines Unternehmens mit der Existenz von drei Vorteilskategorien - Eigentums-, Internalisierungs- und Standortvorteilen - zu erklären. Unter *unternehmensspezifischen Eigentumsvorteilen* versteht Dunning Wettbewerbsvorteile, die sich u.a. aus der Größe des Unternehmens, seiner Kapitalausstattung, seinem Know-how, seinen aus der Internationalisierung resultierenden besseren Möglichkeiten der geographischen Risikodiversifikation oder seinem besseren Zugang zu Ressourcen ergeben. *Internalisierungsvorteile* lassen sich dagegen auf eine unternehmensinterne anstatt -externe Abwicklung von Transaktionen zurückführen. *Standortvorteile* resultieren schließlich aus der Aktivitätsdurchführung an einem bestimmten Standort, der gegenüber dem Stammland hinreichende Vorteile, z.B. im Hinblick auf die Verfügbarkeit kostengünstiger Ressourcen, aufweist.

Dunnings Theorie besagt, dass im Falle der Existenz aller drei Vorteilsarten sich ein rational handelndes Unternehmen zur Vornahme einer Direktinvestition entschließen wird. Bei Nicht-Existenz der Standortvorteile entscheiden sich Unternehmen dagegen nur für den Export und bei zusätzlich fehlenden Internalisierungsvorteilen werden vertragliche Ressourcenübertragungen (z.B. Lizenzen) gewählt.

Dunning ist es gelungen, verschiedene Theorien in ein Gedankengebäude zu integrieren und seinem Ansatz nicht nur deskriptive, sondern auch normative Bedeutung zu verleihen. Dem eklektischen Paradigma werden jedoch Interdependenzen zwischen den einzelnen Vorteilskategorien sowie eine statische Auslegung vorgeworfen. Außerdem kann es nur begrenzt auf Dienstleistungs- unternehmen angewandt werden und erklärt eine in der Praxis vorkommende simultane Durchführung ähnlicher Aktivitäten in ein und demselben Land durch unterschiedliche Marktbearbeitungsformen nicht.[290]

(4) Abschließend ist noch der *Handelsschrankenansatz* zu erwähnen, der besagt, dass aufgrund der Existenz von Handelshemmnissen, die andere Formen der Außenwirtschaftstätigkeit behindern, die Direktinvestitionen oft die einzige Möglichkeit der Bearbeitung ausländischer Märkte darstellen. Handelsschranken

---

[289] Vgl. Dunning (1979).
[290] Vgl. Kutschker/Schmid (2002), S. 447ff..

lassen sich dabei in tarifäre und nicht-tarifäre einteilen, worauf im Unterabschnitt 3.3.2.1. noch ausführlich eingegangen wird. Wichtig dabei ist, dass die Existenz von Handelsschranken nicht unbedingt in der Vornahme von Direktinvestitionen resultieren muss, sondern dass diese sie lediglich begünstigen kann. Möglich sind auch unterschiedliche kooperative Formen des Engagements in dem gegebenen ausländischen Markt.[291]

(5) Wie im Laufe des vorliegenden Kapitels bereits erwähnt wurde, wird der *internationalen Standorttheorie* von Peter Tesch ein eigener Abschnitt gewidmet.

3.2.3. Internationale Standorttheorie nach Tesch

Jeder der in den vorherigen Abschnitten vorgestellten Ansätze zu Bestimmungsgründen grenzüberschreitender Wirtschaftsbeziehungen führt das internationale Wirtschaftsgeschehen wenigstens zu einem gewissen Grad auf die Auswirkung bestimmter, oft sehr unterschiedlicher, Standortfaktoren zurück (vgl. Tabelle 6).

---

[291] Vgl. Kutschker/Schmid (2002), S. 407ff..

Tabelle 6: Direkte und indirekte standortbezogene Bestimmungsgrößen grenzüberschreitenden Wirtschaftsengagements

ANSÄTZE	RELEVANTE STANDORTFAKTOREN
Theorie der absoluten bzw. komparativen Kostenvorteile	u.a. Verfügbarkeit und Preis von Arbeitskräften und Kapital, Arbeitsproduktivität
Theorie der Faktorausstattung	u.a. Verfügbarkeit von Arbeitskräften und Kapital
Produktlebenszyklus-ansatz	u.a. Verfügbarkeit und Preis von Arbeitskräften, Kapital, Boden, Anlagegütern, Dienstleistungen, Roh-, Hilfs- und Betriebsstoffen, Größe des Absatzmarktes, Wettbewerbs-faktoren, Pro-Kopf-Einkommen
Uppsala-Modell	u.a. politisch-rechtliche, kulturelle und geographische Rahmenbedingungen
Eklektische Theorie	u.a. Verfügbarkeit und Preis von Arbeitskräften und Kapital, Qualität der Arbeitskräfte, Größe des Absatzmarktes
Handelsschranken-ansatz	u.a. Existenz und Ausmaß tarifärer und nichttarifärer Handelsschranken

Eigene Darstellung.

Die untersuchten Ansätze liefern nur partielle Erklärungen grenzüberschreitender Wirtschaftstätigkeit, ohne den Einfluss anderer, gleichzeitig wirkender Faktoren zu berücksichtigen. Sie basieren vorwiegend auf den länderbezogenen Unterschieden in der konkreten Ausprägungsform des jeweiligen Bestimmungsfaktors, auf eine tiefer gehende Begründung der Ursachen für diese Unterschiede (die auf die politisch-rechtlichen, makroökonomischen, technologischen, physischen und soziokulturellen Rahmenbedingungen zurückführbar sind) wird jedoch nicht eingegangen.

Tesch (1980)[292] hat den Versuch vorgenommen, einen Ansatz zur Erklärung der Außenwirtschaftsbeziehungen zu liefern, der die Schwächen der bisher existierenden Theorien beseitigt, d.h. folgende Bedingungen erfüllt:

---

[292] Vgl. im Folgenden: Tesch (1980), S. 298ff..

(1) Lieferung der Bestimmungsgründe für alle drei grundsätzlichen Formen des internationalen Wirtschafsengagements (Export, Lizenzvergabe und Direktinvestition) sowie eine weitgehende Detaillierung, Konkretisierung und Systematisierung dieser Gründe,

(2) Multidimensionalität,

(3) Berücksichtigung sowohl der Angebots- als auch der Nachfrageseite,

(4) unternehmensorientierte Untersuchungsperspektive,

(5) Konzentration auf Bestimmungsgründe mit länderspezifischen Komponenten,

(6) Berücksichtigung der Interdependenzen zwischen Binnen- und Außenwirtschaft,

(7) realistische Annahmen und nicht zu hohe Abstraktionsebene sowie

(8) Entwicklungsbezogenheit (Bestimmungsgründe als Ergebnis der historischen, wirtschaftlichen, technischen und gesellschaftlichen Entwicklung, im Zeitablauf veränderbar).

Die Grundlage der Erklärung von Außenwirtschaftsbeziehungen im Rahmen des Ansatzes von Tesch bilden die politisch-rechtlichen, makroökonomischen, technologischen, physischen und soziokulturellen Bedingungen eines Landes. Nach Tesch lässt sich der Außenhandel nur mit standortbedingten, länderspezifischen Wettbewerbsvorteilen ausländischer Unternehmen auf den Märkten anderer Länder bzw. mit skalen-, verfahrens- oder produktbedingten Wettbewerbsvorteilen mit länderspezifischem Charakter begründen. Das Streben nach der Vermeidung standortbedingter Nachteile, welche auf Handelshemmnisse, weite Transportwege, Wechselkurseinflüsse u.ä. zurückgeführt werden können, erklärt dagegen in der Regel die Vornahme von Direktinvestitionen. Die dritte grundlegende Art von grenzüberschreitendem Wirtschaftsengagement, die Lizenzvergabe, erfolgt nach Tesch nur dann, wenn weder der Export noch eine eigene Auslandsproduktion vorteilhafter sind, d.h. wenn das Unternehmen über standortbedingte Wettbewerbsnachteile hinsichtlich der Produktion und des Absatzes auf dem ausländischen Markt verfügt oder wenn es Kapital für ausländische Investitionen nicht in ausreichender Menge zu günstigen Konditionen beschaffen kann. Eine grenzüberschreitende Lizenzvergabe kann also, soweit sie nicht innerhalb von multinationalen Unternehmen zur Verfolgung rein finanzwirtschaftlicher Ziele stattfindet, auf standortbedingte Wettbewerbsvorteile von Unternehmen eines Landes bezüglich der Entwicklung von neuen Technologien und auf Wettbewerbsvorteile von Unternehmen anderer Länder für Produktion und Absatz in diesen Ländern zurückgeführt werden. Demnach werden die drei grundsätzlichen Arten internationaler Wirtschaftsaktivitäten mit dem Streben der Unternehmen nach der Ausnutzung standortbedingter Vorteile im Ausland bzw. nach der Vermeidung standortbedingter Nachteile im Inland erklärt.

Die bisherigen Versuche einer Verbindung von Standorttheorie und Theorie der internationalen Wirtschaftsbeziehungen waren nach Tesch äußerst unbefriedigend. Alleine die Beiträge der empirisch-realistischen Standortbestimmungslehre, also zu den Faktoren der Standortwahl, die auch die standortbedingten Wettbewerbsvor- und – nachteile begründen, hält er für geeignet, die räumliche Struktur der existierenden Wirtschaftsbeziehungen zu erklären. Die betriebswirtschaftliche Standortbestimmungslehre, erweitert um Faktoren, die für internationale Standortentscheidungen von Bedeutung sind, kann somit als Grundlage der Außenwirtschaftstheorie nach Tesch angesehen werden.

Einen Überblick über Standortfaktoren, welche die internationalen Wettbewerbsvor- und –nachteile und die mit ihnen verbundene Standortwahl im internationalen Rahmen begründen, bietet Tabelle 7. Die Standortfaktoren wurden von Tesch danach unterteilt, inwieweit sie die Aktivitäten der Unternehmen insgesamt bzw. die produktions- und absatzbezogenen Unternehmenstätigkeiten betreffen. Dabei ist anzumerken, dass sich die Standortfaktorenliste von Tesch mit der Zusammenstellung der Standortfaktoren deckt, die im Rahmen der sonstigen oben beschriebenen Theorien zur Erklärung der internationalen Wirtschaftsbeziehungen und des Internationalisierungsprozesses von Unternehmen als relevant erkannt wurden (vgl. Tabelle 6). Die Liste von Tesch liefert jedoch zusätzlich einen detaillierten Einblick über die Zusammenstellung der einzelnen Faktoren.

Tabelle 7: Die internationale Wettbewerbsfähigkeit und die Standortentscheidungen der Unternehmen im internationalen Rahmen bestimmende Standortfaktoren

Standortfaktoren, die Aktivitäten der Unternehmen insgesamt betreffen
Rechtssicherheit   **Politische Stabilität**   **Staatliche Einflussnahme auf Unternehmensentscheidungen**   **Mitsprache- und Mitbestimmungsrechte der Arbeitnehmer**   **Wettbewerbsrecht und –politik**   **Allgemeine Wirtschaftspolitik**   **Steuern und Steuerpolitik (einschl. Subventionen)**   **Sonstige Fördermaßnahmen**

Standortfaktoren, die die Verfügbarkeit und die Kosten der zur Produktion notwendigen Faktoren betreffen

Klimatische Verhältnisse (relevant bes. bei landwirtschaftlicher Produktion)

Rechtliche Beschränkungen der Produktion
- Verbote bestimmter Produktionen
- Schutzbestimmungen (Arbeits-, Verbraucher-, Umweltschutz)
- Auflagen

Verfügbarkeit und Kosten von Kapital
- im Standortland
- Möglichkeit und Kosten eines Kapitalimportes
  - Wechselkurseinflüsse
  - Kapitalverkehrsbeschränkungen des (potentiellen) Standortlandes
  - kapitalimportfördernde staatliche Maßnahmen des (potentiellen) Standortlandes
  - Kapitalverkehrsbeschränkungen der (potentiellen) Kapitalexportländer
  - kapitalexportfördernde staatliche Maßnahmen der (potentiellen) Kapitalexportländer

Verfügbarkeit und Kosten von geeigneten Grundstücken und Gebäuden
Verfügbarkeit und Kosten von Arbeitskräften
- Anzahl
- Qualifikation
- Mobilität
- Lohnsatz (Lohn oder Gehalt pro Arbeitsstunde bzw. Monat)
- Lohnnebenkosten (einschl. Sozialabgaben)

Verfügbarkeit und Kosten von Anlagegütern, Roh-, Hilfs- und Betriebsstoffen sowie von Vorprodukten
- im Standortland
- Möglichkeit und Kosten eines Warenimportes
  - Wechselkurseinflüsse
  - einfuhrhemmende staatliche Maßnahmen des (potentiellen) Standortlandes
  - ausfuhrfördernde staatliche Maßnahmen der (potentiellen) Exportländer
  - ausfuhrhemmende staatliche Maßnahmen der (potentiellen) Exportländer

Verfügbarkeit und Kosten von Dienstleistungen
- Infrastruktur und staatliche Dienstleistungen
- Transport, Kommunikation
- übrige Dienstleistungen
  - im Standortland
  - Möglichkeiten und Kosten der Inanspruchnahme ausländischer Dienstleistungen (Wechselkurseinflüsse, hemmende und fördernde

staatliche Maßnahmen des (potentiellen) Standortlandes, fördernde und
hemmende staatliche Maßnahmen des (potentiellen) Exportlandes)

Möglichkeit der Realisierung von Skalenvorteilen

Standortfaktoren, die den Absatz betreffen

Absatz im (potentiellen) Standortland
- Nachfragefaktoren
  - Bedarf der Endverbraucher
    - Bevölkerungszahl
    - Bedürfnisse
    - Einkommen (Niveau und Verteilung)
  - Bedarf anderer Unternehmen
    - Kapazität
    - Produktionsstruktur
    - Produktionsverfahren
  - Bedarf des Staates
    - Umfang öffentlicher Aufträge
    - Struktur öffentlicher Aufträge
    - Vergabepraxis öffentlicher Aufträge
  - Staatliche Absatzgarantien
- Wettbewerbsfaktoren
  - Zahl und Größe der Konkurrenten
  - Art der dominierenden Wettbewerbspraktiken
  - Bestehen wettbewerbsbeschränkender Absprachen für den Binnen- bzw.
    Außenhandel
  - Intensität des Wettbewerbs
  - Stärke der eigenen Wettbewerbsposition
    - Stellung im Produktwettbewerb
    - Stellung im Preiswettbewerb (generell wirkende Faktoren:
      Produktionskosten, direkte Steuern, Transportkosten, staatliche
      Förderung, Preispolitik der Unternehmen; zusätzlich wirkende
      Faktoren beim Wettbewerb mit ausländischen Produkten:
      zusätzliche Transportkosten (der ausländischen Konkurrenten),
      zusätzliche Absatzkosten (der ausländischen Konkurrenten),
      Wechselkurseinflüsse, einfuhrhemmende staatliche
      Maßnahmen des (potentiellen) Standortlandes,
      ausfuhrfördernde staatliche Maßnahmen der (potentiellen)
      Exportländer, ausfuhrhemmende staatliche Maßnahmen der
      (potentiellen) Exportländer)

Exportmöglichkeiten
- Nachfragefaktoren (siehe oben) im Ausland
- Wettbewerbsfaktoren (siehe oben) im Ausland (statt der letzten drei oben

> genannten Faktoren jedoch: ausfuhrfördernde staatliche Maßnahmen des
> (potentiellen) Standortlandes, ausfuhrhemmende staatliche Maßnahmen des
> (potentiellen) Standortlandes, einfuhrhemmende staatliche Maßnahmen der
> (potentiellen) Importländer gegenüber dem (potentiellen) Standortland)

Tesch (1980), S. 364f.

In einem weiteren Schritt gliedert Tesch die Standortbedingungen nach dem Grad ihrer nationalstaatlichen Beeinflussbarkeit.[293] Die Ausgestaltung mancher Standortfaktoren, wie z.b. der Wechselkurse, der Außenhandelspolitik oder der Wirtschaftsordnung, wird durch die einheitliche Gesetzgebung eines Landes und die staatliche Politik bestimmt.[294] Eine weitere Gruppe bilden die durch die Nationalstaaten geschaffenen regionalen und lokalen Standortbedingungen, unter denen Tesch die Regionalpolitik zur Förderung wirtschaftlich schwächerer Gebiete innerhalb eines Landes versteht. Zur dritten Gruppe gehören die durch die Nationalstaaten beeinflussten, entwicklungsbedingten, regionalen Standortbedingungen, wie z.B. Löhne oder Infrastruktur. Die vierte Gruppe umfasst die mit dem Staatsgebiet zum Teil korrespondierenden Standortbedingungen, vorwiegend Sprache und Kultur. Zur fünften Gruppe zählen dagegen natürliche Bedingungen, wie klimatische Verhältnisse, Rohstoffvorkommen usw. (Vgl. Abbildung 15)

---

[293] Vgl. dazu Ausführungen im Abschnitt 3.1.3.
[294] Der Einfluss supranationaler Zusammenschlüsse (wie z.B. der damaligen EG) wurde von Tesch aus Einfachheitsgründen aus der Analyse der durch die Nationalstaatlichkeit geschaffenen länderspezifischen Standortbedingungen ausgeklammert.

80

Abbildung 15: Nationaler, länderspezifischer bzw. regionaler Charakter von Standortbedingungen

nationale Komponente der Standortbedingungen

1. Durch die Nationalstaatlichkeit geschaffene länderspezifische, d.h. im nationalen
Rahmen einheitliche und sich von anderen Ländern unterscheidende Standortbedingungen

= Standortbedingungen aufgrund der im nationalen Rahmen einheitlichen
Gesetzgebung und staatlichen Politik sowie der länderorientierten Organisation von
Unternehmensverbänden, Gewerkschaften und wettbewerbsbeschränkenden
Absprachen

- Staatsgebiet; Personen, die als Inländer gelten; "nationaler" Markt
- Rechts-, Wirtschafts- und Gesellschaftsordnung
- die wirtschaftliche Tätigkeit betreffende allgemeine Gesetzgebung und staatliche
  Politik
- allgemeine Wirtschaftspolitik, u.a. Wettbewerbs-, Sozial-, Geld- und
  Kreditpolitik, im nationalen Rahmen einheitliche (z.B. sektorale) Förderpolitik
- Steuerpolitik, Währung, Wechselkurs
- Außenwirtschaftspolitik (Außenhandelspolitik, Politik gegenüber Investitionen,
  devisenpolitische Maßnahmen, Entwicklungs- und Außenpolitik)
- Unternehmensverbände, wettbewerbsbeschränkende Absprachen
- Gewerkschaften

2. Durch die Nationalstaatlichkeit geschaffene regionale oder lokale
Standortbedingungen: regionale oder lokale staatliche Förderpolitik

3. Durch die Nationalstaatlichkeit beeinflusste, entwicklungsabhängige regionale
Standortbedingungen

= Standortbedingungen, die aufgrund ihrer Entwicklungsabhängigkeit sowie
aufgrund der durch die Einheitlichkeit der Gesetzgebung und der staatlichen Politik
im nationalen Rahmen größeren Interdependenzen der wirtschaftlichen
Entwicklung häufig – vor allem bei größeren Unterschieden von Land zu Land –
einen "länderspezifischen" Charakter erlangen, bei denen aber auch regionale und
lokale Einflüsse wirksam sind und bei denen deswegen in bestimmten Fällen – und
nicht selten – die regionalen bzw. lokalen Komponenten dominant werden können

- Verfügbarkeit und Preise von Geldkapital, Produktionsmitteln und Vorleistungen
- Qualifikation der Arbeitskräfte, Löhne
- Infrastruktur (materielle und immaterielle)
- Nachfrage: Kaufkraft (Pro-Kopf-Einkommen, Entwicklungsverteilung),
  Bedürfnisse (produktivkraftentwicklungsbedingte Komponente)

regionale bzw. lokale Komponente der Standortbedingungen

4. Mit dem Staatsgebiet zum Teil korrespondierende Standortbedingungen:
Sprache, Kultur, Bedürfnisse (kulturelle Komponente)

5. Aufgrund des Staatsgebietes – trotz ihres regionalen bzw. lokalen Charakters –
als "national" bezeichnete natürliche Bedingungen, u.a. Klima,
Rohstoffvorkommen, Bodenbeschaffenheit, Entfernungen

Tesch (1980), S. 367.

81

3.3. Faktoren der internationalen Standortwahl von Unternehmen

Basierend auf den Erklärungsansätzen zur Wahl des optimalen Standortes seitens der Unternehmen wurde im vorherigen Kapitel eine Liste von relevanten Standortbedingungen ermittelt. Im Folgenden wird die auf der Basis der Theorie abgeleitete Zusammenstellung von Standortfaktoren mit den Ergebnissen der empirischen Untersuchungen auf diesem Gebiet konfrontiert. Anschließend wird die Auswirkung der einzelnen lokalen Bedingungen auf die transnationale Wirtschaftsaktivität der Unternehmen analysiert.

3.3.1. Zusammenstellung wichtiger Standortfaktoren im Prozess transnationaler Unternehmenstätigkeit

Es existiert eine Vielzahl von empirischen Untersuchungen, die sich mit der relativen Wichtigkeit einzelner Standortfaktoren bei inländischen Standortentscheidungsprozessen auseinandersetzen.[295] Die Anzahl der empirischen Studien zu Determinanten einer grenzüberschreitenden Standortwahl ist dagegen relativ gering.[296] Tabelle 8 liefert einen Überblick über 17 Untersuchungen zur relativen Bedeutung der Standortbedingungen bei Aufnahme von Auslandsaktivitäten an einem bestimmten Standort.

---

[295] Vgl. z.B. die deutschen Untersuchungen von: Clemens/Kayser/Tengler (1982), Schliebe (1982), Clemens/Tengler (1983), Henckel et al. (1986), Diller (1991), Ickrath (1992), Pieper (1994).
[296] Vgl. Canel/Khumawala (1996), S. 52; Canel/Khumawala (2001), S. 3977; MacCarthy/ Atthirawong (2003), S. 795.

Tabelle 8:   Empirische Untersuchungen zur Relevanz von Standortfaktoren in internationalen Standortentscheidungsprozessen

Autor der Untersuchung und Datengrundlage	Wichtigste Standortfaktoren
Lüder/Küpper (1983) Interviews bzgl. ausländischer Standortentscheidungen in 23 Unternehmen der ZEIT-Liste[297] der 100 größten Industrieunternehmen in Bundesrepublik Deutschland	Absatzmöglichkeiten, Verfügbarkeit und Kosten der Arbeitskräfte, politische Stabilität, Verkehrsinfrastruktur, Beschaffungs- möglichkeiten, Wirtschaftsförderung
Haigh (1990) Interviews mit 20 Managern in US Filialen ausländischer Unter- nehmen	Nähe zum Absatzmarkt, Transport- möglichkeiten, Arbeitsrecht, institutionelle Unterstützung, Verfügbarkeit und Qualität von Arbeitskräften
Coughlin/Terza/Arromdee (1991) Untersuchung der Direkt- investitionen in den USA im Zeitraum 1981-1983 (sekundäre Daten der International Trade Administration des U.S. Handels- ministeriums)	Pro-Kopf-Einkommen, Verfügbarkeit und Kosten der Arbeitskräfte, Arbeitsrecht, Steuerpolitik, Infrastruktur, Investitions- förderung
Friedman/Gerlowski/Silberman (1992) Untersuchung der Direkt- investitionen in den USA auf Grundlage von Daten der Inter- national Trade Administration des U.S. Handelsministeriums (884 Investitionsfälle im Zeitraum 1977- 1988)	Nähe zum Absatzmarkt, Verfügbarkeit, Kosten und Qualität der Arbeitskräfte, Investitions- förderung, Steuerpolitik
Woodward/Rolfe (1993) Analyse von 187 deutschen, französischen, amerikanischen,	Bruttosozialprodukt pro Kopf, Währungs- stabilität, Steuerpolitik, Wirtschaftsförderung, politische Stabilität, Arbeitskosten, Transport- kosten, staatliche Restriktionen

---

[297] Vgl. Die Zeit (1980), S. 20.

kanadischen, italienischen, koreanischen, taiwanesischen und Hongkong Direktinvestitionen im Karibischen Raum im Zeitraum 1984-1987 auf Grundlage von sekundären Daten des U.S. Handelsministeriums	
Loree/Guisinger (1995) Analyse der US-Direktinvestitionen in 48 Ländern auf Grundlage der Benchmark Surveys 1977 und 1982 des U.S. Handelsministeriums	Wirtschaftsförderung, Steuerpolitik, politische Stabilität, kulturelle Distanz, Bruttosozialprodukt pro Kopf, Infrastruktur
Badri/Davis/Davis (1995) Schriftliche Befragung von 154 ausländischen Investoren im Jebel Ali Industriepark in den Vereinigten Arabischen Emiraten	Arbeitskosten, Kapitalbeschaffungsmöglichkeiten, Verfügbarkeit und Kosten von Grund und Boden, Verfügbarkeit von Rohstoffen, Verfügbarkeit von Arbeitskräften
Alford/Lussier/Siebes (1997) Befragung von 121 ausländischen Investoren in Kanada (Investitionszeitraum: 1985-1991)	Nähe zum Absatzmarkt, Marktwachstum, Steuerpolitik, Kosten, Verfügbarkeit und Qualität von Arbeitskräften, politische Stabilität, staatliche Restriktionen, Wettbewerbsintensität, kulturelle Rahmenbedingungen
Kinoshita (1998) Schriftliche Befragung von 161 japanischen Investoren in 6 asiatischen Ländern	Marktpotential, Infrastruktur, allgemeine Wirtschaftspolitik
Liu/Li/Gao (1999) Datengrundlage: 39411 ausländische Firmen in China, Untersuchungsmethoden: Faktoranalyse und Regressionsanalysen	Infrastruktur, allgemeine Wirtschaftspolitik, Rechtschutz, Steuerpolitik
Zhao/Zhu (2000) Untersuchung der Direktinvestitionen in 50 chinesischen Standorten auf Grundlage von statistischen Jahrbüchern	Marktpotential, Arbeitskosten und Kosten für Grund und Boden, Infrastruktur

Chandprapalert (2000) Schriftliche Befragung von 100 U.S. Investoren in Thailand	Marktgröße und Marktwachstum, Währungsstabilität, Rechtschutz, Stabilität der Wirtschaftspolitik, Verfügbarkeit und Kosten von Rohstoffen, Verfügbarkeit und Kosten von Arbeitskräften
Zhang (2001) Zeitreihenanalyse der Direktinvestitionen in China im Zeitraum von 1987 bis 1998	Marktpotential, allgemeine Wirtschaftspolitik, Infrastruktur, Qualität der Arbeitskräfte
Erdal/Tatoglu (2002) Zeitreihenanalyse der Direktinvestitionen in der Türkei im Zeitraum von 1980 bis 1998	Absatzmöglichkeiten, Existenz von Handelshemmnissen, Infrastruktur, Währungsstabilität
Multilateral Investment Guarantee Agency der Weltbank-Gruppe (2002) Schriftliche Befragung von 191 Unternehmen, vorwiegend aus Nordamerika, Westeuropa und Asien	Marktpotential, politische Stabilität, allgemeine Wirtschaftspolitik, Infrastruktur, Verfügbarkeit qualifizierter Arbeitskräfte
Bhatnagar/Jayaram/Phua (2003) Schriftliche Befragung von 327 ausländischen Investoren in Malaysia und Singapur	Infrastruktur, Marktpotential, Verfügbarkeit von Roh-, Hilfs- und Betriebsstoffen, von Grund und Boden sowie von Anlagegütern,
MacCarthy/Atthirawong (2003) Bestimmung der Einflussfaktoren internationaler Standortwahl mit Hilfe der Delphi-Methode[298]	Arbeitskosten, Transportkosten, Boden- und Energiepreise, Verfügbarkeit der Transportinfrastruktur und ihre Qualität, allgemeine Infrastruktur, Entwicklungsstand der IuK-

---

[298] Die *Delphi-Methode* ist ein mehrstufiges Interviewverfahren, in dem einer Gruppe von Experten ein Fragenkatalog des betreffenden Fachgebiets vorgelegt wird. Die schriftlich erhaltenen Antworten werden mit Hilfe der Mittelwertbildung zusammengefasst und den Experten erneut für eine weitere Diskussion und Verfeinerung der Antworten vorgelegt. Das Endergebnis ist eine aufbereitete Gruppenmeinung, die die Aussagen selbst und Angaben über die Bandbreite vorhandener Meinungen enthält. Die an der Untersuchung von MacCarthy und Atthirawong beteiligten Experten stammten aus Westeuropa, USA, Asia und dem Nahen Osten. Vgl. MacCarthy/Atthirawong (2003), S. 796ff..

	Technologie, Verfügbarkeit und Qualität der Arbeitskräfte, Gewerkschaften, politische Stabilität, institutionelle Unterstützung, Steuerpolitik, institutionelle Markteintrittsbarrieren, Geschäftsklima, Ausgestaltung relevanter Rechtsgebiete, Absatzmöglichkeiten, Beschaffungsmöglichkeiten, Lebensqualität, soziale und kulturelle Rahmenbedingungen

Eigene Darstellung.

Die in der Tabelle 8 aufgeführten empirischen Untersuchungen variieren sehr stark im Hinblick auf die Anzahl und die räumliche Verteilung der befragten Unternehmen sowie auf die Art der Fragestellung und der eingesetzten Untersuchungsverfahren. Trotz der Unterschiedlichkeit der Analysemethoden und der verwendeten Datensätze zeigen sich dennoch viele Übereinstimmungen in den Ergebnissen der obigen Studien, die sich in der Häufigkeit der Bennenung bestimmter Standortbedingungen äußern.

Im Allgemeinen lässt sich sagen, dass die Resultate der empirischen Untersuchungen zu Einflussgrößen nationaler und internationaler betriebswirtschaftlicher Standortentscheidungsprozesse die umfassende Standortfaktorenliste von Tesch[299] vollständig bestätigen. Den empirischen Untersuchungen wurde zwar ein viel niedriger Detaillierungsgrad der Standortbedingungen als bei Tesch zugrunde gelegt, alle grundlegenden Faktoren wurden jedoch wenigstens durch die Ergebnisse von zwei empirischen Studien bestätigt. Einen Überblick über diese Faktoren liefert die Tabelle 9.

---

[299] Die, wie schon früher erwähnt, eine Zusammenstellung von Faktoren aus den sonstigen Ansätzen zur Erklärung der internationalen Wirtschaftsbeziehungen und des Internationalisierungsprozesses von Unternehmen darstellt.

Standortfaktoren, die die Aktivitäten der Unternehmen insgesamt betreffen	• Investitionsförderung • Infrastruktur • Ausgestaltung relevanter Rechtsgebiete und Rechtsschutz • Steuerpolitik • politische Stabilität • Währungsstabilität • weiche Faktoren (kulturelle Rahmenbedingungen, Geschäftsklima)
Standortfaktoren, die die Verfügbarkeit und die Kosten der zur Produktion notwendigen Faktoren betreffen	• Verfügbarkeit, Kosten und Qualität von Arbeitskräften • Verfügbarkeit und Kosten von Grundstücken und Gebäuden • Verfügbarkeit und Kosten von Anlagegütern, Roh-, Hilfs- und Betriebsstoffen, Vorprodukten und Kapital
Standortfaktoren, die den Absatz betreffen	• Marktpotential in Verbindung mit Wettbewerbsintensität und räumlicher Nähe

Eigene Darstellung.

Die oben aufgeführten Standortfaktoren wurden entsprechend der Einteilung von Tesch in drei Hauptgruppen gegliedert: (1) Standortfaktoren, welche die gesamten Aktivitäten der Unternehmen betreffen, (2) Standortfaktoren, welche sich auf die Verfügbarkeit und die Kosten der zur Produktion notwendigen Faktoren beziehen und (3) Standortfaktoren, die den Absatz beeinflussen. All die relevanten Standortbedingungen, die aus den Erklärungsansätzen zur Entstehung von Kooperationen abgeleitet wurden (d.h. die technologischen, kulturellen und rechtlichen Rahmenbedingungen des Engagements), sind in der Zusammenstellung ebenfalls aufzufinden.

Auf die Zusammensetzung der einzelnen relevanten Standortfaktoren und ihre Auswirkung auf das Wirtschaftsengagement an einem bestimmten Standort wird in den folgenden Abschnitten eingegangen. Die Analyse erfolgt zuerst unabhängig von der gewählten Koordinationsform der Aktivitäten und anschließend in Bezug auf die einzelnen Phasen einer grenzüberschreitenden Unternehmenskooperation.

3.3.2. Auswirkung der relevanten Standortfaktoren auf die unternehmerische Tätigkeit an einem bestimmten Standort

3.3.2.1. Funktionsübergreifende Standortfaktoren

Gemäß Tabelle 9 werden die gesamten Aktivitäten der Unternehmen durch folgende Faktoren beeinflusst: Investitionsförderung, Infrastruktur, Ausgestaltung relevanter Rechtsgebiete und Rechtsschutz, institutionelle Markteintrittsbarrieren, Steuerpolitik, politische Stabilität, Währungsstabilität und weiche Faktoren.

- *Investitionsförderung*

Zwischen verschiedenen Ländern oder sogar zwischen einzelnen Regionen und Kommunen eines Staates existiert ein immer schärferer Standortwettbewerb, der u.a. auf die lokale Arbeitslosigkeit, geringe volkswirtschaftliche Wachstumsraten und voranschreitende Marktsättigung zurückzuführen ist.[300] Als beispielhafte wirtschafts-fördernde Maßnahmen können eine Subventionierung der Grundstücks- und Erschließungskosten, Befreiung von lokalen Steuern und Abgaben oder Organisation von Qualifikationsmaßnahmen genannt werden.[301] Im Kontext internationaler Wirtschaftsbeziehungen bezieht sich die Wirtschaftsförderung in hohem Maße auch auf die Förderung von Direktinvestitionen im Inland. Zu den häufig eingesetzten Fördermaßnahmen gehören insbesondere steuerliche Vergünstigungen, günstige Kredite oder Zuschüsse sowie Eigentums- und Transfergarantien.[302]

- *Infrastruktur*

Die Infrastruktur umfasst die Verkehrsanbindung (Straßennetz, Schienennetz, Flugverkehr, Schifffahrt, Transportgewerbe), das Kommunikationssystem (Postdienste, Telefonnetz, Telex/Telefax, ISDN usw.) sowie die Versorgungsdienste

---

[300] Vgl. Goette (1994), S. 223.
[301] Vgl. Meyer-Stamer (1999), S. 8.
[302] Vgl. Jüttner (1975), S. 69.

(Stromversorgung, Wasserversorgung, Abfallbeseitigung usw.).[303] Die Bedeutung der Faktoren Verkehrsanbindung und Versorgungsdienste hat sich in den letzten Jahren aufgrund ihrer Angleichung in vielen Ländern, wenigstens auf dem Minimum-Niveau, deutlich verringert. Die Relevanz der Transportkosten hat ebenfalls mit der Zeit abgenommen und kann nur in bestimmten Branchen, wie z.b. in der Bau-, Elektro- oder Automobilindustrie, immer noch als signifikant eingestuft werden[304]. Einen neuen Schwerpunkt im Bereich der Infrastruktur bilden heutzutage die Entwicklung der Kommunikationstechnik und die Schaffung von Möglichkeiten einer informationstechnischen Integration.[305] Die Relevanz der IuK-Technik für internationales Wirtschaftsengagement wurde bereits im Unterabschnitt 2.3.4.1. ausführlich betrachtet.

- *Institutionelle Markteintrittsbarrieren*

Die institutionellen Markteintrittsbarrieren, welche in einem hohen Maße die Wahl von Auslandsmärkten und die Entscheidungen über die Intensität der Bearbeitung dieser Märkte beeinflussen[306], können in tarifäre und nicht-tarifäre unterteilt werden. Die *tarifären* Hemmnisse sind Belastungen und Behinderungen, die aus der Höhe der Zoll- und Abgabensätze resultieren.[307] Sie erhöhen die Importpreise bzw. senken die Gewinnmargen der Importeure.[308] Als *nicht-tarifär* werden alle sonstigen durch die staatliche Politik verursachten Handelsbarrieren bezeichnet.[309]

Die einfuhrhemmenden Maßnahmen der staatlichen Handelspolitik umfassen preiserhöhende und mengenbeschränkende Maßnahmen, administrative Handelshemmnisse, eine Subventionierung der inländischen Unternehmen sowie Vergabebestimmungen für staatliche Aufträge.[310] Im Folgenden werden die einzelnen Arten der Markteintrittsbarrieren näher vorgestellt.

Zu *preiserhöhenden Maßnahmen* werden neben der Erhebung eines Einfuhrzolls auch bestimmte nicht-tarifäre Handelsbeschränkungen gezählt, wie z.b. Einfuhrzuschläge, Einfuhrabschöpfungen, Einfuhrdepots und Einfuhrgebühren. Einfuhrzuschläge weisen zollähnlichen Charakter auf und werden üblicherweise neben dem Schutz inländischer

---

[303] Vgl. Goette (1994), S. 193f..
[304] Vgl. Oppenländer, in: Macharzina/Oesterle (2002), S. 374f..
[305] Vgl. Meyer-Stamer (1999), S. 7ff..
[306] Vgl. Voß (1989), S. 57.
[307] Vgl. Tesch (1980), S. 420.
[308] Vgl. Goette (1994), S. 219.
[309] Vgl. Tesch (1980), S. 420.
[310] Vgl. Tesch (1980), S. 421.

Hersteller zur Verminderung von Zahlungsbilanzschwierigkeiten eingesetzt. Einfuhrabschöpfungen belaufen sich auf die Höhe der Differenz zwischen dem Preis innerhalb der Gemeinschaft und dem Importangebotspreis. Einfuhrdepots werden wie die Einfuhrzuschläge und Einfuhrabschöpfungen zur Verbesserung der Zahlungsbilanz eingesetzt und verpflichten die Unternehmen zur Hinterlegung eines Geldbetrages, der den Einfuhrwert um ein Vielfaches überschreiten kann. Einfuhrgebühren werden dagegen teilweise für die Tätigkeiten, die mit der Zollabfertigung verbunden sind, erhoben und führen zur Benachteiligung ausländischer Unternehmen, da ihre inländischen Konkurrenten mit derartigen Kosten nicht konfrontiert sind.[311]

Die *mengenbeschränkenden Maßnahmen* umfassen Einfuhrverbote, Einfuhrkontingente und freiwillige Exportselbstbeschränkungsabkommen. Die absoluten Einfuhrverbote von bestimmten Gütern sind in der Wirtschaftspraxis relativ selten aufzufinden. Kontingentierung, d.h. Begrenzung von Einfuhrmenge oder Einfuhrwert durch den Staat, wird dagegen viel häufiger zum Schutz inländischer, nicht ausreichend wettbewerbsfähiger Produktionsbereiche (die aus beschäftigungs-politischen, sicherheitspolitischen oder sonstigen Gründen erhalten werden sollen) eingesetzt. Die freiwilligen Exportbeschränkungen werden in der Regel zum Ziele der Erlangung eines gewissen Einflusses auf Ausmaß und Dauer der Restriktionen in Bereichen vorgenommen, in denen mengenbeschränkende Maßnahmen von den Importländern zu erwarten sind.[312]

Administrative Handelshemmnisse beziehen sich auf die Einfuhrformalitäten, Zollklassifikation, Zollwertbestimmung, Zollbeschwerdeverfahren, Vergabe-modalitäten für Einfuhrlizenzen u.ä. Auch der zeitliche Aspekt der Einfuhrbehandlung von Waren, d.h. verschiedene Verzögerungstaktiken seitens der öffentlichen Institutionen, weisen eine importhemmende Wirkung auf.[313]

Die inländischen Unternehmen werden oft von ihren Staaten durch finanzielle Zuwendungen, Vergünstigungen, staatliche Garantien und Bürgschaften subventioniert, was ihre Kosten- und Wettbewerbsposition gegenüber ausländischen Konkurrenten stärkt. Bestimmte Regelungen und die Handhabung der Ermessens-spielräume bei der *Vergabe von staatlichen Aufträgen* sind weitere protektionistische Maßnahmen, die ausländische Unternehmen benachteiligen und somit die Struktur des internationalen Handels beeinflussen.[314]

---

[311] Vgl. Quambusch (1976), S. 47ff..
[312] Vgl. Tesch (1980), S. 427ff..
[313] Vgl. Quambusch (1976), S. 251ff..
[314] Vgl. Tesch (1980), S. 433ff..

Als Markteintrittsbarrieren können schließlich staatliche Maßnahmen zur Einschränkung von Direktinvestitionen ausländischer Unternehmen im Inland (Verbote, Genehmigungspflichten, Auflagen u.ä.) angesehen werden.[315]

- *Steuerpolitik*

Da für eine Investitionsentscheidung die Nettorendite nach Steuern eine wichtige Entscheidungsgröße bildet, wird die Steuerpolitik und die daraus abgeleitete Unternehmensbesteuerung als ein relevanter Einflussfaktor der Standortwahl angesehen.[316] Durch die Auswirkung auf die Liquidität und Rentabilität von Unternehmen beeinflusst die Steuerbelastung die internationalen Investitions- entscheidungen und somit die Handels- und Direktinvestitionsströme.[317]

Der Vergleich von Steuerrechtsnormen bezieht sich dabei nicht allein auf die Steuersätze, sondern auch auf die Bemessungsgrundlagen, die Bewertungs- und Abschreibungsgrundsätze, den Gewinnbegriff, die Freibeträge usw. In manchen Ländern existiert ein großer Unterschied zwischen der formalen, aus den Gesetzen abgeleiteten, und der faktischen Steuerbelastung. Diese Diskrepanz kann auf die umfangreichen Möglichkeiten zur Reduzierung der Steuerbemessungsgrundlage, wie z.B. Sonderabschreibungen und sonstige Vergünstigungen, zurückgeführt werden.[318] Von großer Bedeutung ist auch die Existenz von Doppelbesteuerungsabkommen mit dem Zielland, welche die Besteuerungsrechte der beteiligten Staaten regeln[319], damit der Steuerpflichtige nicht aufgrund desselben Tatbestands in verschiedenen Staaten einer gleichartigen Steuer unterliegt[320].

- *Politische Stabilität*

Politische Instabilität erhöht das wirtschaftliche Risiko für die Investoren und stellt somit ein Investitionshemmnis dar.[321] Die politischen Risiken sind im Allgemeinen mit der Verlustgefahr verbunden, welche sich auf die Eigentumsverhältnisse und die wirtschaftliche Handlungs- und Gestaltungsfreiheit von Organisationen bezieht.[322]

---

[315] Vgl. Tesch (1980), S. 447f..
[316] Vgl. Esser (1990), S. 158.
[317] Vgl. Tesch (1980), S. 398.
[318] Vgl. Esser (1990), S. 166.
[319] Vgl. Warneke, in: Schoppe (1991), S. 672f..
[320] Vgl. Fischer/Warneke (1974), S. 226.
[321] Vgl. Oppenländer, in: Macharzina/Oesterle (2002), S. 374f..
[322] Vgl. Bernkopf (1980), S. 122ff..

Es existiert eine Reihe von Indikatoren, die zur Ermittlung des politischen Risikos eines Landes herangezogen werden können. Ihr Nachteil liegt jedoch in ihrem vergangenheitsbezogenen Charakter. Politische Instabilität in der Vergangenheit muss nämlich nicht unbedingt auf zukünftige Instabilität hinweisen und umgekehrt. Darüber hinaus gibt ein allgemeiner Risikoindex keinen Aufschluss über das konkrete unternehmens- und das branchenbezogene Risiko.[323]

- *Währungsstabilität*

Die Stabilität der Währung bildet die Sicherheitsgrundlage für etwaige Kalkulationen im Auslandsgeschäft. Die Veränderungen des Außenwertes der Währung können einerseits mit Gewinnchancen verbunden sein, andererseits aber zu Verlusten führen. Wechselkursschwankungen verändern die relativen Wettbewerbsvor- und –nachteile der Unternehmen und somit auch die Struktur der internationalen Wirtschaftsbeziehungen.[324] Da die Ertragslage eines grenzüberschreitend tätigen Unternehmens durch solche Schwankungen stark belastet werden kann, ist im Falle von internationalen Wirtschaftsbeziehungen der Einsatz von finanziellen und investitionsplanungsbezogenen Vorsorge- und Sicherungsmaßnahmen unentbehrlich.[325] Die genannten Maßnahmen verursachen jedoch Kosten in der Form von Gebühren und Provisionen für Kompensationsgeschäfte, die zur Verminderung der Wettbewerbsfähigkeit des Unternehmens führen.[326]

- *Weiche Standortfaktoren*

Zu den weichen Standortfaktoren werden am häufigsten die kulturellen Rahmenbedingungen und das Geschäftsklima einer Region gezählt. Die *Kultur* wurde von vielen Wissenschaftlern als eine der zentralen Einflussgrößen der internationalen Unternehmenstätigkeit anerkannt, die einen signifikanten Einfluss auf fast alle Bereiche der Wirtschaftsaktivitäten von Organisationen ausübt. Die jeweilige Landeskultur beeinflusst u.a. die Arbeitsorganisation, Planungs- und Verhandlungsprozesse sowie die Unternehmungskultur. Eine besondere Relevanz erlangt die Problematik der *kulturellen Unterschiede*, worauf im Unterabschnitt 2.3.4.2. bereits eingegangen wurde.

---

[323] Vgl. Raffée/Kreutzer, in: von Kortzfleisch/Kaluza (1984), S. 32ff..
[324] Vgl. Tesch (1980), S. 404ff..
[325] Vgl. Goette (1994), S. 206ff..
[326] Vgl. Tesch (1980), S. 406.

Das *Geschäftsklima* einer Region hängt davon ab, welche Priorität der wirtschaftlichen Entwicklung lokal zugewiesen wird und ob die jeweilige Region über eine klar festgelegte Entwicklungsstrategie verfügt. Mögliche Indikatoren für die Beurteilung des Geschäftsklimas stellen u.a.: die wirtschaftliche Kompetenz und Offenheit von wichtigen politischen Akteuren, die Umgangsweise mit den Unternehmen, die Schnelligkeit und Qualität der Beantwortung von Anfragen und Anträgen sowie die Unterstützung beim Umgang mit Kontrollbehörden dar.[327]

• *Ausgestaltung relevanter Rechtsgebiete und Rechtschutz*

Der Einfluss der Ausgestaltung relevanter Rechtsgebiete und des Rechtschutzes auf das wirtschaftliche Engagement an einem bestimmten Standort wurde im Unterabschnitt 2.3.4.3. bereits ausführlich diskutiert.

3.3.2.2. Produktionsbezogene Standortfaktoren

Standortbedingungen, welche die Verfügbarkeit und die Kosten der zur Produktion notwendigen Faktoren betreffen, schließen in erster Linie die Verfügbarkeit, Kosten und Qualität von Arbeitskräften sowie die Verfügbarkeit und Kosten von Grundstücken, Gebäuden, Anlagegütern, Roh-, Hilfs- und Betriebsstoffen, Vorprodukten und Kapital ein.

• *Verfügbarkeit, Kosten und Qualität von Arbeitskräften*

Die Verfügbarkeit von Arbeitskräften wird einerseits durch das länderspezifische Ausbildungsangebot und –niveau determiniert, andererseits wird sie durch die spezifischen fertigungstechnischen Anforderungen der einzelnen Unternehmen an den Arbeitsmarkt und die jeweiligen tariflich festgesetzten Arbeitszeitregelungen beeinflusst. Zu den möglichen Indikatoren der Qualität eines nationalen Bildungssystems zählen u.a. der prozentuale Anteil von Hochschulabsolventen an der Gesamtbevölkerung und das berufliche Ausbildungssystem. Der Vergleich von Arbeitskosten erfolgt zumeist auf der Basis von Stundenlöhnen und Lohnnebenkosten. Letztendlich sind jedoch nicht die Arbeitskosten pro Stunde, sondern die Arbeitskosten pro Stück entscheidend, welche die zusätzliche Information über die Produktivität der Arbeitnehmer liefern.[328]

---

[327] Vgl. im Folgenden: Meyer-Stamer (1999), S. 9f..
[328] Vgl. Goette (1994), S. 197ff..

- *Verfügbarkeit und Kosten von Grundstücken und Gebäuden*

Eine ausreichende Anzahl von Grundstücken und Gebäuden in benötigter Qualität und Größe ist oft eine wichtige Anforderung seitens der Unternehmen im Standortentscheidungsprozess. Ein erhöhter Bedarf an bereits bestehenden Grundstücken zeigt sich insbesondere bei unter Zeitdruck gefallenen Standortverlagerungen und im Falle von kleinen Unternehmen, die nicht imstande sind, einen Neubau zu finanzieren.[329] Die Verkehrsanbindung, die Miet- bzw. Erwerbskosten sowie die gefürchteten Baubeschränkungen[330] sind weitere entscheidende Standortfaktoren im Bereich des Grundstücks- und Flächenangebots.[331]

- *Verfügbarkeit und Kosten von Anlagegütern, Roh-, Hilfs- und Betriebsstoffen, Vorprodukten und Kapital*

Die an einem Standort investierenden Unternehmen sind daran interessiert, dass die von ihnen im Leistungserstellungsprozess benötigten Roh-, Hilfs- und Betriebsstoffe, Anlagegüter sowie Vorprodukte in ausreichender Menge, Qualität und zu akzeptablen Preisen zu beschaffen sind.[332] Der Zugang zu Rohstoffquellen kann je nach Branche eine verschiedene Bedeutung bei der internationalen Standortwahl erlangen.[333] Er wird vorwiegend von Industrieunternehmen, insbesondere aus den Branchen Maschinenbau und Chemie, in die Standortentscheidungen einbezogen.[334] Als relevant werden ebenfalls die Kapitalbeschaffungsmöglichkeiten angesehen, die oft ein entscheidendes Kriterium für die Aufnahme von neuen kostspieligen Investitionsprojekten bilden.[335]

3.3.2.3. Absatzbezogene Standortfaktoren

Der positive Einfluss eines hohen *Marktpotentials* auf die Anlockung von Direktinvestitionen wurde in mehreren empirischen Studien bestätigt.[336] Ein großer Absatzmarkt des Gastlandes schafft für ausländische Investoren die Möglichkeit der Reduzierung von Markteintrittskosten und der Erzielung von Skalenvorteilen, die nicht

---

[329] Vgl. Autschbach (1997), S. 7.
[330] Vgl. Autschbach (1997), S. 9.
[331] Vgl. Meyer-Stamer (1999), S. 7.
[332] Vgl. Badri/Davis/Davis (1995), S. 53.
[333] Vgl. Goette (1994), S. 164.
[334] Vgl. Oppenländer, in: Macharzina/Oesterle (2002), S. 371f..
[335] Vgl. Badri/Davis/Davis (1995), S. 53.
[336] Vgl. z.B. Root/Ahmed (1979), Lunn (1980), Scaperlanda/Balough (1983).

nur die Verkäufe im Gastland erhöhen, sondern sich auch auf den Absatz der im Gastland produzierten Güter in anderen Märkten positiv auswirken können.[337]

Bei der Analyse von Absatzmöglichkeiten in einem bestimmten Markt soll der Begriff des Marktpotentials nicht mit dem des Absatzpotentials verwechselt werden. Während *Marktpotential* als die Gesamtheit möglicher Absatzmengen (Absatzerlöse) eines Marktes für ein bestimmtes Produkt definiert wird[338], bezieht sich der Begriff *Absatzpotential* auf die erwarteten Absatzmöglichkeiten *eines Unternehmens* in einem bestimmten Land[339], d.h. auf die von diesem Unternehmen zu erwartenden Absatzmengen und zu erzielenden Absatzpreise[340].

Zur Prognose des Absatzpotentials werden allgemeine volkswirtschaftliche Rahmendaten (wie z.B. Einwohnerzahl, Bevölkerungsdichte, Bevölkerungswachstum, Bevölkerungsstruktur, Bruttosozialprodukt, Kaufkraft) sowie branchen-, unternehmens- oder produktspezifische Kennzahlen herangezogen, d.h. Markt-volumen[341], Marktpotential, Anzahl und Struktur der Bedarfsträger, Periodizität des Bedarfs, Bedarfsintensität, Verbrauchsgewohnheiten, Wettbewerbsintensität usw.[342] Die Attraktivität eines Absatzmarktes für ein konkretes Unternehmen wird darüber hinaus auch durch die räumliche Nähe zu diesem Markt bestimmt.

3.3.3. Auswirkung der relevanten Standortfaktoren auf die einzelnen Phasen einer grenzüberschreitenden Unternehmenskooperation

Wie im Unterkapitel 2.3 dargestellt wurde, lassen sich im Kooperationsprozess fünf grobe Phasen unterscheiden. In jeder dieser Phasen weisen verschiedene Standortfaktoren einen unterschiedlichen Relevanzgrad auf.

In der Umweltanalyse, die in der *Phase der strategischen Initiierung* von den Unternehmen durchgeführt wird, sollen idealerweise die Ausprägungen aller relevanten Standortfaktoren aus Tabelle 9 mit berücksichtigt werden. Jeder dieser Faktoren kann auf die spätere Funktionsfähigkeit der Kooperation einen gewissen Einfluss ausüben. Der Grad an politischer Stabilität und die rechtlichen Rahmenbedingungen bestimmen beispielsweise die Erwartungen über die zukünftige

---

337 Vgl. Zhao/Zhu (2000), S. 61.
338 Vgl. Becker (1992), S. 390.
339 Vgl. Goette (1994), S. 178f..
340 Vgl. Behrens (1971), S. 73.
341 Unter *Marktvolumen* wird die Gesamtheit aller realisierten Absatzmengen/Absatzerlöse in einem Produktmarkt verstanden. Vgl. Becker (1992), S. 391.
342 In Anlehnung an: Schäfer/Knoblich (1978), S. 71ff..

wirtschaftliche Handlungsfreiheit im Rahmen der Kooperation sowie das Risiko eventueller Vermögensenteignungen. Die institutionellen Markteintrittsbarrieren können bestimmte Formen der Unternehmenskooperation von vornherein ausschließen und ein hohes Wechselkursrisiko führt zur Kalkulationsunsicherheit im Rahmen des grenzüberschreitenden Engagements. Die wirtschaftsfördernden, steuerpolitischen und infrastrukturellen Bedingungen üben einen starken Einfluss auf die erwarteten Kosten der Kooperationsdurchführung aus und bestimmen so die Wahl der konkreten Kooperationsform mit. Im Kontext der infrastrukturellen Bedingungen ist insbesondere die Rolle des IuK-Entwicklungsstandes zu erwähnen, der u.a. die Kosten der Informationssammlung über die Ausprägungen relevanter Standortfaktoren beeinflussen kann. Die Existenz von kulturellen Unterschieden zwischen den betrachteten Standorten ist ebenfalls bereits in der Phase der strategischen Initiierung zu berücksichtigen. Wie im Unterabschnitt 2.3.4.2. aufgezeigt, bestimmt sie den Grad an vertikaler Integration eines grenzüberschreitenden Unternehmensengagements mit.

Der Informationsbedarf von Unternehmen, die an einer grenzüberschreitenden Kooperation interessiert sind, ist in der Phase der strategischen Initiierung sehr hoch. Um strategische Entscheidungen fällen zu können, benötigen Unternehmen detaillierte Informationen über die Ausprägungen aller relevanten Standortfaktoren ihres potentiellen Engagements. Auch die Untersuchung der eigenen strategischen Position im Vergleich zu den wichtigsten Wettbewerbern auf dem jeweiligen Markt gehört zu den empfohlenen Schritten für Unternehmen, welche ein Auslandsengagement erwägen.

Wegen der Anforderungen des fundamentalen, strategischen und kulturellen Fits in der *Phase der Partnerwahl* gewinnen die existierende Industriestruktur und die kulturellen Unterschiede eine besondere Bedeutung. Die Untersuchung der lokalen Branchenstruktur hilft den Unternehmen einen Kooperationspartner zu finden, dessen strategische Zielsetzung in Hinsicht auf die einzugehende Kooperation mit der eigenen Zielsetzung übereinstimmt und der den höchsten Beitrag zum Erfolg des geplanten Bündnisses in einer gegebenen Marktsituation leisten wird. Die Analyse der vorhandenen Kulturunterschiede führt zu steigendem interkulturellem Bewusstsein und somit zur Verringerung des zukünftigen Konfliktpotentials. In dieser Phase ist auch die Rolle der modernen IuK-Technik zu erwähnen, deren Einsatz die Transaktionskosten der Suche nach potentiellen Kooperationspartnern erheblich mindern kann. Der Informationsbedarf von Unternehmen in der Phase der Partnersuche schließt in erster Linie Informationen über die existierenden Kooperationsdatenbanken sowie die lokalen und internationalen Messen, Konferenzen,

Seminare und Workshops mit kooperations- bzw. auslandsengagementbezogener Problematik ein.

In der *Phase der Kooperationseinrichtung* spielen die rechtlichen Rahmenbedingungen des Engagements eine besonders wichtige Rolle. In dieser Etappe erfolgt die Wahl der konkreten Rechtsform der Zusammenarbeit, die dann die Bedingungen für die Koordination von Aktivitäten, die Verteilung des Transaktionserfolges, Veränderungen der vereinbarten Konditionen und die Auflösung der Zusammenarbeit regeln wird. Der Informationsbedarf seitens der Unternehmen im Prozess der Kooperationseinrichtung bezieht sich vorwiegend auf detaillierte Informationen über rechtliche Normen, die für das grenzüberschreitend agierende Unternehmen im Inland und im Gastland gelten.

Das große Konfliktpotential in der Phase der *Implementierung und Realisierung einer Kooperation* kann u.a. auf die Veränderungen gesetzlicher, politischer oder wirtschaftlicher Rahmenbedingungen zurückgeführt werden. Auch die internen Konfliktursachen können einen standortfaktorenbezogenen Hintergrund aufweisen, wie z.B. das Fehlen von Vertrauen oder die Unterschiedlichkeit der Unternehmenskulturen und persönlichen Mentalitäten, die häufig auf die Existenz kultureller Unterschiede zurückgeführt werden können. Das Vorhandensein moderner IuK-Technologien erhöht die Kommunikationshäufigkeit und trägt somit zur Entstehung bzw. Vertiefung des Vertrauens bei. Auch die Verfolgung der Veränderungen von relevanten Rahmenbedingungen erweist sich beim Einsatz der IuK-Technik gewöhnlich als schneller und kostengünstiger.

Ständig aktualisierte Informationen über die Ausprägungen der lokalen Standortfaktoren sind für Unternehmen in der Implementierungsphase einer Kooperation von besonders großem Interesse. Sie helfen ihnen die Veränderungen der gesetzlichen, politischen und wirtschaftlichen Rahmenbedingungen frühzeitig zu antizipieren und auf diese Art und Weise einen Teil der daraus resultierenden Konflikte zu vermeiden. Der Informationsbedarf von Unternehmen im Prozess der Kooperationsrealisierung bezieht sich außerdem auf Fakten über die kulturellen Rahmenbedingungen des Gastlandes sowie Informationen, die zur Erhöhung des allgemeinen interkulturellen Bewusstseins beitragen.

In der Phase der *Rekonfiguration bzw. Beendigung der Kooperation* spielen erneut die rechtlichen Rahmenbedingungen des Engagements eine besonders wichtige Rolle. Sie bestimmen die Konditionen für die Auflösung des Bündnisses bzw. liefern alternative Formen der Zusammenarbeit, falls im Prozess der Rekonfiguration auch die rechtliche

Form der Kooperation eine Veränderung benötigt. Damit die Kooperation völlig an veränderte Rahmenbedingungen angepasst werden kann, wird in diesem Prozess wiederholt eine Umweltanalyse durchgeführt, mit Einbeziehung der bei der strategischen Initiierung untersuchten Variablen. Eine transaktionsmindernde Rolle bei der Informationsbeschaffung spielen wiederum die modernen IuK-Technologien. Der Informationsbedarf der Unternehmen erstreckt sich in der Rekonfigurationsphase auf die Ausprägungen aller relevanten Standortfaktoren sowie die rechtlichen Vorschriften hinsichtlich der Auflösung des Bündnisses bzw. der Auswahl einer alternativen Koordinationsform.

4. Verknüpfung ausgewählter Elemente der Kooperationstheorie, der betriebswirtschaftlichen Standorttheorie und der Internationalisierungstheorie zur Erklärung grenzüberschreitender Unternehmenskooperationen

In den vorhergehenden Kapiteln der Arbeit wurden die Determinanten der Entstehung von zwischenbetrieblichen Partnerschaften und die standortbezogenen Einflussfaktoren grenzüberschreitender Wirtschaftstätigkeit von Organisationen erforscht. Im Folgenden erfolgt die Verbindung der gewonnenen Erkenntnisse zu einem Modell der standortbezogenen Einflussfaktoren grenzüberschreitender Unternehmenskooperationen. Zu diesem Zweck werden zuerst die Determinanten der Auswahl von optimalen Markteintrittsformen in einem eklektischen Modell zusammengefasst. Nach der Berücksichtigung der Überlegungen zur Existenz von zwischenbetrieblichen Partnerschaften werden sie im weiteren Schritt auf voneinander unabhängige Gruppen von Variablen reduziert, welche die Entstehung von grenzüberschreitenden Unternehmenskooperationen beeinflussen. Anschließend wird ein hierarchisches Modell zur Auswahl von optimalen Koordinationsformen und Abwicklungsstandorten transnationaler Aktivitäten vorgestellt.

4.1. Determinanten der Auswahl von optimalen Markteintrittsformen

Die Auswahl der optimalen Markteintrittsform wird von vielen Wissenschaftlern als eine kritische Determinante des Erfolgs von grenzüberschreitendem Engagement angesehen.[343] Jede Form des Markteintrittes ist mit einem unterschiedlichen Grad an Kontrolle, unterschiedlichen Einsatz von Mitteln und unterschiedlichen Risiko verbunden.[344] Die Identifikation der optimalen Form der Koordination grenzüberschreitender Aktivitäten erfordert für jede Art von Transaktionen einen sorgfältigen Vergleich zwischen den Vor- und Nachteilen der existierenden institutionellen Formen des Engagements.

Obwohl der Transaktionskostenansatz von mehreren Wissenschaftlern als der wichtigste theoretische Ansatz bei der Wahl von optimalen Markteintrittsformen angesehen wird[345], reicht er alleine nicht aus, um den komplexen Entscheidungsprozess von Unternehmen vollständig zu erklären.[346] Viele Wissenschaftler, die die

---

[343] Vgl. Hill/Hwang/Kim (1990), S. 117; Erramilli/Rao (1993), S. 19; Kumar/Subramaniam (1997), S. 53f.; Chang/Rosenzweig (2001), S. 748.
[344] Vgl. Hill/Hwang/Kim (1990), S. 117.
[345] Vgl. Taylor/Zou/Osland (1998), S. 390.
[346] Vgl. Hill/Hwang/Kim (1990), S. 118.

Suche nach der Erklärung der Markteintrittsformenwahl auf diesen Ansatz stützten, erkannten die Notwendigkeit einer Erweiterung des Entscheidungsmodells um zusätzliche Variablen.[347]

Neben der Höhe der Transaktions- und der Produktionskosten, wurden in erster Linie strategische Überlegungen der Unternehmen als wichtigste Determinanten der Wahl von Markteintrittsformen erkannt.[348] Um ihre Position im Wettbewerb zu verbessern, können Unternehmen bewusst bestimmte Formen des Engagements auswählen, ohne dass diese Wahl mit der Minimierung der Transaktionskosten des konkreten Einzelengagements begründet wird.[349]

Oft basieren die Studien zur Wahl der optimalen Markteintrittsform auch auf dem eklektischen Theorem von Dunning, welches neben Überlegungen zu Internalisierungsvorteilen auch den Einfluss von unternehmens- und standortspezifischen Faktoren auf die Wahl der Koordinationsform berücksichtigt (vgl. Abschnitt 3.2.2.).[350] Die empirische Untersuchung von Brouthers/Brouthers/Werner (1999) ergab, dass Unternehmen, welche ihre Markteintrittsformen in Übereinstimmung mit den Aussagen dieses Theorems ausgewählt hatten, relativ bessere Ergebnisse erzielten als Unternehmen, welche sich in ihren Entscheidungen nicht an die Vorgaben des OLI-Ansatzes hielten.

Aufgrund der hohen Komplexität der Entscheidungssituation ist es schwierig zur Wahl der optimalen Markteintrittsform zu gelangen. Außer den gerade genannten Triebkräften der Koordinationsformenwahl gibt es eine Fülle von Faktoren, welche die Entscheidungen der Unternehmen zusätzlich moderieren. Wie jedoch später ersichtlich wird, lässt sich mit Ausnahme der rein strategischen und rein finanziellen Faktoren der Einfluss aller sonstigen relevanten Determinanten der Wahl von Markteintrittsformen mit den Aussagen des Transaktionskostenansatzes erklären.

Abbildung 16 stellt Einflussfaktoren der Markteintrittsformenwahl zusammen, die von den meisten Wissenschaftlern als relevant erkannt wurden und Bestätigung in empirischen Untersuchungen fanden. Sie lassen sich in strategische, unternehmens-, industrie-, transaktionskosten- und standortbezogene Variablen unterteilen.

---

[347] Vgl. z.B.: Anderson/Coughlan (1987), John/Weitz (1988), Kim/Daniels (1991), Heide/John (1992).
[348] Vgl. Dant/Lohtia (1993), S. 4; Gannon (1993), S. 46.
[349] Vgl. Kogut (1988), S. 320ff..
[350] Vgl. Tse/Pan/Au (1997), S. 780f..

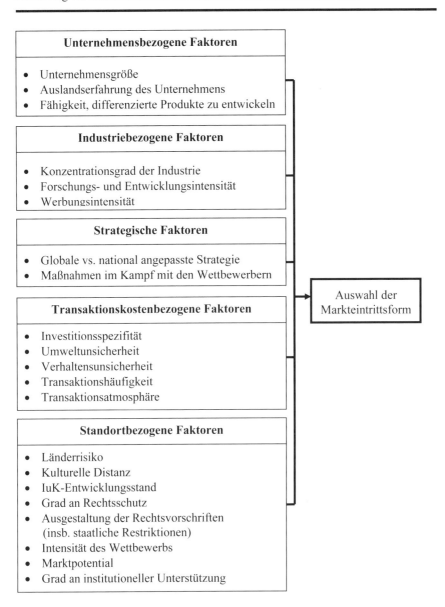

Eigene Darstellung.

Zu den **unternehmensbezogenen Faktoren** gehören die Größe und die internationale Erfahrung des Unternehmens sowie seine Fähigkeit, differenzierte Produkte zu entwickeln. Wie schon früher erwähnt, lässt sich der Einfluss der unternehmensbezogenen Variablen (außer der Unternehmensgröße, welche als Indikator für die finanziellen Möglichkeiten eines Unternehmens dienen kann) mit Aussagen der Transaktionskostentheorie begründen.

Größere Firmen verfügen in der Regel über mehr Ressourcen zum Aufbau von Auslandsaktivitäten. Bei jedem Grad der Aktivaspezifität wenden sie relativ häufiger als kleinere Unternehmen stärker integrierte Formen des Engagements an, welche ihnen einen höheren Grad an Kontrolle über die Tätigkeit im ausländischen Markt sichern.[351] Der Mangel an Ressourcen stellt andererseits das wichtigste Hindernis der Anwendung von Koordinationsformen dar, die sich im Zuge der effizienzbezogenen bzw. strategischen Überlegungen als optimal erwiesen haben. Er kann in der Wahl weniger effizienter, aber billigerer Markteintrittsformen bzw. sogar in der Aufgabe des Gedankens einer Aufnahme des grenzüberschreitenden Engagements resultieren.

Die *internationale Erfahrung* eines Unternehmens, insbesondere in konkreten Inter-Firm-Beziehungen bzw. Märkten, reduziert die Verhaltensunsicherheit und beeinflusst die Wahrnehmung der Umweltunsicherheit seitens der Unternehmen.[352] In der Regel verfügen international erfahrene Firmen über ein höheres Verständnis der Entwicklungen im ausländischen Markt und in den Beziehungen mit ausländischen Partnern sowie ein höheres Kompetenzniveau bezüglich der Auswahl einer optimalen Reaktion auf die Veränderungen der Rahmenbedingungen des Engagements.[353]

In den meisten Studien wurde ein positiver Zusammenhang zwischen der Auslandserfahrung der Unternehmen und dem bevorzugten Grad an vertikaler Integration festgestellt[354], welcher mit den Aussagen der Transaktionskostentheorie übereinstimmt. Einige Wissenschaftler haben jedoch keinen signifikanten[355] bzw. einen entgegengesetzten[356] Effekt entdeckt. Eine gewisse Erklärung dieser Situation

---

[351] Vgl. z.B. die empirischen Untersuchungen von Kogut/Singh (1988), Yu/Ito (1988), Kimura (1989), Gomes-Casseres (1990), Agarwal/Ramaswami (1992), Erramilli/Rao (1993), Kwon/Konopa (1993), Osborne (1996), Hennart (1997), Taylor/Zou/Osland (1998) und Brouthers/Brouthers/Werner (1999).

[352] Vgl. Wilkinson/Nguyen (2003), S. 47.

[353] Vgl. Anderson/Gatignon (1986), S. 16.

[354] Vgl. z.B. die empirischen Untersuchungen von Davidson (1980), Gatignon/Anderson (1988), Gomes-Casseres (1989), Hennart (1991), Agarwal/Ramaswami (1992), Brouthers/Brouthers/ Werner (1996), Shrader/Oviatt/McDougall (2000) und Luo (2001).

[355] Vgl. z.B. die empirische Untersuchung von Nakos/Brouthers (2002).

[356] Vgl. z.B. die empirische Untersuchung von Davidson/McFetridge (1985) und Hedlund/Kverneland (1985).

liefert die empirische Studie von Erramilli (1991), die einen U-förmigen Verlauf des Zusammenhangs zwischen der internationalen Erfahrung der Unternehmen und dem gewünschten Grad an vertikaler Integration feststellt. Nach diesem Schema wird die hierarchisch voll integrierte Form des Engagements von Organisationen vorgezogen, die entweder ganz wenig [d.h. mit relativ höherer Umwelt- und Verhaltensunsicherheit konfrontiert; d.V.] bzw. bereits ganz viel Erfahrung im Auslandsengagement gesammelt haben [d.h. aufgrund des mehrjährigen Engagements in dem gegebenen Markt strategisch an langfristiger Marktpräsenz interessiert sind; d.V.], während Firmen mit mittlerer Erfahrung die Kooperationsformen bevorzugen.

Eine andere mögliche Erklärung der negativen Korrelation zwischen internationaler Erfahrung eines Unternehmens und dem bevorzugten Grad an vertikaler Integration ist die ethnozentrische Orientierung der Unternehmen. Organisationen mit dieser Art von strategischer Einstellung ziehen eine selbständige Kontrollausübung den Verhandlungen mit ausländischen Partnern vor. Die Bevorzugung eigener Präferenzen gegenüber effizienzbezogenen Überlegungen ist jedoch nur in Industrien mit niedrigem Grad an Wettbewerbsintensität möglich. Bei scharfem Wettbewerb würden die ineffizienten Formen des Engagements aus dem Markt ausscheiden.[357]

Unternehmen, die fähig sind, *differenzierte Produkte* zu entwickeln, tendieren beim Markteintritt eher zu höher integrierten Formen des Engagements.[358] Diese Tendenz wird mit der Gefahr der Technologiediffusion erklärt sowie mit der Tatsache, dass Unternehmen alleine in den Genuss der Gewinne aus dem Einsatz ihrer fortgeschrittenen Verfahrensweisen kommen möchten.[359] Aufgrund des Einsatzes von wertvollen technologischen Verfahren wird also die transaktionsökonomische Problematik der hohen Aktivaspezifität von Investitionen angesprochen.

Zu den **industriebezogenen Determinanten** der Wahl von Markteintrittsformen zählen der Konzentrationsgrad der Industrie sowie die F&E- und die Werbungsintensität.

Mit steigendem *Konzentrationsgrad der Industrie* steigt auch die Wahrscheinlichkeit der Auswahl hoch integrierter Koordinationsformen seitens der Unternehmen.[360] In Märkten mit oligopolistischer Marktstruktur, in welchen eine begrenzte Anzahl von Organisationen im starken Wettbewerb steht, werden rein strategische Gründe bei der

---

[357] Vgl. Anderson/Gatignon (1986), S. 16f..
[358] Vgl. z.B. die empirischen Untersuchungen von Coughlan (1985), Anderson/Coughlan (1987), Brouthers/Brouthers/Werner (1996) und Osborne (1996).
[359] Vgl. Nakos/Brouthers (2002), S. 50ff.
[360] Vgl. z.B. die empirische Untersuchung von Kim/Hwang (1992), S. 46.

Auswahl der optimalen Markteintrittsform den effizienzbezogenen Motiven vorgezogen.[361] Unabhängig vom Grad der Aktivaspezifität haben Unternehmen, welche über ihre Aktivitäten einen hohen Grad an Kontrolle ausüben, in stark konzentrierten Industrien die Sicherheit, dass die Tätigkeit einzelner Filialen oder Unternehmensteile strategisch koordiniert wird und sich nicht zu Ungunsten des ganzen Unternehmens auswirkt.[362]

Eine hohe *Forschungs- und Entwicklungsintensität* weist oft auf die Spezifität der Investition hin und veranlasst die Unternehmen zur Wahl relativ stärker integrierter Koordinationsformen des Engagements.[363] Auch bei hoher *Werbungsintensität* werden integrierte Formen der Aktivitäten bevorzugt.[364] Aufgrund des großen Werbungs- aufwandes gewinnt nämlich der Markenname an Wert und wird zur spezifischen Ressource, die einen höheren Grad an Kontrolle erfordert.

Die Wahl der optimalen Koordinationsform grenzüberschreitender Aktivitäten kann ferner durch die Verfolgung einer globalen bzw. national angepassten Strategie seitens der Unternehmen oder durch den Einsatz von spezifischen Maßnahmen im Kampf mit den Wettbewerbern determiniert werden. Der letzte Fall wurde bereits im Rahmen des Einflusses des Konzentrationsgrades der Industrie diskutiert.

Unternehmen, die eine *national angepasste Strategie* verfolgen, wählen relativ weniger integrierte Koordinationsformen des Engagements. Diese Art von Strategie basiert auf der Überzeugung, dass die Konsumentenpräferenzen und die Investitionsbedingungen in verschiedenen Märkten stark voneinander abweichen, was dazu führt, dass den internationalen Filialen eines Unternehmens ein hoher Grad an Entscheidungsfreiheit eingeräumt wird. Unternehmen, die dagegen eine *globale Strategie* verfolgen, d.h. ein standardisiertes Produkt weltweit vermarkten und von den globalen Skaleneffekten profitieren, entscheiden sich häufiger für eine hierarchisch höher integrierte Markteintrittsform, die ihnen eine bessere Koordination der einzelnen Aktivitäten erlaubt.[365]

---

[361] Vgl. Hill/Hwang/Kim (1990), S. 121.
[362] Vgl. Kim/Hwang (1992), S. 34.
[363] Vgl. z.B. die empirischen Studien von Stopford/Wells (1972) und Coughlan/Flaherty, in: Gautschi (1983). In der Untersuchung von Hennart (1991) hat sich jedoch der positive Zusammenhang nicht als signifikant erwiesen.
[364] Vgl. z.B. die empirischen Untersuchungen von Stopford/Wells (1972) und Gatignon/Anderson (1988). In der Untersuchung von Hennart (1991) hat sich jedoch dieser Zusammenhang nicht als signifikant erwiesen.
[365] Vgl. Hill/Hwang/Kim (1990), S. 120f.. Vgl. dazu auch die empirische Untersuchung von Gannon (1993).

Der Einfluss **transaktionskostenbezogener Faktoren** auf die Wahl der Markteintrittsform wurde in Kapitel 2 ausführlich diskutiert. Im Folgenden wird nur an die wichtigsten transaktionsökonomischen Aussagen in Bezug auf die Wahl der optimalen Markteintrittsform erinnert.

Bei niedriger *Aktivaspezifität* und hoher *Umweltunsicherheit* versuchen die Unternehmen ihre Flexibilität zu bewahren und niedriger integrierte Formen des Engagements auszuwählen.[366] Diese Art von Flexibilität, verstanden als Fähigkeit zum schnellen und billigen System- und Methodenwechsel, gewinnt besondere Bedeutung in weniger bekannten ausländischen Märkten, da sie mit steigendem Wissen über den Markt eine ständige Anpassung an die Umwelt erlaubt.[367] Bei hoher Spezifität und hoher Umweltunsicherheit sind die Unternehmen jedoch bemüht, den Grad an hierarchischer Integration zu erhöhen, damit sie möglichst viel Kontrolle über ihre hochspezifischen Ressourcen in der unvorhersehbaren Umwelt ausüben können.[368]

Die Reduzierung der Gefahr des opportunistischen Verhaltens in Transaktionsbeziehungen kann durch die Erhöhung des Kontrollgrades über das jeweilige Engagement erreicht werden. Hohe *Verhaltensunsicherheit* führt somit zu einem höheren Grad an vertikaler Integration der Aktivitäten.[369] Auch eine steigende *Transaktionshäufigkeit* rechtfertigt im Falle von spezifischen Ressourcen Investitionen in hoch integrierte Koordinationsformen.[370] Bei niedriger Transaktionshäufigkeit und niedriger Aktivaspezifität wird den Unternehmen dagegen der Kauf bzw. Verkauf über Märkte empfohlen.[371]

Die einzelnen Elemente der *Transaktionsatmosphäre* - IuK-Entwicklungsstand, Ausgestaltung der Rechtsvorschriften, Rechtsschutz und soziokulturelle Rahmenbedingungen - wurden in Abbildung 16 unter den **standortbezogenen Determinanten** der Wahl von Markteintrittsformen gesondert aufgeführt. Die Anwendung moderner *Informations- und Kommunikationstechnik* führt dazu, dass der Wechsel von einer weniger hierarchischen zu einer mehr hierarchischen Koordinationsform erst bei einem höheren Spezifitätsgrad als beim Einsatz der alten IuK-Technik effizient wird. Fortgeschrittene Technologien können auch selbst zur Senkung der Spezifität von Investitionen beitragen und somit in der Verringerung des optimalen Integrationsgrades resultieren. Die Problematik der *Ausgestaltung von*

---

[366] Vgl. z.B. die empirische Untersuchung von Erramilli/Rao (1993).
[367] Vgl. Anderson/Gatignon (1986), S. 3f..
[368] Vgl. z.B. die empirische Untersuchung von Erramilli/Rao (1993).
[369] Vgl. z.B. die empirische Untersuchung von Anderson/Weitz (1992), S. 3.
[370] Vgl. z.B. die empirischen Untersuchungen von Anderson/Schmittlein (1984) und Klein (1989).
[371] Vgl. Klein/Frazier/Roth (1990), S. 197.

Rechtsvorschriften wurde im Unterabschnitt 2.3.4.3. auf die Existenz von Mechanismen zur Beherrschung von Transaktionsproblemen innerhalb der einzelnen institutionellen Markteintrittsformen zurückgeführt. Auch die Existenz von staatlichen Restriktionen bezüglich der Aufnahme wirtschaftlicher Tätigkeit durch Ausländer übt einen starken Einfluss auf die Wahl der Koordinationsform grenzüberschreitenden Engagements aus. In Ländern mit hohen tarifären bzw. nichttarifären Handelseinschränkungen werden beispielsweise Direktinvestitionen von ausländischen Unternehmen gegenüber dem Export bevorzugt.[372] Hohe *Effizienz von Rechtsprechung und Rechtsvollzug* vermindert schließlich Unsicherheiten und den Verhandlungsbedarf seitens der Unternehmen und führt dazu, dass diese sich für relativ weniger integrierte Formen des Engagements entscheiden.

Die Problematik des Einflusses von *soziokulturellen Rahmenbedingungen* auf die Wahl der optimalen Koordinationsform wurde zwar auch bereits näher behandelt, aufgrund der interessanten, oft entgegengesetzten Ergebnisse der empirischen Untersuchungen zu diesem Zusammenhang verdient sie zusätzliche Beachtung. In manchen Studien wurde empirisch nachgewiesen, dass der Grad an kultureller Unterschiedlichkeit zweier Länder mit dem Grad an vertikaler Integration des grenzüberschreitenden Engagements zwischen diesen Ländern positiv korreliert.[373] Andere Wissenschaftler haben jedoch festgestellt, dass das Ausmaß an kultureller Distanz mit dem Grad an vertikaler Integration des transnationalen Engagements negativ zusammenhängt.[374]

In Abhängigkeit vom Grad der Aktivaspezifität liefert die Transaktionskostentheorie Erklärungen für beide Sichtweisen. Die soziokulturelle Distanz erhöht den Grad an Umwelt- und Verhaltensunsicherheit, was im Falle von spezifischen Ressourcen zu erhöhtem Bedürfnis nach Kontrolle führt. Hohe interkulturelle Distanz erfordert ebenfalls Investitionen in das Humankapital (im Sinne von interkulturellem Training), welches bei dem Engagement im ausländischen Markt beteiligt sein wird. Diese Investitionen erhöhen die Spezifität der Transaktionen und führen somit zur verstärkten vertikalen Integration.[375] Bei fehlender Spezifität sind andererseits wenig integrierte Koordinationsformen des Engagements zu empfehlen, welche das Volumen an notwendiger Kommunikation mit ausländischen Partnern und somit auch die dabei anfallenden Transaktionskosten minimieren.

---

[372] Vgl. z.B. die empirischen Untersuchungen von Horst (1972) und Kwon/Konopa (1993).

[373] Vgl. z.B. die empirische Untersuchung von Shane (1994).

[374] Vgl. z.B. die empirischen Untersuchungen von Davidson/McFetridge (1985), Kogut/Singh (1992), Kwon/Konopa (1993) und Taylor/Zou/Osland (1998).

[375] Vgl. Anderson/Gatignon (1986), S. 18.

Die Wahl der Markteintrittsform wird zu einem bestimmten Grad auch durch die kulturellen Eigenschaften des Heimatlandes beeinflusst, insbesondere durch zwei von den Hofstedschen Kulturdimensionen[376] - *Vermeidung von Unsicherheit* und *Machtdistanz*. Die nationalen Differenzen im Vertrauensniveau einzelner Völker bzw. Länder spiegeln sich in unterschiedlicher Wahrnehmung der Transaktionskosten und somit in unterschiedlich ausgeprägten Präferenzen für den Grad an vertikaler Integration bei grenzüberschreitendem Engagement wider. Unternehmen aus Ländern mit höherem Vertrauensniveau streben einen relativ geringeren Grad an vertikaler Integration an.[377] Organisationen aus Ländern mit großer Machtdistanz, in denen dem Status und der Hierarchie eine hohe Bedeutung beigemessen wird, bevorzugen dagegen relativ höher integrierte Formen der Koordination ihrer Aktivitäten, damit sie die Kontrolle über das Engagement behalten können.[378]

Zu den sonstigen standortbezogenen Einflussfaktoren der Wahl von Markteintrittsformen zählen: Länderrisiko, Währungsstabilität, Intensität des Wettbewerbs, Marktpotential und Grad an institutioneller Unterstützung.

Länderrisiko bezieht sich auf die Stabilität der politischen, sozialen und wirtschaftlichen Rahmenbedingungen eines Engagements. Bei hohem Grad an Länderrisiko versuchen die Unternehmen, den Einsatz von spezifischen Aktiva in dem gegebenen Land einzuschränken.[379] Insbesondere bei hoher Gefahr der politischen Einflussnahme auf Unternehmensentscheidungen, bevorzugen Firmen aus Flexibilitätsgründen niedriger integrierte Formen des Engagements zu adoptieren.[380]

Einige Wissenschaftler[381] haben jedoch einen entgegengesetzten Zusammenhang zwischen dem Grad an Länderrisiko und an vertikaler Integration festgestellt. Dieser könnte auf die Tatsache zurückgeführt werden, dass ein hohes Länderrisiko die Umweltunsicherheit für Unternehmen steigert und sie somit im Falle der Ressourcenspezifität zur Wahl stärker integrierter Koordinationsformen veranlasst, was mit transaktionsökonomischen Aussagen übereinstimmen würde. Von einigen

---

[376] Für den Einblick in alle Hofstede's Kulturdimensionen s. Hofstede (1980).
[377] Vgl. Shane (1992), S. 308 sowie die empirische Untersuchung von Shane (1994).
[378] Vgl. z.B. die empirische Untersuchung von Tse/Pan/Au (1997).
[379] Vgl. Hill/Hwang/Kim (1990), S. 122; Malhotra/Agarwal/Ulgado (2003), S. 16ff.; Vgl. dazu auch die empirischen Untersuchungen von Green/Cunningham (1975), Davidson/McFetridge (1985), Kim/Hwang (1992), Brouthers/Brouthers/Werner (1996), Osborne (1996) und Shrader/Oviatt/McDougall (2000).
[380] Vgl. z.B. die empirische Untersuchung von Luo (2001).
[381] Vgl. z.B. Kwon/Konopa (1993).

Wissenschaftlern wird das Länderrisiko aus Vereinfachungsgründen mit der Umweltunsicherheit sogar gleich gesetzt[382].

Beim Eintritt in einen Markt mit hoher *Wettbewerbsintensität* erleiden Unternehmen größere Schwierigkeiten bei der Etablierung ihrer Wettbewerbsposition und sind mit höheren Risiken konfrontiert.[383] In der Studie von Kwon und Konopa (1993) wurde ein positiver Zusammenhang zwischen der Höhe der Wettbewerbsintensität und dem bevorzugten Grad an vertikaler Integration festgestellt. Dieser kann mit der Tatsache begründet werden, dass bei scharfem Wettbewerb die Unternehmen zu aggressiven, direkten Eintrittsstrategien gezwungen werden. Die Untersuchung von Osborne (1996) ergab jedoch einen entgegengesetzten Trend. Im Falle von hoher Wettbewerbsintensität im Gastland gewinnt nämlich auch die Frage nach der Flexibilität des Unternehmens an Bedeutung. Bei unstabilen Wettbewerbsbedingungen ist es wichtig, dass sich die Unternehmen an eine veränderte Situation schnell und ohne großen Mittelaufwand anpassen können. Deswegen kann ein hoher Grad an Wettbewerbsintensität die Unternehmen alternativ auch zur Wahl weniger integrierter Koordinationsformen für ihre Aktivitäten veranlassen.[384] Auch in diesem Fall können die beiden, sich anscheinend ausschließenden Sichtweisen, mit den Aussagen der Transaktionskostentheorie erklärt werden. Scharfer Wettbewerb erhöht den Grad an Umweltunsicherheit, was im Falle des Einsatzes von spezifischen Ressourcen in eine Transaktion zu stark integrierten Koordinationsformen des Engagements führt und bei niedriger Aktivaspezifität in der Wahl relativ schwach integrierter Formen des Markteintrittes resultiert.

In Ländern mit hohem *Marktpotential* werden von Unternehmen hoch integrierte Koordinationsformen des Engagements bevorzugt.[385] Diese Entscheidung wird mit der Erzielung von Skalenvorteilen[386] sowie dem Willen zur Etablierung einer langfristigen Marktpräsenz begründet.[387] In attraktiven Märkten, in welchen der Zugang zu relevanten Informationen von besonderer Bedeutung sein kann und eine steigende Transaktionshäufigkeit erwartet wird, wollen die Unternehmen außerdem das Risiko opportunistischen Verhaltens seitens der Transaktionspartner vermeiden. Deswegen

---

[382] Vgl. Anderson/Gatignon (1986), S. 14.
[383] Vgl. Kwon/Konopa (1993), S. 68.
[384] Vgl. Hill/Hwang/Kim (1990), S. 123f..
[385] Vgl. z.B. die empirischen Untersuchungen von Weinstein (1977), Khoury (1979), Sabi (1988), Terpstra/Yu (1988), Kwon/Konopa (1993), Brouthers/Brouthers/Werner (1996) und Pan/Tse (2000).
[386] Vgl. Taylor/Zou/Osland (1998), S. 395.
[387] Vgl. Agarwal/Ramaswami (1992), S. 5f..

entscheiden sie sich oft sogar für die Behaltung einer vollen Kontrolle über das Engagement.[388]

In den bisherigen Studien wurde der Einfluss des Grades an *institutioneller Unterstützung* des Haus- bzw. Gastlandes bei Aufbau und Durchführung grenzüberschreitenden Engagements nicht gesondert untersucht. Umfassende Unterstützung der investierenden Unternehmen seitens öffentlicher Institutionen (im Sinne der Bereitstellung von Informationen über die Entwicklung relevanter Standortfaktoren im Gastland, Durchführung interkultureller Trainings, Hilfe bei Partnersuche und Kooperationsanbahnung usw.) vermindert die von den Unternehmen wahrgenommene Umwelt- und Verhaltensunsicherheit und sollte demnach zum Einsatz relativ weniger integrierter Koordinationsformen des Engagements führen.

4.2. Einflussfaktoren der Entstehung von grenzüberschreitenden Unternehmenskooperationen

Auf Grundlage der Überlegungen zu den Determinanten der Entstehung von Unternehmenskooperationen (vgl. Abschnitt 2.3.2.) und der Wahl von optimalen Markteintrittsformen (vgl. Unterkapitel 4.1.) lassen sich die in Abbildung 16 genannten Einflussfaktoren der Markteintrittsformenwahl auf drei unabhängige Gruppen von Variablen zurückführen, welche die Entstehung von grenzüberschreitenden Unternehmenskooperationen beeinflussen. Es sind unternehmens-, standort- und transaktionsbezogene Faktoren. In Abbildung 17 werden die einzelnen Einflussfaktoren und ihre kooperationshindernden Ausprägungen dargestellt.

---

[388] Vgl. dazu die empirische Untersuchung von Gomes-Casseres (1990).

Unternehmensbezogene Faktoren

- geringe Auslandserfahrung

- Unternehmensgröße: kleinst bis klein

Standortbezogene Faktoren

- hoher Grad an kultureller Distanz

- niedriger Grad an Rechtsschutz

- schlecht entwickelte IuK-Infrastruktur

**Inter-
nationalisierungs-
theorie**

- hohe Kosten des Einsatzes von modernen IuK-Technologien

- hoher Grad an Länderrisiko

- hohe Wettbewerbsintensität

**Kooperations-
theorie**

- niedriger Grad an institutioneller Unterstützung

- rechtliche Einschränkungen für das Eingehen von grenzüberschreitenden Unternehmenskooperationen

Transaktionsbezogene Faktoren

- niedrige bzw. hohe Investitionsspezifität

- hohe Verhaltensunsicherheit (induziert ausschließlich durch die Eigenschaften des jeweiligen Transaktionspartners)

- rein strategische, nicht effizienzbezogene Präferenz für die marktliche bzw. voll integrierte Koordinationsform

Eigene Darstellung.

Zu den *unternehmensbezogenen Einflussfaktoren* der Wahl kooperativer Koordinationsformen transnationaler Wirtschaftsaktivitäten zählen die Auslandserfahrung des Unternehmens und die Unternehmensgröße. Wie schon früher erwähnt wurde, wachsen mit steigender Erfahrung im Auslandsgeschäft das interkulturelle Bewusstsein der Mitarbeiter und deren Kenntnisse über den ausländischen Markt. Dieses Wissen ermöglicht den Unternehmensmitarbeitern die Veränderungen der Rahmenbedingungen im Ausland leichter zu antizipieren und die Kommunikation mit den Geschäftspartnern sicherer zu gestalten, was zur Senkung der wahrgenommenen Umwelt- und Verhaltensunsicherheit führt. Mit zunehmender Größe des Unternehmens steigt dagegen die Wahrscheinlichkeit, dass das Unternehmen über ausreichende finanzielle und personelle Ressourcen für das Eingehen und die Aufrechterhaltung einer grenzüberschreitenden Kooperation verfügt.

Neben den Determinanten der Transaktionsatmosphäre gehören zu den *standortbezogenen Einflussfaktoren* der Entstehung von Unternehmenspartnerschaften auch sonstige Standortbedingungen, die sich auf die wahrgenommene Umwelt- und/oder Verhaltensunsicherheit von Transaktionen direkt auswirken. Wie im Abschnitt 2.3.3. aufgezeigt wurde, wird für die Entstehung von zwischenbetrieblichen Kooperationen mittlere Investitionsspezifität und ein normaler, d.h. niedriger bis mittlerer Grad an Unsicherheit vorausgesetzt. Ein hoher Grad an kultureller Distanz, ein niedriger Grad an Rechtschutz, ein niedriger Entwicklungsstand moderner Informations- und Kommunikationstechnologien und hohe Kosten ihres Einsatzes erhöhen die von den Unternehmen empfundene Verhaltensunsicherheit. Zusammen mit einem hohen Grad an Länderrisiko, einer hohen Wettbewerbsintensität und einem niedrigen Grad an institutioneller Unterstützung führen sie ebenfalls zur Steigerung der empfundenen Umweltunsicherheit und wirken sich negativ auf die Wahrscheinlichkeit der Entstehung von zwischenbetrieblichen Kooperationen aus. Eine wichtige Rolle bei der Auswahl von Koordinationsformen grenzüberschreitenden Unternehmensengagements spielen ebenfalls rechtliche Einschränkungen, welche das Eingehen von grenzüberschreitenden Kooperationen erschweren bzw. verhindern können.

Zu den *transaktionsbezogenen Faktoren,* welche nicht nur die Entstehung von Kooperationen fördern, sondern unter Annahme rationalen Verhaltens seitens der Entscheidungsträger auch eine Voraussetzung für ihre Existenz bilden, gehören eine mittlere Spezifität der jeweiligen Transaktion und/oder besondere strategische Gründe, welche die Unternehmen dazu veranlassen, sich für eine kooperative Koordinationsform anstatt der marktlichen bzw. voll integrierten Lösung zu entscheiden. Zu dieser Gruppe zählt ebenfalls der Teil an Verhaltensunsicherheit, welcher ausschließlich durch die Eigenschaften eines konkreten Transaktionspartners induziert wird. Damit die Unabhängigkeit der einzelnen Variablen erhalten bleibt, sollte er von den Einflüssen der sonstigen die Verhaltensunsicherheit mitbestimmenden Variablen isoliert werden. Ähnlich sollte auch der Grad an Spezifität erst nach Berücksichtigung des Einflusses moderner IuK-Technologien als „mittel" eingestuft werden.

4.3. Hierarchisches Modell der Auswahl von optimalen Koordinationsformen und Abwicklungsstandorten grenzüberschreitender Aktivitäten

Abbildung 18 stellt den Verlauf des hierarchischen Auswahlprozesses von effizienten Koordinationsformen und Abwicklungsstandorten für unternehmerische Wirtschaftsaktivitäten dar, in dem ausgewählte Elemente der Kooperationstheorie mit Bestandteilen der betriebswirtschaftlichen Standortwirkungslehre und der Internationalisierungstheorie zur Erklärung des Zustandekommens von grenzüberschreitenden Kooperationen verbunden wurden.

Abbildung 18: Prozess der Auswahl effizienter Koordinationsformen und
Abwicklungsstandorte für Transaktionen

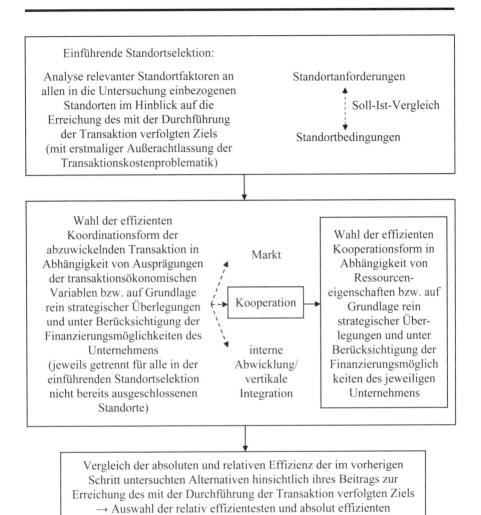

Ein und derselbe Standort kann für verschiedene Produkte, Verfahren und Unternehmen unterschiedliche Standortvor- und -nachteile verkörpern. Unter *Standortbedingungen* werden dabei in der Abbildung 18 die Gegebenheiten eines Ortes verstanden, die seine Eignung für den Leistungsprozess eines Betriebes bestimmen.[389] *Standortanforderungen* werden dagegen als Ansprüche definiert, die ein Unternehmen an einen bestimmten Standort stellt, um den Leistungsprozess mengen- und qualitätsmäßig durchführen zu können.[390] Unterschiede in den Standortanforderungen einzelner Unternehmen sind u.a. auf folgende Variablen zurückzuführen:[391]

- Kapitalausstattung: Sie erlaubt den Unternehmen in unterschiedlichem Masse fehlende Standortbedingungen selbst zu schaffen, längerfristige Anlauf-verluste hinzunehmen usw.,

- Produktionsmenge: Sie bestimmt die mengenmäßigen Anforderungen an die Verfügbarkeit von Grundstücken, Gebäuden, Maschinen, Rohstoffen, Arbeitskräften, Transportmöglichkeiten usw.,

- Fertigungstiefe: Sie determiniert die Nachfrage nach bestimmten Vorprodukten und Zwischenerzeugnissen, Qualifikation der Arbeitskräfte usw.,

- Struktur des Leistungsprogramms: In Abhängigkeit davon, ob ein Unter-nehmen absatz- oder produktionsbezogene Aktivitäten an einem bestimmten Standort auszuführen beabsichtigt, ergeben sich unterschiedliche Anforderungen an den gesuchten Standort,

- Schwerpunkte der Unternehmenspolitik.

Die Standorte, die im Prozess der einführenden Selektion nicht gleich wegen der Nicht-Erfüllung der minimalen Standortanforderungen ausscheiden, werden in die weitere Untersuchung mit einbezogen. Dabei sind grundsätzlich auch Standorte, die aufgrund ihrer lokalen Bedingungen deutlich schlechtere Leistungsbeiträge im Hinblick auf das Ziel der abzuwickelnden Transaktion erwarten lassen, in die weitere Analyse aufzunehmen. Es wird darauf aufmerksam gemacht, dass die Relevanz der einzelnen Standortbedingungen des Nachbarlandes in Abhängigkeit von der gewählten Koordinationsform des grenzüberschreitenden Engagements variiert. Demnach kann die relative Vorteilhaftigkeit der einzelnen Alternativen in den nächsten Untersuchungsschritten durch die erfolgende Mitberücksichtigung der Transaktionskostenproblematik verändert werden.

---

[389] Vgl. Tesch (1980), S. 353.
[390] In Anlehnung an: Röschenpöhler (1958), S. 64.
[391] Vgl. Tesch (1980), S. 521ff..

114

In Abhängigkeit von den Ausprägungen der transaktionsökonomischen Variablen bzw. auf Grundlage rein strategischer Überlegungen und mit Berücksichtung der Finanzierungsmöglichkeiten des jeweiligen Unternehmens wird ferner für *jeden* in die weitere Analyse einbezogenen Standort die effizienteste aus den realisierbaren Hauptkoordinationsformen der abzuwickelnden Einzeltransaktion abgeleitet - Tausch über Märkte, Kooperation oder hierarchische Lösung. Falls sich dabei die kooperative Beziehung als optimal herausstellt, erfolgt als weiterer Schritt die Festlegung der genauen Form der Kooperation in Abhängigkeit von Eigenschaften der in die Transaktion eingebrachten Ressourcen bzw. auf Grundlage rein strategischer Überlegungen und wiederum mit Berücksichtigung der finanziellen Lage des Unternehmens.

Anschließend werden die einzelnen Kombinationen von Standort und Koordinationsform der auszuführenden Transaktion auf ihre absolute und relative Effizienz hinsichtlich der Erreichung des mit der konkreten Aktivität verfolgten Ziels geprüft und die effizienteste Lösung ausgewählt. Die *absolute* Effizienz gibt dabei Aufschluss darüber, ob die jeweilige Alternative nach Durchführung einer Kosten-Nutzen-Analyse (mit Berücksichtigung der Transaktionskosten) einen positiven Beitrag zur Erreichung des festgelegten Ziels erwarten lässt, während die *relative* Effizienz den Entscheidungsträger über die Vorteilhaftigkeit einzelner Alternativen im Vergleich zueinander informiert. Im Falle einer beispielhaften Entscheidung über die potentielle Verlegung der Produktion einer bestimmten Komponente ins Ausland werden z.B. die geschätzten ausländischen Produktionskosten der Komponente zu den Kosten der effizientesten Abwicklungsform dieser Transaktion im Ausland addiert (vgl. Abschnitt 2.3.1.) und mit der Summe der Produktions- und Transaktionskosten einer nationalen Produktion verglichen.

Das in Abbildung 18 dargestellte Entscheidungsmodell eignet sich sowohl für einzelne Transaktionen als auch für Transaktionsbündel, welche im Rahmen der Festlegung einer neuen bzw. Modifizierung der bestehenden Strategie eines Unternehmens geplant werden. Im zweiten Fall werden im Prozess der einführenden Standortselektion für *sämtliche* im Rahmen der festgelegten Strategie abzuwickelnden Einzeltransaktionen die relevanten Bedingungen der in die Analyse einbezogenen Standorte mit den einzeltransaktionsbezogenen Standortanforderungen des jeweiligen Unternehmens verglichen und auf ihren hypothetischen Beitrag zur Erreichung der verfolgten strategischen Ziele geprüft. Dabei ist daran zu erinnern, dass sich die Aussagen des Transaktionskostenansatzes sowohl für einzelne Interaktionen als auch beispielsweise für Transaktionen im Sinne der Gründung eines Joint Ventures anwenden lassen (vgl. Unterabschnitt 2.3.4.3.). Was also als *Einzeltransaktion* im Rahmen des Modells verstanden wird, hängt von der Betrachtungsebene des jeweiligen Unternehmens sowie von den Interdependenzeffekten zwischen den einzelnen durchzuführenden Aktivitäten ab.

Im Hinblick auf das Ziel der vorliegenden Studie ist es wichtig zu erwähnen, dass im Falle von kleinen und mittleren Unternehmen, die in Grenzregionen angesiedelt sind, sich der Entscheidungsprozess oft nicht auf mehrere konkret spezifizierte Standorte in verschiedenen Ländern, sondern auf die Abwägung einer nationalen gegenüber einer grenzüberschreitenden Transaktionsabwicklung im Nachbarland bezieht. Er erfolgt gleich wie in dem in Abbildung 18 dargestellten Schema, es werden jedoch grundsätzlich nur Standorte auf beiden Seiten der Grenze miteinander verglichen. Der Prozess kann auch vorerst auf der abstrakten Ebene der Wahl zwischen einer nationalen oder einer grenzüberschreitenden Durchführung einer bestimmten Aktivität verlaufen. Dieser Fall wurde zur besseren Veranschaulichung in Abbildung 19 gesondert aufgezeigt. Neben den bekannten inländischen Ausprägungen relevanter Standortfaktoren werden in den Entscheidungsprozess die auf Grundlage von allgemeinstaatlichen oder regionalen Standortstudien erwarteten Werte der Rahmenbedingungen im Nachbarland einbezogen. Das Ergebnis der dargestellten Analyse stellt die Entscheidung eines Unternehmens dar, ob es bestimmte Aktivitäten national oder grenzüberschreitend durchführt und welcher Koordinationsform es sich dabei bedient. Falls der im letzten Analyseschritt durchgeführte Alternativenvergleich auf eine kooperative grenzüberschreitende Abwicklung der jeweiligen Transaktion hinweist, wird sich ein rational handelndes Unternehmen bemühen, eine grenzüberschreitende Kooperation einzugehen.

Abbildung 19: Grenzregionbezogener Prozess der Entscheidung über eine nationale bzw. grenzüberschreitende Abwicklung einer Transaktion

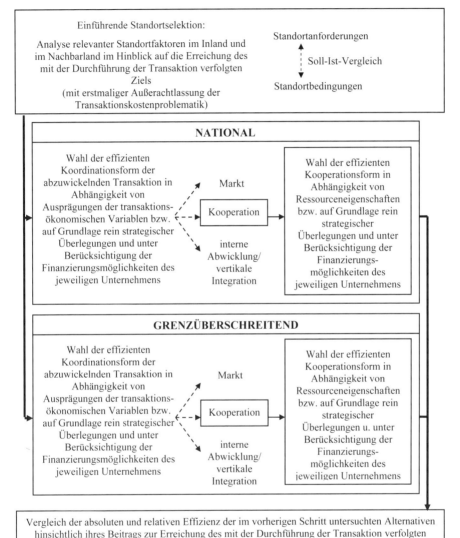

5. Empirische Untersuchung zu standortbezogenen Einflussfaktoren der Entstehung von transnationalen Unternehmenspartnerschaften im deutsch-polnischen Grenzraum

Auf Grundlage der theoretischen Überlegungen zur Unternehmenskooperation und zu internationalen Standortentscheidungsprozessen von Unternehmen ließen sich in Kapitel 4 Kontextfaktoren für die Entstehung von grenzüberschreitenden Partnerschaften ableiten. Im Laufe des folgenden empirischen Teils der Untersuchung wird die Gültigkeit der abgeleiteten Faktoren für die transnationale Wirtschaftstätigkeit in der deutsch-polnischen Grenzregion überprüft. Darüber hinaus wird die Analyse um zusätzliche Inhalte ergänzt, wie z.B. um die Feststellung der relativen Wichtigkeit der einzelnen Standortfaktoren in der analysierten Region für sonstige Formen des lokalen grenzüberschreitenden Unternehmensengagements sowie um die nicht direkt standortbezogenen Hemmnisse transnationaler Wirtschaftstätigkeit in dem Grenzraum.

5.1. Die deutsch-polnische Grenzregion als Untersuchungsobjekt

Für die Zwecke des vorliegenden Forschungsprojekts wird die deutsch-polnische Grenzregion mit Hilfe der vier Euroregionen entlang der Grenze zwischen Deutschland und Polen definiert – Euroregion Pomerania, Euroregion Pro-Europa-Viadrina, Euroregion Spree-Neiße-Bober und Euroregion Neiße. Die annähernde räumliche Abgrenzung des untersuchten Wirtschaftsraumes kann der Tabelle 10 entnommen werden.

EUROREGION POMERANIA[392]	Deutscher Teil:	Landkreise bzw. kreisfreie Städte: Uecker-Randow, Ostvorpommern, Greifswald, Nordvorpommern, Stralsund, Rügen, Uckermark, Barnim
	Polnischer Teil:	Woiwodschaft Zachodniopomorskie
EUROREGION PRO-EUROPA-VIADRINA[393]	Deutscher Teil:	Landkreise bzw. kreisfreie Städte: Märkisch-Oderland, Oder-Spree, Frankfurt (Oder)
	Polnischer Teil:	Landkreise bzw. kreisfreie Städte: gorzowski, Gorzów Wielkopolski, międzyrzecki, słubicki, strzelecko-drezdenecki, sulęciński (Woiwodschaft Lubuskie), choszczeński, myśliborski (Woiwodschaft Zachodniopomorskie)
EUROREGION SPREE-NEISSE-BOBER[394]	Deutscher Teil:	Landkreis Spree-Neisse
	Polnischer Teil:	Landkreise: krośnieński, nowosolski, świebodziński, zielonogórski, żagański, żarski (Woiwodschaft Lubuskie)
EUROREGION NEISSE[395]	Deutscher Teil:	Landkreise bzw. kreisfreie Städte: Niederschlesischer Oberlausitzkreis, Görlitz, Löbau-Zittau, Bautzen, Hoyerswerda
	Polnischer Teil:	Landkreise bzw. kreisfreie Städte: bolesławiecki, jeleniogórski, Jelenia Góra, kamienngórski, lubański, lwówecki, zgorzelecki, złotoryjski (Woiwodschaft Dolnośląskie), żarski (Woiwodschaft Lubuskie)

Eigene Darstellung.

---

[392] Vgl. Euroregion Pomerania (2003), S. 7.
[393] Vgl. Centrum Informacji Europejskiej.
[394] Vgl. Euroregion Spree-Neisse-Bober.
[395] Vgl. Euroregion Neisse.

Etwa 2.000.000 Einwohner leben in dem ca. 20.800 km² großen deutschen Teil der Euroregionen. Die abgegrenzten Landkreise und kreisfreien Städte auf der polnischen Seite des Grenzraumes werden von etwa 3.300.000 Menschen bewohnt und erstrecken sich auf ca. 42.000 km².[396] Sowohl westlich als auch östlich der Grenze stehen wenigen Städten große, strukturschwache, dünn besiedelte ländliche Gebiete gegenüber. Auf der deutschen Seite der Grenzregion zieht sich ein Band mittelgroßer Städte in Nord-Süd-Richtung direkt an der Grenze entlang. Ein entsprechendes Städteband im polnischen Teil des Grenzraumes liegt ca. 50 km von dem deutschen entfernt. Direkt an der Grenze dominieren kleinere Orte im ländlichen Raum.[397] Die raumordnerische, wirtschaftliche, demographische, infrastrukturelle und soziale Entwicklung der Grenzregion wird darüber hinaus stark durch die Nähe der Großstädte Berlin und Poznań beeinflusst.

Die deutsche Seite der Grenzregion erlebt seit mehreren Jahren starke Bevölkerungsverluste durch hohe Abwanderungen besonders jüngerer, qualifizierter Menschen. Gleichzeitig ist ein Absinken der Geburtenrate zu verzeichnen. Zumindest bis zum Jahre 2015 wird ein weiterer Bevölkerungsrückgang prognostiziert.[398] Diese beiden Erscheinungen verursachen u.a. einen Kaufkraftrückgang und den sozioökonomischen Verfall von Stadtquartieren. Eine höhere Lebenserwartung hat zusätzlich eine dramatische Veränderung der Altersstruktur zur Folge. Auf der polnischen Seite ist ebenfalls ein Rückgang der Bevölkerungszahl zu beobachten, jedoch in einem erheblich geringeren Umfang[399].

Die Arbeitslosenquote in Brandenburg lag im Februar 2005 bei 20,6%, in Mecklenburg-Vorpommern bei 23,6% und in Sachsen bei 20,1%.[400] Die entsprechenden Zahlen auf der polnischen Seite des Grenzraumes sind noch höher: 26,4% für die Woiwodschaft Lubuskie, 27,8% für Zachodniopomorskie und 22,7% für Dolnośląskie.[401]

Die Träger der Wirtschaftsstruktur in der Oderregion sind die kleinsten, kleinen und mittelständischen Unternehmen. Kennzeichnend insbesondere für die polnischen, aber auch für die deutschen KMU aus dem Grenzraum ist ihre relativ schwache Eigenkapitalausstattung[402]. Ein weiteres Hemmnis für die Entwicklung der in dieser

---

[396] Vgl. Urząd Statystyczny we Wrocławiu (Statistikamt Wrocław) (2004), S. 91ff..
[397] Vgl. Geiser/Graubner (1996), S. 7ff..
[398] Vgl. Ifo Institut für Wirtschaftsforschung (2001), S. 11.
[399] Vgl. z.B.: Urząd Statystyczny w Zielonej Górze (Statistikamt Zielona Góra) (2003), S. 7.
[400] Vgl. Ministerium für Arbeit, Soziales, Gesundheit und Familie.
[401] Vgl. Serwis Informacyjny Urzędów Pracy (Informationsservice der Arbeitsämter).
[402] Vgl. Ministerium der Justiz und für Europaangelegenheiten des Landes Brandenburg (2001), S. 4.

Region angesiedelten Unternehmen stellt die Randlage der untersuchten Gebiete in ihrem jeweiligen nationalen Kontext dar. Im Jahre 2004 wurde dieses Hemmnis jedoch durch die Osterweiterung der Europäischen Union und die daraus resultierende relative Verschiebung des analysierten Wirtschaftsraumes in zentrale Gebiete der EU maßgeblich abgeschwächt.

Die deutsche Seite der Grenzregion ist durch eine starke Landwirtschafts- und Forstwirtschaftsorientierung sowie durch eine aus der Wirtschaftspolitik der DDR resultierende, einseitig entwickelte, auf wenige Standorte konzentrierte Industrie geprägt. Zu den wichtigsten industriellen Standorten zählen: Schwedt mit Chemie- und Papierindustrie, Guben mit Chemie- und Bekleidungsindustrie, Frankfurt (Oder) mit Mikroelektronik, Eisenhüttenstadt mit Eisenhüttenindustrie, der Raum Cottbus mit Bergbau und Energiewirtschaft sowie Forst mit Textil- und Bekleidungsindustrie. Auf der polnischen Seite befinden sich die bedeutsamsten Industrieschwerpunkte in folgenden Städten und Gemeinden: Szczecin (Hafen und Maschinenbauindustrie), Gorzów (Chemie-, Leicht- und Holzindustrie), Kostrzyn (Papierindustrie), Gubin (Textilindustrie), Zielona Góra (Bau- und Textilindustrie, Gewinnung von Erdöl und Gas), Barlinek (Elektromaschinenbau), Dębno (Nahrungsmittelindustrie), Sulęcin (Nahrungsmittel- und chemische Industrie), Słubice (Leicht- und Holzindustrie) und Słońsk (Holzindustrie).[403]

Eine der großen Stärken des deutsch-polnischen Grenzraumes liegt in dem gut entwickelten lokalen Hochschulsystem. Außer der Europa-Universität Viadrina mit einem Drittel polnischer Studenten weisen auch die Brandenburgische Technische Universität in Cottbus und die Fachhochschule Lausitz grenzübergreifende Bedeutung auf. Auf der deutschen Seite befinden sich außerdem zahlreiche Forschungs- und Technologiezentren, die einen Beitrag für die wirtschaftliche Entwicklung der deutsch - polnischen Grenzregion leisten.[404] Zu den bedeutendsten Hochschulen im polnischen Teil der Grenzregion zählen die Universitäten in Szczecin und Zielona Góra sowie die Technische Universität in Koszalin.[405]

Der deutsch - polnische Grenzraum verfügt über 35 Grenzübergänge[406] und liegt im europäischen Raum an bedeutenden Hauptverkehrsachsen[407]. Er ist über den Wasserweg mit den Wirtschaftszentren in Deutschland und Polen verbunden. Die

---

[403] Vgl. Geiser/Graubner (1996), S. 15f..

[404] Vgl. Deutsch - polnische Arbeitsgruppe Land Brandenburg – Woiwodschaft Lubuskie (2001), S. 27.

[405] Vgl. Polnische Agentur für Information und Auslandsinvestitionen AG (PAIZ): Wirtschaft, S. 27.

[406] Vgl. TWG Deutsch - Polnische Wirtschaftsförderungsgesellschaft AG (2003), S. 33.

[407] Vgl. Geiser/Graubner (1996), S. 17.

nördlich angrenzende Ostsee bietet weitere Möglichkeiten internationaler Aktivitäten. Die Grundstruktur der Verkehrsnetze erfordert jedoch Verbesserungen, besonders in der Anzahl der Schnellstraßen und Ortsumgehungen, sowie im Bereich der Nord-Süd-Verbindungen[408]. Auf dem Gebiet der Telekommunikationsinfrastruktur wurde Ostbrandenburg in den letzten Jahren mit modernsten Telekommunikations-verbindungen ausgestattet. Neue Breitbandverbindungen, Internetdienstleistungen über Satelliten und Glasfernnetze ermöglichen eine schnelle und zuverlässige Informationsübertragung von hoher Qualität. Die Entwicklung der Informations- und Kommunikationsinfrastruktur auf der polnischen Seite der Grenzregion entspricht diesem Standard noch nicht[409].

Die allergrößte Stärke des deutsch-polnischen Grenzraumes als einer Wirtschaftsregion wird in den unterschiedlichen ressourcenmäßigen Gegebenheiten auf beiden Seiten der Oder angesehen, deren zielgerichtetes Ausnutzen zu beiderseitigen Vorteilen führen kann.[410] Die sonstigen Stärken des untersuchten Wirtschaftsraumes liegen zusammengefasst in der grenzüberschreitenden Kooperation der Gebietskörperschaften, Bildungs-, Wissenschafts- und Kultureinrichtungen, der großen Anzahl verfügbarer einfacher Arbeiter und gut ausgebildeter Fachkräfte, dem hohen Stand der Entwicklung von Telekommunikationstechnologien auf der deutschen Seite, der gut entwickelten Touristikinfrastruktur, sowie der Rolle, welche die Grenzregion als Transitraum für den Ost-West und West-Ostverkehr spielt.

Zu den Schwächen der Grenzregion gehören insbesondere: die nicht ausreichende Ausstattung der KMU mit Eigenkapital, die Überalterung der Bevölkerung (insbesondere im ländlichen Raum), die Dominanz traditioneller Industriezweige bei zu geringer Orientierung auf Zukunftsbranchen und die hohe Arbeitslosigkeit. Weitere Schwachpunkte des untersuchten Wirtschaftsraumes können in der mangelnden Qualität der Straßeninfrastruktur im polnischen Teil der Grenzregion, den nicht ausreichenden Nord-Südverbindungen, den Defiziten bei der Telekommunikations-infrastruktur im ländlichen Raum und im polnischen Teil des Grenzraumes, der starken Dominanz von Kleinstunternehmen auf der polnischen Seite sowie in der peripheren Lage der Region seitens des deutschen und des polnischen Marktes angesehen werden.[411] Die vollständigen SWOT-Analysen für die Grenzregionen Brandenburg /

---

[408] Vgl. Deutsch - polnische Arbeitsgruppe Land Brandenburg – Woiwodschaft Lubuskie (2001), S. 17.
[409] Vgl. Deutsch - polnische Arbeitsgruppe Land Brandenburg – Woiwodschaft Lubuskie (2001), S.34.
[410] Vgl. Graubner (1996), S. 34ff..
[411] Vgl. Deutsch - polnische Arbeitsgruppe Land Brandenburg – Woiwodschaft Lubuskie (2001), S. 33ff.; Regionale Arbeitsgruppe der Länder Mecklenburg-Vorpommern, Brandenburg und der Wojewodschaft Zachodniopomorskie (2001), S. 46ff..

Woiwodschaft Lubuskie und Mecklenburg-Vorpommern/Brandenburg/Woiwodschaft Zachodniopomorskie sind in den Tabellen 2 und 3 im Anhang zu finden.

5.2. Untersuchungsmethodik

5.2.1. Hypothesen zu standortbezogenen Einflussfaktoren der Entstehung von grenzüberschreitenden Unternehmenskooperationen

Die Auswirkung der in Kapitel 4 abgeleiteten standortbezogenen Einflussfaktoren der Entstehung von grenzüberschreitenden Unternehmenskooperationen (vgl. Abbildung 17) lässt sich mit Hilfe von sieben Hypothesen erfassen (vgl. Abbildung 20).

---

*H1: Ein hoher Grad an wahrgenommener **kultureller Distanz** zwischen Gastland und Heimatland verringert die Wahrscheinlichkeit der Wahl einer grenzüberschreitenden Kooperation als Koordinationsform potentiellen Wirtschaftsengagements im Nachbarland*

*H2: Ein niedriger Grad an wahrgenommenem **Rechtsschutz** im Gastland verringert die Wahrscheinlichkeit der Wahl einer grenzüberschreitenden Kooperation als Koordinationsform potentiellen Wirtschaftsengagements im Nachbarland*

*H3: Ein hoher Grad an wahrgenommenem **Länderrisiko** im Gastland verringert die Wahrscheinlichkeit der Wahl einer grenzüberschreitenden Kooperation als Koordinationsform potentiellen Wirtschaftsengagements im Nachbarland*

*H4: Ein niedriger Einsatz **moderner IuK-Technik** seitens der Unternehmen verringert die Wahrscheinlichkeit der Wahl einer grenzüberschreitenden Kooperation als Koordinationsform potentiellen Wirtschaftsengagements im Nachbarland*

*H5: Ein hoher Grad an wahrgenommener **Wettbewerbsintensität** im Gastland verringert die Wahrscheinlichkeit der Wahl einer grenzüberschreitenden Kooperation als Koordinationsform potentiellen Wirtschaftsengagements im Nachbarland*

*H6: Ein niedriger Grad an wahrgenommener **institutioneller Unterstützung des Gastlandes** verringert die Wahrscheinlichkeit der Wahl einer grenzüber-schreitenden Kooperation als Koordinationsform potentiellen Wirtschafts-engagements im Nachbarland*

*H7: Ein niedriger Grad an wahrgenommener **institutioneller Unterstützung des Heimatlandes** verringert die Wahrscheinlichkeit der Wahl einer grenzüber-schreitenden Kooperation als Koordinationsform potentiellen Wirtschafts-engagements im Nachbarland*

Eigene Darstellung.

Die Überprüfung der Hypothesen erfolgt auf der Basis einer schriftlichen Befragung deutscher und polnischer Unternehmen aus der Grenzregion. Die Ergebnisse der Befragung werden im Programm *Statistica 6.0* mit Hilfe der Chi-Quadrat-Unbhängigkeitsanalyse ausgewertet, die den Vergleich zwischen den empirisch gefundenen und theoretisch angenommenen Häufigkeitsverteilungen der Merkmalsausprägungen erlaubt[412].

Im Prozess der Entscheidung über die anzuwendende Erhebungstechnik wurde das Verfahren der schriftlichen Befragung den Interviews vorgezogen. Eine mündliche Befragung hätte wegen der großen Anzahl der in die Untersuchung einbezogenen Unternehmen hohe Reise- bzw. Telefonkosten sowie einen enormen Zeitaufwand verursacht. Da sich die erfragten Inhalte darüber hinaus leicht mit standardisierten Fragen erfassen ließen und in der Regel keine zusätzlichen Erläuterungen erforderten, bestand auch kein Bedürfnis für die persönliche Durchführung der Befragung.[413]

Die Hypothesen wurden unter der Annahme aufgestellt, dass sich das grenzüberschreitende Unternehmensengagement in der deutsch-polnischen Grenzregion nicht lediglich auf die Abwicklung von wenig bzw. hoch spezifischen Transaktionen bezieht. Nach Aussagen des Transaktionskostenansatzes führt die Verringerung der Transaktionsunsicherheit (welche u.a. durch die in den Hypothesen aufgeführten standortbezogenen Faktoren induziert wird) nur im Falle von mittlerer Investitionsspezifität zur höheren Effizienz der kooperativen Koordinationsform im Vergleich zur marktlichen bzw. hierarchischen Lösung. Die Analyse sollte aber Aussagen über das gesamte transnationale Unternehmensengagement im Grenzraum und die Möglichkeiten seiner Beeinflussung erlauben. Eines der Ziele der empirischen Untersuchung liegt in der Überprüfung, ob Veränderungen der Ausprägungen relevanter Standortfaktoren in der deutsch-polnischen Grenzregion zu statistisch signifikanten Veränderungen der Unternehmensentscheidungen zugunsten der Bildung von zwischenbetrieblichen Partnerschaften führen würden. Aus diesem Grund werden in die statistische Auswertung Transaktionen unterschiedlicher Spezifitätsgrade einbezogen, gemäß ihrer tatsächlichen, auf Grundlage der schriftlichen Befragung ermittelten Verteilung in dem deutsch-polnischen Grenzraum.

---

[412] Vgl. z.B. Dometrius (1992), S. 275f.; Nagl (1992), S. 77; Wittenberg/Cramer (1992), S. 118; Kähler (1994), S. 171; Brosius/Brosius (1995), S. 354; Diez/Tamásy (1996), S. 75; Janssen/Latz (1999), S. 219.
[413] Vgl. im Folgenden: Neubauer (1994), S. 19ff..

5.2.2. Verlauf der schriftlichen Befragung

Die schriftliche Befragung der Unternehmen verlief in zwei Schritten – in der Form einer E-Mail-Befragung und einer postalischen Befragung mit Hilfe von standardisierten Fragebögen. Im Rahmen der E-Mail-Befragung wurden insgesamt 4145 Unternehmen per E-Mail angeschrieben. 223 E-Mail-Adressen erwiesen sich als ungültig. Die Nachricht wurde erfolgreich an 3922 Unternehmen übermittelt, darunter an 2104 deutsche und 1818 polnische Firmen. 60% der E-Mails wurden an konkrete Ansprechpersonen in der Funktion von Geschäftsführern versandt. Im Falle der Unternehmen, für welche sich keine Kontaktpersonenermitteln liessen, waren die Nachrichten nicht personalisiert, jedoch mit der Anmerkung „An die Geschäftsführung" in der Betreffzeile versehen.

Die E-Mail-Adressen der befragten Unternehmen wurden mit Hilfe von kostenlos zugänglichen Internetdatenbanken ermittelt. Die polnischen Adressen stammten aus der allgemeinpolnischen Unternehmensdatenbank auf dem Internetportal *Virtuelles Polen* *(http://katalog.wp.pl/www/Biznes_i_Ekonomia/Firmy_wg_Wojewodztw_i_ Miast)*, welche die regionale Sortierung der Firmen auf Woiwodschafts- und Landkreisebene erlaubt. Trotz einer kostenpflichtigen Eintragung umfasst die oben erwähnte Datenbank etwa 40.000 Internetseiten von polnischen Unternehmen aus unterschiedlichsten Branchen. Einen Überblick über die regionale Verteilung der erfolgreich angeschriebenen Unternehmen aus dem polnischen Teil der Grenzregion bietet die Tabelle 11.

Tabelle 11: Regionale Verteilung der erfolgreich angeschriebenen Unternehmen aus dem polnischen Teil der Grenzregion

Woiwodschaften	Anzahl der erfolgreich angeschriebenen Unternehmen
Zachodniopomorskie	1086
Lubuskie	501
Dolnośląskie	231
∑	**1818**

Eigene Darstellung.

Die E-Mail-Anschriften der deutschen Befragten wurden mit Hilfe der Datenbank *www.city-map.de* gesammelt. Das Internetportal City-Map verfolgt das Ziel, die in allen Regionen Deutschlands verfügbaren Internetpräsentationen von Unternehmen und öffentlichen Institutionen in eine Datenbank zu integrieren. Die Eintragung erfolgt kostenlos. Ein hohes Maß an regionaler Repräsentativität der eingetragenen Unternehmen wird, wie im Falle der oben beschriebenen polnischen Unternehmensdatenbank, durch die große Anzahl der registrierten Firmen (über 417.000) und ihre flächen- und branchendeckende Verteilung gesichert. Die regionale Verteilung der befragten deutschen Unternehmen kann der Tabelle 12 entnommen werden.

Tabelle 12: Regionale Verteilung der erfolgreich angeschriebenen Unternehmen im deutschen Teil der Grenzregion

Euroregionen	Anzahl der erfolgreich angeschriebenen Unternehmen
Pomerania	718
Pro-Europa-Viadrina	527
Spree-Neiße-Bober	363
Neiße	496
$\sum$	2104

Eigene Darstellung.

Den per E-Mail angeschriebenen Organisationen wurden zuerst für statistische Zwecke und zum Ziele der Abgrenzung von grenzüberschreitend engagierten und nicht engagierten Firmen fünf einführende Fragen gestellt. Neben der Anzahl an Beschäftigten wurden die Unternehmen nach dem Vorhandensein, dem Ort, der Koordinationsform und dem Bereich ihres grenzüberschreitenden Engagements im Nachbarland gefragt. Die genaue Fragestellung kann der Abbildung 1 im Anhang entnommen werden.

Die einführenden Fragen wurden nach zweifacher Mailingaktion (ursprüngliche Nachricht und Erinnerungsnachricht) von insgesamt 1183 (= 30%) Unternehmen beantwortet, darunter von 648 (= 31%) deutschen und 535 (= 29%) polnischen Firmen. Die Unternehmen, welche auf die fünf Fragen geantwortet hatten, wurden darauf folgend gefragt, ob sie mit der postalischen Zusendung eines Fragebogens zu

Standortfaktoren für grenzüberschreitendes Engagement in der deutsch-polnischen Grenzregion einverstanden wären. Um die Übertragung von Erfahrungen aus wirtschaftlicher Aktivität in anderen Teilen von Deutschland bzw. Polen zu minimieren, wurden aus der weiteren Untersuchung Unternehmen eliminiert, welche sich grenzüberschreitend ausschließlich außerhalb der Grenzregion engagieren bzw. den Ort ihres Engagements nicht angeben wollten. Aus den restlichen 1045 Unternehmen waren 384 (= 37%) mit der Zusendung des Fragebogens in Papierform einverstanden, darunter 232 (= 38%) deutsche und 152 (= 35%) polnische Firmen. Nach zweifacher Mailingaktion auf dem elektronischen Weg, wiederum in der Form einer initiierenden und einer Erinnerungsnachricht, kamen insgesamt 252 ausgefüllte Bögen per Post zurück, darunter 163 von deutschen und 89 von polnischen Unternehmen. Somit betrug die Quote der detailliert befragten Organisationen unter den 1045 einführend befragten Firmen 24%. Die genaue Statistik des Verlaufs der Befragung liefert die Tabelle 13.

Tabelle 13: Statistik des Verlaufs der Befragung

	Unternehmen D	Unternehmen PL	Σ
Anzahl angeschriebener Unternehmen	2218	1927	4145
Anzahl gültiger E-Mail Adressen	**2104**	**1818**	**3922**
Beantwortung der fünf einführenden Fragen: *Davon:*	**648** (= 31% von 2104)	**535** (= 29% von 1818)	**1183** (= 30% von 3922)
• grenzüberschreitendes Engagement in der Grenzregion	52 (= 8% von 648)	48 (= 9% von 535)	100 (= 8% von 1183)
• grenzüberschreitendes Engagements ausschließlich außerhalb der Grenzregion	30	86	116 (= 10% von 1183)
• grenzüberschreitendes Engagement ohne Angabe der Städte	11	11	22 (= 2% von 1183)
	Σ = 93 (= 14% von 648)	Σ = 145 (= 27% von 530)	**238** (= 20% von 1183)
• kein Engagement im Nachbarland	**555**	**390**	**945** (= 80% von 1183)
Eliminierung von Unternehmen, welche sich *außerhalb* der Grenzregion engagieren bzw. bei denen sich der Standort des Engagements *nicht feststellen ließ* (116 + 22 = 138).			Neue Gesamtmenge: 1183 – 138 = **1045 (607D, 438PL)**
Anzahl der Unternehmen, die der Zusendung des Fragebogens zustimmten: *Davon:*	232 (= 38% von 607)	152 (= 35% von 438)	384 (= 37% von 1045)
• Unternehmen mit grenzüberschreitendem Engagement in der Grenzregion	24	27	51
Beantwortung des Fragebogens:	15 (= 63% von 24)	17 (= 63% von 27)	32 (= 63% von 51)
• Unternehmen ohne grenzüberschreitendes Engagement im Nachbarland	208	125	333
Beantwortung des Fragebogens:	148 (= 71% von 208)	72 (= 58% von 125)	220 (= 66% von 333)
	Σ = 163 (= 70%)	Σ = 89 (= 59%)	**Σ = 252** **= 24% von 1045**

Eigene Darstellung.

130

5.2.3. Aufbau des Fragebogens

Die in der empirischen Untersuchung verwendete Bögen bestanden aus insgesamt über 50 meist geschlossenen Fragen, die mit ergänzenden Unterfragen versehen waren. Der genaue Aufbau der Fragebögen kann dem Anhang, Abbildung 2, entnommen werden. Die polnischen Unternehmen erhielten eine polnischsprachige Version der gleichen Bögen. Für die Beurteilung der Ausprägungen und der Relevanz einzelner Standortfaktoren sowie die Einschätzung der Werte transaktionsökonomischer Variablen wurde eine 7-stufige Rating-Skala benutzt. Die Befragten kreuzten diejenige Stufe der Skala an, welche ihrem subjektiven Empfinden der Ausprägung des einzelnen Merkmals am besten entsprach.

Die wahrgenommenen Werte und die Relevanz der meisten Faktoren wurden direkt erfragt. Standortbedingungen, die jedoch auf Grundlage von theoretischen Überlegungen für die Entstehung von grenzüberschreitenden Unternehmens-kooperationen als relevant erkannt worden sind, wurden in der Regel mit Hilfe von mehreren Merkmalen erfasst. So schätzten die Unternehmen den *Grad an Rechtsschutz* mit seiner wahrgenommenen Vollständigkeit, der Dauer der gerichtlichen Klärung von Streitsachen, der Kompetenz zuständiger Gerichte und der Übersichtlichkeit geltender Rechtsnormen. Für die Beurteilung des *Länderrisikos* wurden in Anlehnung an die Untersuchung von Kim and Hwang (1992)[414] folgende Merkmale als maßgeblich ausgewählt: der Grad an Stabilität des politischen Systems, die Gefahr der Nichtkonvertibilität der Währung sowie die Enteignungsgefahr und die Wahrscheinlichkeit der Einflussnahme auf das wirtschaftliche Unternehmens-engagement seitens der jeweiligen nationalen Regierung. Der *Grad an kultureller Unterschiedlichkeit* von Deutschland und Polen wurde gemäß der Definition der Kultur von Hill (1994)[415] mit den wahrgenommenen Differenzen in Werten und gesellschaftlichen Normen des deutschen und des polnischen Volkes beschrieben. Das Konkurrenzniveau innerhalb eines Industriezweiges und die davon abhängige Branchenattraktivität wurden ferner mit Hilfe der Ausprägungen der fünf Wettbewerbskräfte nach Porter (1995)[416] erfasst, d.h. der Rivalität unter den Wettbewerbern, der Gefahr des Markteintritts neuer Konkurrenten, der Verhandlungsstärke der Lieferanten, der Verhandlungsmacht der Abnehmer sowie der Bedrohung durch Ersatzprodukte. Jede dieser Kräfte kann Druck auf ein in der betroffenen Branche aktives Unternehmen ausüben und das Niveau an Unsicherheit erhöhen. Die Gesamtwirkung aller fünf Kräfte wird im Folgenden vereinfachend als

---

[414] Vgl. Kim/Hwang (1992), S. 40.
[415] Vgl. Hill (1994), S. 68.
[416] Vgl. Porter (1995), S. 247ff..

Wettbewerbsintensität bezeichnet. Zur Ermittlung der Auswirkung des *Einsatzes von modernen IuK-Technologien* auf die Wahl der Koordinationsform grenzüberschreitenden Engagements wurden Informationen über die von den befragten Unternehmen im alltäglichen Geschäftsleben eingesetzten Kommunikationsmittel herangezogen. Der *Grad an institutioneller Unterstützung* seitens des Gast- und des Heimatlandes wurde schließlich mit ihrem Umfang und ihrer Qualität beschrieben.

Außer den relevantesten Standortfaktoren wurden auch die transaktionsökonomischen Variablen in Anlehnung an ihre Definitionen aus Abschnitt 2.3.1. mit Hilfe von mehreren Merkmalen erfasst. Die *Spezifität der Investition* beurteilten die Unternehmen auf Grundlage der Anzahl von alternativen Transaktionspartnern und des zu erwartenden Aufwands für ihren Wechsel. Die *Verhaltensunsicherheit* wurde mit der Schwierigkeit der Kontrollausübung über den Geschäftspartner und dem Grad an Vertrauen in der Transaktionsbeziehung geschätzt. Die *Umweltunsicherheit* ließ sich mit der Häufigkeit zutreffender Absatzprognosen für einen Markt und der Schwierigkeit der Vorhersage von Veränderungen der Rahmenbedingungen für die wirtschaftliche Tätigkeit auf diesem Markt erfassen. Die Beurteilung der transaktionsökonomischen Variablen mit Hilfe von jeweils zwei Merkmalen wurde jedoch nur im Falle von Unternehmen mit grenzüberschreitendem Engagement angewandt. Organisationen, welche nur zu Eigenschaften ihrer *potentiellen* Transaktionen im Nachbarland befragt wurden, schätzten die Spezifität, Verhaltens- und Umweltunsicherheit gemäß ihrer engen Definitionen (d.h. entsprechend: auf Grundlage der Anzahl von alternativen Transaktionspartnern, der erwarteten Opportunismusgefahr seitens der Geschäftspartner und der Probleme mit der Vorhersage von Veränderungen der Rahmenbedingungen für die wirtschaftliche Tätigkeit des Unternehmens auf dem Markt des Nachbarlandes).

Die Berechnung der wahrgenommenen Ausprägungen bzw. der Relevanz von Variablen, welche mit Hilfe von mehreren Merkmalen beschrieben wurden, erfolgte auf Grundlage des Mittelwertes der Einschätzungen einzelner Merkmale. Die Antworten der Unternehmen, welche die Ausprägungen nicht aller zu der jeweiligen Variablen zugehörigen Merkmale beurteilt haben, wurden aus der Berechnung ihres Mittelwertes ausgeschlossen. Bei dem Ausrechnen der Mittelwerte der einzelnen Ausprägungen der Variablen wurden die Bewertungen dieser Gruppe von Firmen jedoch mit berücksichtigt. Im Falle der Faktoren „Rechtsschutz" und „Länderrisiko" wurden darüber hinaus die Werte der Merkmale „Länge der Gerichtsverfahren" und „Stabilität des politischen Systems" wegen des Einsatzes einer inversen Skala für die Berechnung des Mittelwertes dieser Standortbedingungen anhand der Formel „8 Minus die jeweilige Ausprägung" umgewandelt.

Die *Größe der Unternehmen* wurde in Anlehnung an die Empfehlung der Europäischen Kommission[417] bzgl. der Definition der Größenklassen von Unternehmen wie folgt abgegrenzt: *kleinste* Unternehmen mit 1 bis 9 Mitarbeitern, *kleine* mit 10 bis 49, *mittlere* mit 50 bis 249, *große* mit 250 bis 499 und *sehr große* mit über 500 Mitarbeitern. Schließlich wurde die *Anwendung von modernen IuK-Technologien* mit dem Einsatz konkreter Kommunikationsmittel beurteilt. Für einen Telefon-, Fax- und E-Mail-Anschluss wurde jeweils 1 Punkt zugeteilt. Der Internetanschluss per Modem, der zwar den Zugang zu notwendigen Informationen erlaubt, jedoch mit großem Zeitaufwand für Rechercheaktivitäten verbunden ist, wurde mit zusätzlichen 2 Punkten dotiert. Ein ständiger Internetzugang, der die Sammlung von Informationen und die Kommunikation erheblich beschleunigt und erleichtert, bedeutete dagegen 4 zusätzliche Punkte. Für die Möglichkeit der Organisation von Videokonferenzen, welche in manchen Situationen das aufwendige Reisen ersetzen können, wurden 2 weitere Punkte zugeteilt.

5.3. Ergebnisse der empirischen Untersuchung

5.3.1. Auswertung der einführenden E-Mail-Befragung

Gemäß der Auswertung der 1178 Antworten auf die fünf einführenden Fragen engagieren sich die polnischen Firmen fast doppelt so häufig im Nachbarland wie deutsche Unternehmen (27% vs. 14%) (vgl. Abbildung 21). Diese Prozentdifferenz kann u.a. auf das relativ größere Engagement polnischer Organisationen im Bereich des Exports/Imports zurückgeführt werden (vgl. Abbildung 24). Ein weiterer Grund könnte in den Größenunterschieden zwischen den deutschen und polnischen befragten Firmen liegen. Für beide Unternehmensgruppen weichen die Größenverteilungen der im Nachbarland grenzüberschreitend engagierten Organisationen von den Größenverteilungen sämtlicher befragter Firmen ab (vgl. Abbildung 22). Der Anteil kleinster Unternehmen unter den transnational aktiven Organisationen ist deutlich niedriger, während alle sonstigen Größen eher viel stärker als bei der allgemeinen Verteilung repräsentiert sind. Da sich an der einführenden Mailingaktion mehr deutsche als polnische Kleinstunternehmen beteiligt haben (64% vs. 57%), erklärt diese Tatsache zu einem bestimmten Maße das relativ höhere transnationale Engagement seitens der polnischen Befragten.

---

[417] Vgl. Europäische Kommission (2003).

Abbildung 21: Grenzüberschreitendes Engagement deutscher und polnischer
Unternehmen aus der Grenzregion

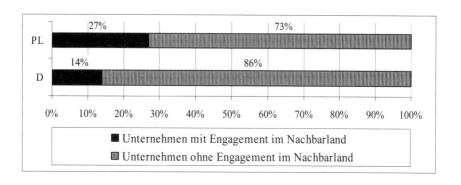

Eigene Darstellung.

Abbildung 22: Größenverteilung der Unternehmen aus der einführenden E-Mail-
Befragung

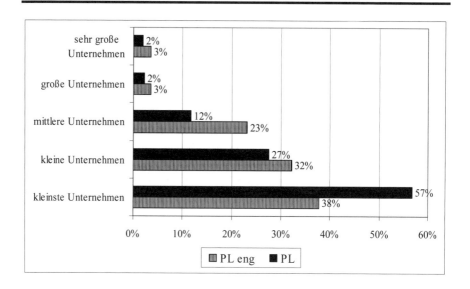

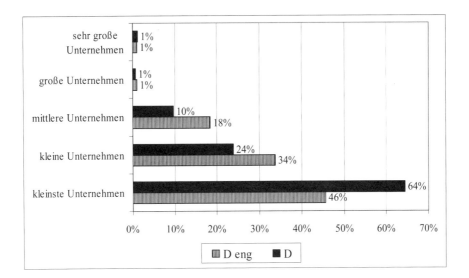

Eigene Darstellung.

33% der im Nachbarland grenzüberschreitend engagierten polnischen Organisationen unterhalten Wirtschaftsbeziehungen zu grenznahen Regionen. Unter deutschen Unternehmen ist dieser Prozentsatz deutlich größer und beläuft sich auf 56% (vgl. Abbildung 23). Die räumliche Verteilung transnationaler Aktivitäten der befragten Organisationen kann zu einem bestimmten Maße auf das relativ hohe Engagement deutscher öffentlicher Institutionen in der Vermarktung der Grenzregion als einer Wirtschaftsregion angesehen werden.[418] Darüber hinaus, wie aus dem Unterabschnitt 5.3.2.3. ersichtlich sein wird, stellt für deutsche Unternehmen die Sprachbarriere eines der größten Hindernisse für das Engagement im Nachbarland dar. Deswegen tendiert diese Gruppe von Organisationen, sich wirtschaftlich in Regionen zu engagieren, in welchen die Sprachbarrieren aufgrund der Grenznähe relativ niedriger sind.

---

[418] Vgl. z.B. ZukunftsAgentur Brandenburg GmbH: Projekt „2win".

Abbildung 23: Regionale Verteilung des Engagements deutscher und polnischer
Unternehmen aus der Grenzregion in dem jeweiligen Nachbarland

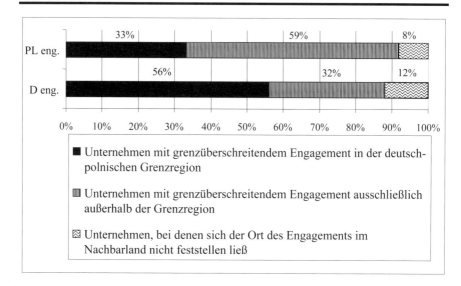

Die Formen des grenzüberschreitenden Engagements deutscher und polnischer Unternehmen aus der Grenzregion werden stark durch Export/Import dominiert. Die schwache Kapitalausstattung lokaler Unternehmen sorgt dafür, dass nur wenige Firmen (deutsche 2.5 mal häufiger als polnische) sich eine voll hierarchische Koordinationsform grenzüberschreitender Aktivitäten leisten können. Unter den kooperativen Koordinationsformen dominieren Kooperationsverträge und Kooperationen ohne Vertrag, welche keinen direkten Kapitaleinsatz erfordern. Joint Ventures, Minderheits- und Mehrheitsbeteiligungen, die dagegen notwendigerweise mit hohen Kapitaleinlagen verbunden sind, werden kaum eingegangen. (Vgl. Abbildung 24)

Abbildung 24: Formen des Engagements deutscher und polnischer Unternehmen aus der Grenzregion in dem jeweiligen Nachbarland

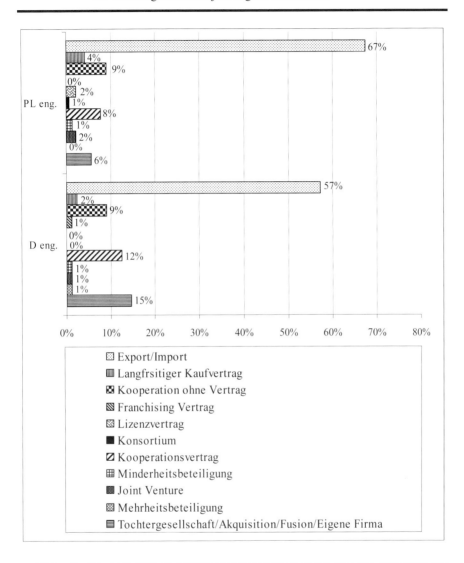

Das transnationale Engagement der Unternehmen aus dem Grenzraum betrifft am häufigsten die Bereiche des Vertriebs, der Beschaffung und der Dienstleistungen (vgl. Abbildung 25). Diese Verteilung ist vorwiegend auf die Größe der beiden Absatzmärkte, die Unterschiede in den Kosten und der Qualität der auf beiden Seiten der Oder zugänglichen Produktionsmittel sowie auf die geltenden Rechtsvorschriften zur freien Ausübung von Dienstleistungen zurückzuführen. Deutsche Unternehmen weisen außerdem gegenüber polnischen Firmen eine deutliche Präferenz für grenzüberschreitende Wirtschaftstätigkeit im Bereich der Produktion auf, was aus den niedrigeren Preisen für Roh-, Hilfs- und Betriebsstoffe sowie niedrigeren Arbeitskosten im polnischen Teil des Grenzraumes resultiert. Nach manchen Schätzungen belaufen sich die Kosten der polnischen Arbeitskräfte immer noch auf etwa 20% der entsprechenden Kosten in Ostdeutschland.[419] Die gleichen Gründe sprechen auch für das relativ stärkere grenzüberschreitende Engagement polnischer Firmen im Bereich des Vertriebs.

---

[419] Vgl. z.B. Wirtschafts- und sozialpolitisches Forschungs- und Beratungszentrum der Friedrich-Ebert-Stiftung (2003), S. 40.

Abbildung 25: Bereiche des Engagements deutscher und polnischer Unternehmen aus der Grenzregion in dem jeweiligen Nachbarland

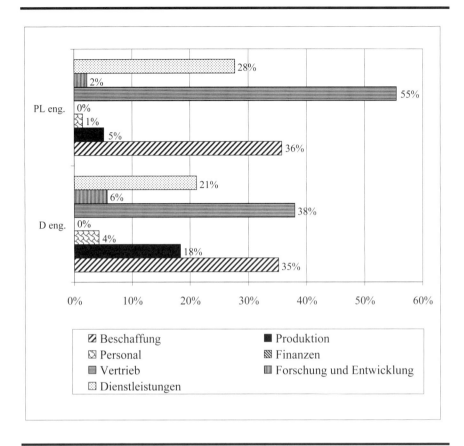

Eigene Darstellung.

Die obigen Abbildungen 24 und 25 beziehen sich auf das gesamte grenzüberschreitende Wirtschaftsengagement deutscher und polnischer Unternehmen des Grenzraums, unabhängig von seiner regionalen Ausrichtung. Für das *auf die deutschpolnische Grenzregion reduzierte Engagement* ergeben sich dagegen folgende Verteilungen bezüglich der Form und des Bereichs transnationaler Wirtschaftstätigkeit:

Abbildung 26: Formen des grenzüberschreitenden Unternehmensengagements in der deutsch-polnischen Grenzregion

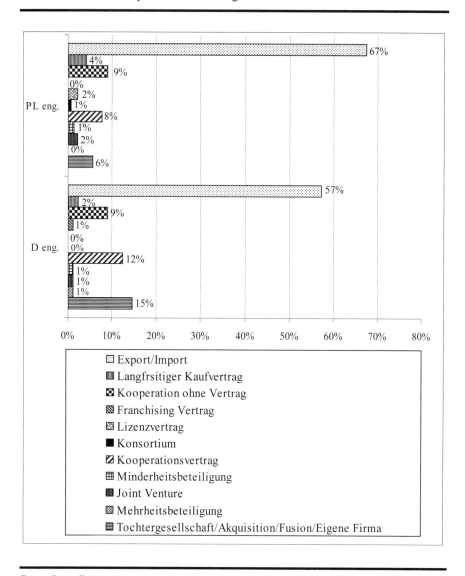

Eigene Darstellung.

Abbildung 27: Bereiche des grenzüberschreitenden Unternehmensengagements in der deutsch-polnischen Grenzregion

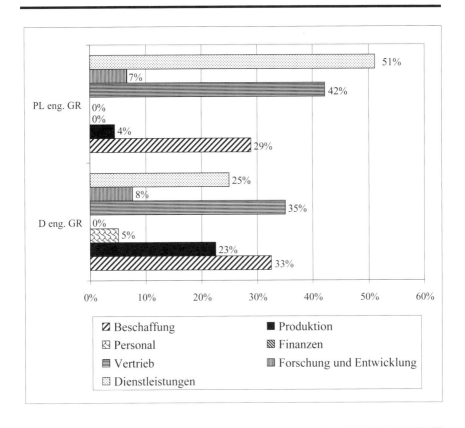

Eigene Darstellung.

Die in der Abbildung 26 dargestellte Verteilung der Koordinationsformen der innerhalb der Grenzregion grenzüberschreitend engagierten Unternehmen ähnelt in hohem Maße der Verteilung aus der Abbildung 24. Die im Grenzraum tätigen Unternehmen weisen dafür ein größeres Engagement auf dem Gebiet der Dienstleistungen auf (vgl. Abbildungen 27 und 25), was auf die räumliche Nähe der jeweiligen Nachbarländer zurückzuführen ist. Ein viel stärkeres Engagement im diesem Bereich ist jedoch nur seitens polnischer Unternehmen zu beobachten. Ein Grund dafür kann in dem großen Unterschied in den Arbeitskosten und den Einkommensniveaus auf beiden Seiten der Oder gesehen werden, aufgrund dessen nach den relativ teureren Dienstleistungen deutscher Unternehmen in Polen wenig Nachfrage zu verzeichnen ist.

5.3.2. Auswertung der Fragebögen

5.3.2.1. Koordinationsformen und Bereiche grenzüberschreitenden Unternehmensengagements in der deutsch-polnischen Grenzregion

Die im Rahmen der empirischen Untersuchung angeschriebenen Unternehmen gehören unterschiedlichsten Branchen an. Sie sind sowohl im Bereich der Produktion als auch der Dienstleistungen tätig. Die Mehrheit der detailliert befragten Organisationen zählt zu kleinsten bzw. kleinen Betrieben. Nur insgesamt 1% der deutschen und 2% der polnischen an der Untersuchung teilnehmenden Firmen kann als groß bzw. sehr groß eingestuft werden. Unternehmen, welche sich in der deutsch-polnischen Grenzregion transnational engagieren, erwiesen sich dabei im Durchschnitt wesentlich größer als Firmen ohne ein solches Engagement. (Vgl. Abbildung 28)

Abbildung 28: Größenverteilung der detailliert befragten Unternehmen

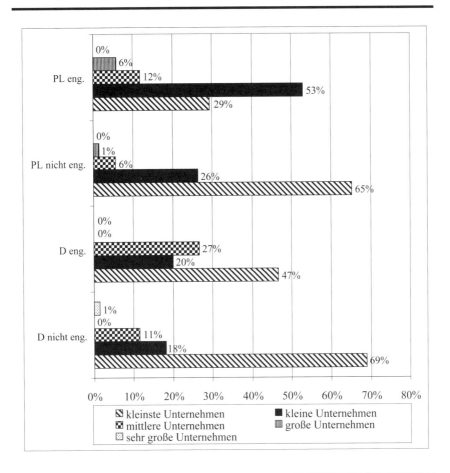

Eigene Darstellung.

Die Anzahl der in der deutsch-polnischen Grenzregion *transnational engagierten* Unternehmen, welche die Fragebögen ausgefüllt haben, ist leider sehr niedrig. Prozentuell entspricht sie in etwa dem Anteil von Antworten der grenzüberschreitend nicht tätigen Firmen, aufgrund der niedrigen absoluten Zahl der in dem Grenzraum transnational engagierten Organisationen bleibt sie aber gering und lässt repräsentative Aussagen bezüglich des Verhaltens dieser Gruppe von Unternehmen nicht zu. Da die Antworten der in der Grenzregion transnational engagierten Firmen in die Auswertung der Untersuchungsergebnisse teilweise einbezogen werden, soll jedoch ein kurzes

Augenmerk den von diesen Unternehmen eingesetzten Formen des grenzüberschreitenden Engagements und den Bereichen ihrer transnationalen Aktivitäten gewidmet werden. In beiden Fällen werden starke Abweichungen von den Verteilungen in den Abbildungen 26 und 27 verzeichnet, welche mit der geringen Anzahl der detailliert befragten engagierten Unternehmen erklärt werden können. Im Bereich der angewandten Koordinationsformen zeigt sich besonders deutlich die Präferenz der polnischen Firmen im Vergleich zu den deutschen Organisationen für die Form des Exports/Imports (41% vs. 13%) und der deutschen Unternehmen für die hierarchisch voll integrierte Koordinationsform ihrer Aktivitäten (27% vs. 12%). Eine dermaßen starke nationale Präferenz für die genannten Koordinationsformen konnte der Abbildung 26 nicht entnommen werden. Der prozentuale Anteil von Organisationen, welche einen transnationalen Kooperationsvertrag abgeschlossen haben, ist ebenfalls erheblich größer als in der Abbildung 26 (28% vs. 15%). Auf dem Gebiet des Bereichs des grenzüberschreitenden Engagements beziehen sich die Abweichungen im Falle von polnischen Unternehmen auf ihr viel kleineres Engagement im Bereich des Vertriebs (6% vs. 42%) und wesentlich häufigere Aktivitäten auf dem Gebiet der Produktion (41% vs. 4%) und des Personals (24% vs. 0%). Die detailliert befragten deutschen Firmen weisen dagegen eine Präferenz für das Engagement im Bereich der Dienstleistungen (41% vs. 25%) auf. Gleichzeitig unternehmen sie aber wenigere transnationale Beschaffungsaktivitäten (13% vs. 33%). Die genauen prozentualen Verteilungen bzgl. der Koordinationsform und des Bereichs grenzüberschreitenden Engagements der detailliert befragten engagierten Unternehmen sind der Abbildung 3 im Anhang zu entnehmen.

Die *grenzüberschreitend nicht tätigen* Unternehmen, gefragt nach der wahrscheinlichsten Koordinationsform ihres hypothetischen Engagements in der Grenzregion, nannten am häufigsten die hierarchisch voll integrierte Formen der Wirtschaftstätigkeit (Tochtergesellschaft/Akquisition/Fusion/eigene Firma), den Kooperationsvertrag und die Form des Exports/Imports (vgl. Abbildung 29). Verglichen mit der entsprechenden Verteilung für das tatsächliche transnationale Engagement in dieser Region (Abbildung 26), werden große prozentuale Differenzen insbesondere im Bereich der drei oben erwähnten Koordinationsformen verzeichnet. In der Wirklichkeit engagieren sich die Unternehmen viel häufiger auf dem Gebiet des Exports/Imports und viel seltener wählen sie die hierarchischen Formen des Engagements aus bzw. gehen Kooperationsverträge ein. In Anbetracht der schwachen finanziellen Lage der in der Grenzregion angesiedelten Unternehmen wundert nicht die Dominanz der marktlichen Form der Koordination, welche die einfachste und billigste Abwicklungsform transnationaler Aktivitäten darstellt. Das Eingehen einer zwischenbetrieblichen Kooperation und insbesondere der Aufbau eines eigenen

144

Unternehmens im Nachbarland erfordern einen relativ viel größeren Einsatz von finanziellen und personellen Ressourcen, über welche die meisten befragten Firmen nicht verfügen (vgl. Abbildung 30). Gleiche Überlegungen gelten auch für die Form des Joint Venture und der Mehrheitsbeteiligung, die von manchen Unternehmen hypothetisch ausgewählt würden, in der Realität jedoch kaum vorkommen.

Abbildung 29: Formen des potentiellen grenzüberschreitenden Unternehmensengagements in der deutsch-polnischen Grenzregion

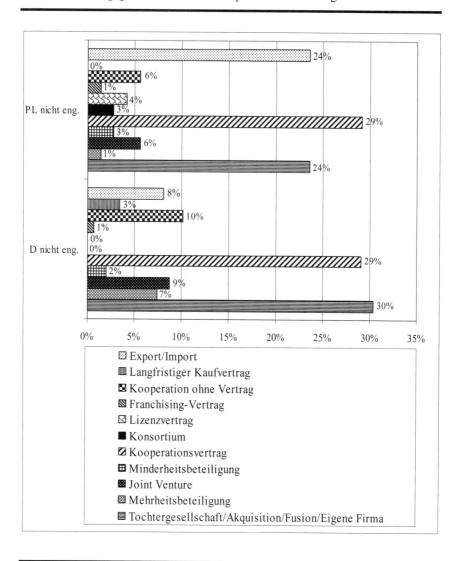

Eigene Darstellung.

5.3.2.2. Wahrnehmung der Relevanz und der Ausprägungen von Standortfaktoren im Grenzgebiet

Sowohl für *deutsche* als auch für *polnische grenzüberschreitend nicht engagierte* Unternehmen zählen die Währungsstabilität, die Steuerpolitik, das Marktpotential, der Rechtsschutz, die Verkehrsinfrastruktur und das Geschäftsklima zu den relevantesten Standortbedingungen[420] des jeweiligen Nachbarlandes im Prozess einer potentiellen transnationalen Wirtschaftstätigkeit im deutsch-polnischen Grenzraum (vgl. Tabellen 14 und 15). Die Währungsstabilität wird dabei von beiden Gruppen der Befragten als bedeutendster Standortfaktor erachtet. Für deutsche Unternehmen sind darüber hinaus u.a. staatliche Restriktionen, politische Stabilität als auch die Qualität der Fachmitarbeiter von besonderer Bedeutung. Diese Tatsache kann mit dem viel größeren Anteil deutscher Firmen erklärt werden, welche sich für die hierarchisch voll integrierten Koordinationsformen der Wirtschaftstätigkeit in Polen potentiell entscheiden würden (vgl. Abbildung 24). Polnische Unternehmen verfügen über eine relativ schlechtere Ausstattung an finanziellen Ressourcen (vgl. Abbildung 30). Daher sind für diese die Möglichkeiten der Investitionsförderung sowie die Höhe der Kapitalkosten im Nachbarland von größerer Bedeutung[421] als für die deutschen Organisationen. Auch die Grundinfrastruktur, die Kosten der Gewerbe- und Industrieflächen sowie die Wettbewerbsintensität im Nachbarland werden von dieser Gruppe der Unternehmen als wichtiger klassifiziert.

Die deutschen Befragten schätzen die Kosten der Produktionsfaktoren in Polen eher als gering ein und beurteilen ihre Verfügbarkeit positiv. Die Relevanz des Faktors Arbeit variiert mit dem geforderten Qualifikationsniveau der Arbeitskräfte. Während einfache polnische Arbeiter trotz ihrer geringen Lohnkosten erst als einer der letzten Entscheidungsfaktoren genannt werden, erkennen deutsche Unternehmen dagegen die Qualität von polnischen Fachkräften sowie deren Lohnkosten besonders an. Ein Grund für diese relative Bedeutungslosigkeit der Kostenhöhe für Leistungen einfacher Arbeiter kann in ihrer niedrigen Produktivität gesehen werden, welche die anfänglichen Kostenvorteile erheblich mindert[422].

---

[420] Als relevanteste Standortbedingungen werden diejenigen Faktoren bezeichnet, deren durchschnittliche Beurteilung seitens der befragten Unternehmen größer bzw. gleich 5,5 Punkte ist. In den Tabellen 14-23 werden sie dick gedruckt.

[421] Als ein signifikanter Unterschied bei der Beurteilung der Relevanz und der Ausprägungen einzelner Standortfaktoren seitens unterschiedlicher Unternehmensgruppen wird im Rahmen der vorliegenden Studie eine Differenz von wenigstens 0,5 Punkte erkannt.

[422] Vgl. Wiener Institut für internationale Wirtschaftsvergleiche (2002), in ZukunftsAgentur Brandenburg GmbH (2003), S. 6.

Anhand der Beurteilung einzelner Standortfaktoren des polnischen Marktes durch deutsche Unternehmen lassen sich für diese folgende standortbezogene Hemmnisse grenzüberschreitenden Engagements herleiten:

- ein hoher Grad an staatlichen Restriktionen für die wirtschaftliche Tätigkeit ausländischer Unternehmen im polnischen Markt,
- eine nicht ausreichend entwickelte Verkehrsinfrastruktur,
- die Existenz kultureller Unterschiede,
- die hohe Wettbewerbsintensität,
- hohe Kapitalkosten bei relativ schlechten Kapitalbeschaffungsmöglichkeiten sowie
- ein nicht ausreichender Grad an deutscher und polnischer institutioneller Unterstützung.

Die Bewertungen der Ausprägungen oben aufgezählter Standortfaktoren befinden sich zwar immer noch im mittleren Bereich der angewandten Likert-Skala, relativ zu den sonstigen Standortfaktoren fällt ihre Einschätzung jedoch negativ aus.

Polnische Unternehmen beurteilen besonders positiv die Stabilität der Währung und des politischen Systems, die Verfügbarkeit und die Qualität der Produktionsfaktoren sowie die Verkehrs- und die Grundinfrastruktur im deutschen Teil der Grenzregion. Die wichtigsten standortbezogenen Hemmnisse der grenzüberschreitenden Wirtschaftätigkeit liegen für sie in:

- dem niedrigen Grad an deutscher und polnischer institutioneller Unterstützung,
- der Existenz kultureller Unterschiede,
- den hohen Kosten der Produktionsfaktoren und des Transports,
- der hohen Wettbewerbsintensität,
- dem großen Umfang der Mitbestimmungsrechte der Arbeitnehmerschaft sowie
- dem hohen Grad an staatlichen Restriktionen im deutschen Markt.

Tabelle 14: Beurteilung der Wichtigkeit und der Ausprägungen einzelner
Standortfaktoren des polnischen Teils der Grenzregion seitens deutscher
Unternehmen aus dem Grenzraum, die sich in Polen wirtschaftlich nicht
engagieren

Standortfaktoren	Wichtigkeit des Faktors	Ausprägung des Faktors
1) Währungsstabilität	5,83	3,97
2) Marktpotential	5,77	4,57
3) Steuerpolitik	5,77	3,53
4) Rechtsschutz	5,72	3,67
Vollständigkeit des Rechtsschutzes	5,91	3,47
Übersichtlichkeit der Rechtsvorschriften	5,85	3,74
Kompetenz der Gerichte	5,74	4,47
Länge der Gerichtsverfahren	5,36	4,98
5) Staatliche Restriktionen	5,65	4,27
6) Qualität der Fachmitarbeiter	5,62	4,50
7) Verkehrsinfrastruktur	5,60	3,42
8) Geschäftsklima	5,55	4,55
9) Institutionelle Unterstützung in Polen	5,52	3,25
Qualität des Angebots an polnischer institutioneller Unterstützung	5,63	3,40
Umfang des Angebots an polnischer institutioneller Unterstützung	5,41	3,09
10) Investitionsförderung	5,50	3,93
11) Arbeitskosten der Fachmitarbeiter	5,49	2,88
12) Länderrisiko	5,48	3,40
Stabilität des politischen Systems	5,82	4,39
Gefahr der Nichtkonvertibilität der Währung	5,47	3,57
Enteignungsgefahr seitens der Regierung	5,38	2,84
Wahrscheinlichkeit der Einflussnahme auf das wirtschaftliche Engagement seitens der Regierung	5,26	3,57
13) Verfügbarkeit von Fachmitarbeitern	5,43	4,47
14) Qualität der Führungskräfte	5,26	4,60
15) Kulturelle Unterschiede	5,19	4,54

Unterschiedlichkeit sozialer Normen	5,22	4,67
Unterschiedlichkeit der Werte	5,16	4,42
16) Wettbewerbsintensität	5,09	4,45
Anzahl der Wettbewerber		4,14
Gefahr des Markteintritts neuer Konkurrenten		5,00
Verhandlungsstärke der Lieferanten		4,36
Verhandlungsstärke der Abnehmer		4,52
Bedrohung durch Ersatzprodukte		4,29
17) Kosten der Gewerbe- und Industrieflächen	5,05	3,09
18) Kosten der Roh-, Hilfs- und Betriebsstoffe	5,03	3,10
19) Verfügbarkeit von Führungskräften	5,03	4,26
20) Arbeitskosten der Führungskräfte	5,02	3,51
21) Grundinfrastruktur (Gas, Wasser usw.)	5,00	4,26
22) Institutionelle Unterstützung in Deutschland	4,98	3,36
Qualität des Angebots an deutscher institutioneller Unterstützung	5,12	3,46
Umfang des Angebots an deutscher institutioneller Unterstützung	4,84	3,24
23) Kapitalkosten	4,90	3,96
24) Verfügbarkeit der Gewerbe- und Industrieflächen	4,79	5,36
25) Kapitalbeschaffungsmöglichkeiten	4,77	3,23
26) Verfügbarkeit der Roh-, Hilfs- und Betriebsstoffe	4,74	4,66
27) Transportkosten	4,71	2,92
28) Kosten der Anlagegüter	4,66	3,29
29) Verfügbarkeit der Anlagegüter	4,61	4,21
30) Arbeitskosten der einfachen Arbeiter	4,38	2,28
31) Umfang der Mitbestimmungsrechte der Arbeitnehmer	4,17	3,36
32) Verfügbarkeit von einfachen Arbeitern	4,16	6,03

Eigene Darstellung.

Tabelle 15: Beurteilung der Wichtigkeit und der Ausprägungen einzelner
Standortfaktoren des deutschen Teils der Grenzregion seitens polnischer
Unternehmen aus dem Grenzraum, die sich in Deutschland wirtschaftlich
nicht engagieren

Standortfaktoren	Wichtigkeit des Faktors	Ausprägung des Faktors
1) Währungsstabilität	6,24	5,76
2) Verkehrsinfrastruktur	6,11	6,15
3) Marktpotential	5,92	4,92
4) Steuerpolitik	5,81	4,08
5) Rechtsschutz	5,73	4,74
Übersichtlichkeit der Rechtsvorschriften	5,97	4,50
Vollständigkeit des Rechtsschutzes	5,83	5,08
Kompetenz der Gerichte	5,76	5,11
Länge der Gerichtsverfahren	5,39	3,79
6) Geschäftsklima	5,68	4,75
7) Kosten der Gewerbe- und Industrieflächen	5,64	6,78
8) Investitionsförderung	5,61	4,72
9) Grundinfrastruktur (Gas, Wasser usw.)	5,58	6,13
10) Kapitalkosten	5,54	4,85
11) Wettbewerbsintensität	5,53	4,83
Anzahl der Wettbewerber		5,06
Gefahr des Markteintritts neuer Konkurrenten		4,75
Verhandlungsstärke der Lieferanten		4,82
Verhandlungsstärke der Abnehmer		5,14
Bedrohung durch Ersatzprodukte		4,40
12) Transportkosten	5,49	5,50
13) Arbeitskosten der Fachmitarbeiter	5,47	6,18
14) Kapitalbeschaffungsmöglichkeiten	5,39	4,67
15) Staatliche Restriktionen	5,36	4,61
16) Kosten der Roh-, Hilfs- und Betriebsstoffe	5,32	5,85
17) Qualität der Fachmitarbeiter	5,31	5,11
18) Arbeitskosten der Führungskräfte	5,28	6,21
19) Verfügbarkeit von Fachmitarbeitern	5,18	4,97
20) Institutionelle Unterstützung in Deutschland	5,17	3,08

Qualität des Angebots an deutscher institutioneller Unterstützung	5,21	3,38
Umfang des Angebots an deutscher institutioneller Unterstützung	5,13	2,75
21) Länderrisiko	5,15	2,82
Wahrscheinlichkeit der Einflussnahme auf das wirtschaftliche Engagement seitens der Regierung	5,50	4,01
Stabilität des politischen Systems	5,35	5,18
Enteignungsgefahr seitens der Regierung	5,07	2,90
Gefahr der Nichtkonvertibilität der Währung	4,74	1,63
22) Verfügbarkeit der Gewerbe- und Industrieflächen	5,10	5,44
23) Verfügbarkeit der Roh-, Hilfs- und Betriebsstoffe	5,07	5,74
24) Verfügbarkeit der Anlagegüter	4,89	6,18
25) Institutionelle Unterstützung in Polen	4,88	2,68
Qualität des Angebots an polnischer institutioneller Unterstützung	4,97	2,75
Umfang des Angebots an polnischer institutioneller Unterstützung	4,79	2,58
26) Kosten der Anlagegüter	4,88	5,89
27) Qualität der Führungskräfte	4,85	4,99
28) Kulturelle Unterschiede	4,74	4,38
Unterschiedlichkeit der Werte	4,74	4,42
Unterschiedlichkeit sozialer Normen	4,74	4,39
29) Verfügbarkeit von Führungskräften	4,74	4,94
30) Arbeitskosten der einfachen Arbeiter	4,46	4,99
31) Verfügbarkeit von einfachen Arbeitern	4,44	4,75
32) Umfang der Mitbestimmungsrechte der Arbeitnehmer	4,39	4,48

Eigene Darstellung.

Für *deutsche* Unternehmen, die in der Grenzregion *transnational engagiert* sind, rücken das Geschäftsklima und der Grad an Rechtsschutz in den Vordergrund. Auch der Grad der Wahrscheinlichkeit einer Enteignung seitens der Regierung des

Nachbarlandes beeinflusst wesentlich die Entscheidung über die Aufnahme von grenzüberschreitenden Wirtschaftstätigkeiten in dem Grenzraum (vgl. Tabelle 16). Das Geschäftsklima im polnischen Teil des Grenzgebiets wird dabei von den auf diesem Markt engagierten deutschen Unternehmen als günstiger und der Rechtschutz als umfassender eingeschätzt als seitens der *deutschen transnational nicht aktiven* Firmen. Die Transportkosten werden dagegen von der erst genannten Gruppe der Organisationen für höher gehalten.

Die Ausgestaltung der Steuerpolitik, die Qualität der Fachmitarbeiter und die Verfügbarkeit von Anlagegütern wird von deutschen grenzüberschreitend engagierten und nicht engagierten Unternehmen ebenfalls unterschiedlich beurteilt. Diese Standortfaktoren werden von der ersten Gruppe der Befragten als günstiger betrachtet. Der Grad an Investitionsförderung, die Kosten für Roh-, Hilfs- und Betriebsstoffe sowie die Kapitalkosten werden dagegen negativer eingeschätzt. Die deutschen transnational tätigen Unternehmen finden darüber hinaus die Enteignungsgefahr seitens der polnischen Regierung niedriger und den Umfang der Mitbestimmungsrechte der Arbeitnehmer größer als die grenzüberschreitend nicht aktiven Organisationen.

Tabelle 16: Beurteilung der Wichtigkeit und der Ausprägungen einzelner Standortfaktoren des polnischen Teils der Grenzregion seitens deutscher Unternehmen aus dem Grenzraum, die sich in dieser Region grenzüberschreitend engagieren

Standortfaktoren	Wichtigkeit des Faktors	Ausprägung des Faktors
1) Geschäftsklima	6,00	5,40
2) Rechtsschutz	5,56	4,14
Vollständigkeit des Rechtsschutzes	5,93	4,31
Kompetenz der Gerichte	5,77	5,00
Länge der Gerichtsverfahren	5,50	4,50
Übersichtlichkeit der Rechtsvorschriften	5,31	4,82
3) Steuerpolitik	5,33	4,31
4) Währungsstabilität	5,29	4,36
5) Transportkosten	5,27	3,53
6) Marktpotential	5,20	5,00
7) Qualität der Fachmitarbeiter	5,20	5,14

8) Investitionsförderung	5,20	2,82
9) Staatliche Restriktionen	5,13	3,85
10) Verkehrsinfrastruktur	5,07	3,73
11) Arbeitskosten der Fachmitarbeiter	4,87	3,14
12) Länderrisiko	4,82	2,79
Enteignungsgefahr seitens der Regierung	**5,64**	**1,86**
Stabilität des politischen Systems	5,36	4,93
Gefahr der Nichtkonvertibilität der Währung	5,00	3,40
Wahrscheinlichkeit der Einflussnahme auf das wirtschaftliche Engagement seitens der Regierung	3,27	2,93
13) Wettbewerbsintensität	4,73	4,23
Anzahl der Wettbewerber		3,73
Gefahr des Markteintritts neuer Konkurrenten		4,07
Verhandlungsstärke der Lieferanten		4,27
Verhandlungsstärke der Abnehmer		4,50
Bedrohung durch Ersatzprodukte		4,60
14) Kosten der Roh-, Hilfs- und Betriebsstoffe	4,73	3,64
15) Kulturelle Unterschiede	4,60	4,40
Unterschiedlichkeit sozialer Normen	5,07	4,33
Unterschiedlichkeit der Werte	4,13	4,47
16) Verfügbarkeit von Fachmitarbeitern	4,60	4,57
17) Grundinfrastruktur (Gas, Wasser usw.)	4,60	4,69
18) Institutionelle Unterstützung in Polen	4,40	2,90
Umfang des Angebots an polnischer institutioneller Unterstützung	4,60	2,80
Qualität des Angebots an polnischer institutioneller Unterstützung	4,20	3,00
19) Qualität der Führungskräfte	4,40	4,57
20) Verfügbarkeit der Roh-, Hilfs- und Betriebsstoffe	4,33	4,69
21) Verfügbarkeit der Anlagegüter	4,21	4,75
22) Kapitalbeschaffungsmöglichkeiten	4,20	3,07
23) Arbeitskosten der Führungskräfte	4,20	3,57
24) Kosten der Anlagegüter	4,00	3,45
25) Verfügbarkeit der Gewerbe- und Industrie-	4,00	5,00

flächen		
26) Verfügbarkeit von Führungskräften	3,93	4,50
27) Kapitalkosten	3,86	4,77
28) Institutionelle Unterstützung in Deutschland	3,73	3,00
Qualität des Angebots an deutscher institutioneller Unterstützung	3,87	2,93
Umfang des Angebots an deutscher institutioneller Unterstützung	3,60	3,07
29) Verfügbarkeit von einfachen Arbeitern	3,73	6,00
30) Umfang der Mitbestimmungsrechte der Arbeitnehmer	3,73	4,15
31) Arbeitskosten der einfachen Arbeiter	3,60	2,50
32) Kosten der Gewerbe- und Industrieflächen	3,53	3,00

Eigene Darstellung.

Die regionalen Standortbedingungen, welche von *transnational tätigen* (vgl. Tabelle 17) und *nicht tätigen* polnischen Unternehmen als wichtig erachtet werden, weichen nur geringfügig voneinander ab. Die größten Unterschiede ergeben sich in Bezug auf die Relevanz der Faktoren „gerichtliche Verfahrensdauer", „Kosten der Gewerbe- und Industrieflächen", „Wettbewerbsintensität" und „Grundinfrastruktur", welche von den grenzüberschreitend engagierten Firmen niedriger bewertet wird. Der Stabilität des politischen Systems wird dagegen seitens dieser Gruppe von Unternehmen eine größere Rolle zugewiesen. Die Kapitalkosten und die Kosten für Gewerbe- und Industrieflächen werden ferner von den transnational aktiven Unternehmen als niedriger, d.h. günstiger, beurteilt. Auch die Höhe der staatlichen Restriktionen, die Anzahl der Wettbewerber, die Bedrohung durch Ersatzprodukte sowie den Umfang der Mitbestimmungsrechte der Arbeitnehmer hält diese Gruppe von Befragten für relativ kleiner. Die Ausgestaltung der Steuerpolitik, die Gefahr der Nichtkonvertibilität der Währung, die Kosten der einfachen Arbeitskräfte, der Umfang des Angebots an deutscher und polnischer institutioneller Unterstützung sowie deren Qualität werden hingegen als ungünstiger eingeschätzt.

Tabelle 17: Beurteilung der Wichtigkeit und der Ausprägungen einzelner
Standortfaktoren des deutschen Teils der Grenzregion seitens polnischer
Unternehmen aus dem Grenzraum, die sich in dieser Region
grenzüberschreitend engagieren

Standortfaktoren	Wichtigkeit des Faktors	Ausprägung des Faktors
1) Währungsstabilität	6,44	5,38
2) Marktpotential	6,00	5,00
3) Verkehrsinfrastruktur	6,00	6,50
4) Kapitalkosten	5,88	4,06
5) Steuerpolitik	5,75	3,50
6) Rechtsschutz	5,59	4,88
Übersichtlichkeit der Rechtsvorschriften	6,07	4,73
Kompetenz der Gerichte	5,93	5,46
Vollständigkeit des Rechtsschutzes	5,73	5,13
Länge der Gerichtsverfahren	4,57	3,86
7) Länderrisiko	5,58	2,53
Stabilität des politischen Systems	6,13	5,44
Gefahr der Nichtkonvertibilität der Währung	5,88	2,31
Wahrscheinlichkeit der Einflussnahme auf das wirtschaftliche Engagement seitens der Regierung	5,19	2,75
Enteignungsgefahr seitens der Regierung	5,13	2,50
8) Kapitalbeschaffungsmöglichkeiten	5,56	4,31
9) Investitionsförderung	5,56	4,75
10) Geschäftsklima	5,31	4,75
11) Transportkosten	5,31	5,69
12) Kosten der Roh-, Hilfs- und Betriebsstoffe	5,19	6,06
13) Staatliche Restriktionen	5,06	4,00
14) Kulturelle Unterschiede	4,97	4,19
Unterschiedlichkeit sozialer Normen	5,00	4,25
Unterschiedlichkeit der Werte	4,94	4,13
15) Arbeitskosten der Fachmitarbeiter	4,63	6,31
16) Verfügbarkeit der Anlagegüter	4,50	5,81

17) Kosten der Gewerbe- und Industrieflächen	4,50	6,25
18) Arbeitskosten der Führungskräfte	4,50	6,38
19) Wettbewerbsintensität	4,38	4,38
Anzahl der Wettbewerber		4,38
Gefahr des Markteintritts neuer Konkurrenten		4,31
Verhandlungsstärke der Lieferanten		4,50
Verhandlungsstärke der Abnehmer		5,00
Bedrohung durch Ersatzprodukte		3,69
20) Grundinfrastruktur (Gas, Wasser usw.)	4,38	6,31
21) Kosten der Anlagegüter	4,31	6,13
22) Verfügbarkeit von Fachmitarbeitern	4,25	4,81
23) Qualität der Fachmitarbeiter	4,19	4,81
24) Institutionelle Unterstützung in Polen	4,16	2,22
Umfang des Angebots an polnischer institutioneller Unterstützung	4,25	2,00
Qualität des Angebots an polnischer institutioneller Unterstützung	4,06	2,44
25) Institutionelle Unterstützung in Deutschland	4,06	2,13
Umfang des Angebots an deutscher institutioneller Unterstützung	4,38	2,00
Qualität des Angebots an deutscher institutioneller Unterstützung	3,75	2,25
26) Qualität der Führungskräfte	3,94	4,69
27) Verfügbarkeit von Führungskräften	3,88	5,25
28) Verfügbarkeit der Roh-, Hilfs- und Betriebs- stoffe	3,81	5,25
29) Arbeitskosten der einfachen Arbeiter	3,69	5,81
30) Verfügbarkeit der Gewerbe- und Industrie- flächen	3,60	5,31
31) Umfang der Mitbestimmungsrechte der Arbeitnehmer	3,44	3,81
32) Verfügbarkeit von einfachen Arbeitern	3,31	5,19

Eigene Darstellung.

Die relative Wichtigkeit der einzelnen Standortfaktoren und die Beurteilung ihrer Ausprägungen variiert mit der Wahl der Koordinationsform des hypothetischen transnationalen Unternehmensengagements in der deutsch-polnischen Grenzregion. *Deutsche* Unternehmen, welche die Form einer *Unternehmenskooperation* für ihre grenzüberschreitenden Wirtschaftsaktivitäten wählen würden, schätzen die Relevanz der Kapitalbeschaffungsmöglichkeiten und der Höhe der Kapitalkosten in Polen signifikant größer ein als Firmen, die sich für die Form des *Exports/Imports* entscheiden würden. Gleichzeitig beurteilen sie die Kosten der polnischen Facharbeitskräfte, der einfachen Arbeiter, der Roh-, Hilfs- und Betriebsstoffe, der Anlagegüter und des Kapitals für höher. Auch den Grad an staatlichen Restriktionen, die Gefahr der Einflussnahme der polnischen Regierung auf das Engagement ausländischer Unternehmen, das Marktpotential sowie die Verfügbarkeit von Facharbeitskräften, einfachen Arbeitern und von Gewerbe- und Industrieflächen halten die an einer Kooperation interessierten Firmen für ungünstiger. Die meisten Merkmale des Rechtsschutzes, der Grad an Investitionsförderung, an politischer Stabilität und an Wettbewerbsintensität (insbesondere an der Verhandlungsstärke der Lieferanten), die Verfügbarkeit der Anlagegüter sowie die Grundinfrastruktur werden dagegen von den Anhängern der kooperativen Koordinationsform positiver eingeschätzt. (Vgl. Tabellen 18 und 19)

Tabelle 18: Beurteilung der Wichtigkeit und der Ausprägungen einzelner Standortfaktoren des polnischen Teils der Grenzregion seitens deutscher Unternehmen aus dem Grenzraum, welche für ihr potentielles grenzüberschreitendes Engagement in dieser Region die Form der Kooperation auswählen würden

Standortfaktoren	Wichtigkeit des Faktors	Ausprägung des Faktors
1) **Marktpotential**	**5,79**	**4,48**
2) **Währungsstabilität**	**5,73**	**3,98**
3) **Steuerpolitik**	**5,68**	**3,46**
4) **Rechtsschutz**	**5,67**	**3,71**
Vollständigkeit des Rechtsschutzes	**5,88**	**3,52**
Übersichtlichkeit der Rechtsvorschriften	**5,88**	**3,76**
Kompetenz der Gerichte	**5,63**	**4,57**
Länge der Gerichtsverfahren	5,31	3,03

5) Qualität der Fachmitarbeiter	**5,57**	**4,49**
6) Verkehrsinfrastruktur	**5,53**	**3,39**
7) Institutionelle Unterstützung in Polen	**5,53**	**3,23**
Qualität des Angebots an polnischer institutioneller Unterstützung	**5,58**	**3,34**
Umfang des Angebots an polnischer institutioneller Unterstützung	5,47	3,09
8) Länderrisiko	**5,50**	**3,29**
Stabilität des politischen Systems	**5,81**	**4,54**
Gefahr der Nichtkonvertibilität der Währung	**5,52**	**3,42**
Enteignungsgefahr seitens der Regierung	5,41	2,73
Wahrscheinlichkeit der Einflussnahme auf das wirtschaftliche Engagement seitens der Regierung	5,26	3,56
9) Staatliche Restriktionen	5,49	4,12
10) Geschäftsklima	5,36	4,48
11) Arbeitskosten der Fachmitarbeiter	5,34	2,93
12) Verfügbarkeit von Fachmitarbeitern	5,33	4,34
13) Investitionsförderung	5,32	4,08
14) Kulturelle Unterschiede	5,19	4,58
Unterschiedlichkeit der Werte	5,19	4,44
Unterschiedlichkeit sozialer Normen	5,19	4,73
15) Qualität der Führungskräfte	5,19	4,59
16) Kapitalbeschaffungsmöglichkeiten	5,02	3,16
17) Arbeitskosten der Führungskräfte	5,00	3,47
18) Kapitalkosten	4,98	4,02
19) Wettbewerbsintensität	4,96	4,28
Anzahl der Wettbewerber		3,99
Gefahr des Markteintritts neuer Konkurrenten		4,79
Verhandlungsstärke der Lieferanten		4,14
Verhandlungsstärke der Abnehmer		4,37
Bedrohung durch Ersatzprodukte		4,10
20) Kosten der Gewerbe- und Industrieflächen	4,93	2,97
21) Verfügbarkeit von Führungskräften	4,91	4,30
22) Institutionelle Unterstützung in Deutschland	4,87	3,33

Qualität des Angebots an deutscher institutioneller Unterstützung	4,93	3,31
Umfang des Angebots an deutscher institutioneller Unterstützung	4,80	3,30
23) Grundinfrastruktur (Gas, Wasser usw.)	4,86	4,31
24) Kosten der Roh-, Hilfs- und Betriebsstoffe	4,81	3,08
25) Verfügbarkeit der Gewerbe- und Industrieflächen	4,68	5,21
26) Verfügbarkeit der Roh-, Hilfs- und Betriebsstoffe	4,58	4,60
27) Kosten der Anlagegüter	4,58	3,23
28) Transportkosten	4,56	2,84
29) Verfügbarkeit der Anlagegüter	4,44	4,24
30) Arbeitskosten der einfachen Arbeiter	4,21	2,29
31) Umfang der Mitbestimmungsrechte der Arbeitnehmer	4,00	3,25
32) Verfügbarkeit von einfachen Arbeitern	3,94	6,03

Eigene Darstellung.

Tabelle 19: Beurteilung der Wichtigkeit und der Ausprägungen einzelner Standortfaktoren des polnischen Teils der Grenzregion seitens deutscher Unternehmen aus dem Grenzraum, welche für ihr potentielles grenzüberschreitendes Engagement in dieser Region die Koordination über Markt auswählen würden

Standortfaktoren	Wichtigkeit des Faktors	Ausprägung des Faktors
1) Marktpotential	6,55	5,55
2) Währungsstabilität	6,55	3,55
3) Staatliche Restriktionen	6,55	3,40
4) Kulturelle Unterschiede	6,50	4,71
Unterschiedlichkeit der Werte	6,58	4,67
Unterschiedlichkeit sozialer Normen	6,42	4,75
5) Steuerpolitik	6,45	3,64

6) Rechtsschutz	6,33	3,36
Kompetenz der Gerichte	6,67	3,58
Übersichtlichkeit der Rechtsvorschriften	6,42	3,18
Vollständigkeit des Rechtsschutzes	6,33	2,92
Länge der Gerichtsverfahren	5,92	3,50
7) Verkehrsinfrastruktur	6,09	3,45
8) Investitionsförderung	6,00	2,73
9) Länderrisiko	5,94	3,52
Stabilität des politischen Systems	6,75	3,50
Enteignungsgefahr seitens der Regierung	5,83	2,67
Wahrscheinlichkeit der Einflussnahme auf das wirtschaftliche Engagement seitens der Regierung	5,75	2,83
Gefahr der Nichtkonvertibilität der Währung	5,42	4,08
10) Institutionelle Unterstützung in Deutschland	5,75	3,32
Qualität des Angebots an deutscher institutioneller Unterstützung	6,08	3,67
Umfang des Angebots an deutscher institutioneller Unterstützung	5,42	3,00
11) Institutionelle Unterstützung in Polen	5,75	3,00
Qualität des Angebots an polnischer institutioneller Unterstützung	6,00	3,17
Umfang des Angebots an polnischer institutioneller Unterstützung	5,50	2,82
12) Wettbewerbsintensität	5,67	5,10
Anzahl der Wettbewerber		4,27
Gefahr des Markteintritts neuer Konkurrenten		5,27
Verhandlungsstärke der Lieferanten		5,80
Verhandlungsstärke der Abnehmer		5,09
Bedrohung durch Ersatzprodukte		4,90
13) Verfügbarkeit von Fachmitarbeitern	5,64	5,00
14) Geschäftsklima	5,55	4,73
15) Arbeitskosten der einfachen Arbeiter	5,36	1,73
16) Transportkosten	5,36	3,27
17) Qualität der Fachmitarbeiter	5,27	4,73

18) Arbeitskosten der Fachmitarbeiter	5,27	2,27
19) Kosten der Roh-, Hilfs- und Betriebsstoffe	5,18	2,27
20) Verfügbarkeit von einfachen Arbeitern	5,18	6,91
21) Qualität der Führungskräfte	5,09	4,82
22) Umfang der Mitbestimmungsrechte der Arbeitnehmer	5,00	3,64
23) Verfügbarkeit der Roh-, Hilfs- und Betriebsstoffe	4,91	4,91
24) Verfügbarkeit der Anlagegüter	4,91	3,73
25) Verfügbarkeit der Gewerbe- und Industrieflächen	4,82	6,09
26) Arbeitskosten der Führungskräfte	4,82	3,82
27) Grundinfrastruktur (Gas, Wasser usw.)	4,82	3,73
28) Kosten der Gewerbe- und Industrieflächen	4,73	2,73
29) Verfügbarkeit von Führungskräften	4,64	3,91
30) Kosten der Anlagegüter	4,55	2,18
31) Kapitalkosten	4,36	3,45
32) Kapitalbeschaffungsmöglichkeiten	4,27	3,27

Eigene Darstellung.

Für die *deutschen* an der *kooperativen Koordinationsform* interessierten Unternehmen sind im Vergleich zu den *integrationsorientierten* Organisationen die Kapitalbeschaffungsmöglichkeiten als einziger Standortfaktor von signifikant größerer Bedeutung. Die Beurteilungen der Ausprägungen einzelner Standortbedingungen seitens der beiden Gruppen von Organisationen unterscheiden sich dabei in Bezug auf den Grad an staatlichen Restriktionen im Nachbarland sowie auf die Gefahr des Markteintrittes neuer Konkurrenten, die von den Befürwortern einer Kooperation für niedriger gehalten werden.

Tabelle 20: Beurteilung der Wichtigkeit und der Ausprägungen einzelner Standortfaktoren des polnischen Teils der Grenzregion seitens deutscher Unternehmen aus dem Grenzraum, welche für ihr potentielles grenzüberschreitendes Engagement in dieser Region eine hierarchisch voll integrierte Koordinationsform auswählen würden

Standortfaktoren	Wichtigkeit des Faktors	Ausprägung des Faktors
1) Geschäftsklima	5,96	4,64
2) Währungsstabilität	5,84	4,04
3) Qualität der Fachmitarbeiter	5,82	4,47
4) Arbeitskosten der Fachmitarbeiter	5,82	2,93
5) Steuerpolitik	5,78	3,66
6) Staatliche Restriktionen	5,76	4,75
7) Investitionsförderung	5,73	3,93
8) Rechtsschutz	5,64	3,66
Länge der Gerichtsverfahren	5,33	2,86
Vollständigkeit des Rechtsschutzes	5,87	3,53
Kompetenz der Gerichte	5,73	4,50
Übersichtlichkeit der Rechtsvorschriften	5,64	3,85
9) Verkehrsinfrastruktur	5,62	3,47
10) Verfügbarkeit von Fachmitarbeitern	5,58	4,58
11) Marktpotential	5,56	4,51
12) Institutionelle Unterstützung in Polen	5,44	3,36
Qualität des Angebots an polnischer institutioneller Unterstützung	5,62	3,56
Umfang des Angebots an polnischer institutioneller Unterstützung	5,27	3,16
13) Kosten der Roh-, Hilfs- und Betriebsstoffe	5,44	3,36
14) Qualität der Führungskräfte	5,44	4,58
15) Kosten der Gewerbe- und Industrieflächen	5,36	3,43
16) Verfügbarkeit von Führungskräften	5,36	4,27
17) Grundinfrastruktur (Gas, Wasser usw.)	5,33	4,29
18) Länderrisiko	5,32	3,59
Stabilität des politischen Systems	5,58	4,33
Gefahr der Nichtkonvertibilität der	5,38	3,73

Währung		
Enteignungsgefahr seitens der Regierung	5,20	3,16
Wahrscheinlichkeit der Einflussnahme auf das wirtschaftliche Engagement seitens der Regierung	5,13	3,82
19) Wettbewerbsintensität	5,22	4,67
Anzahl der Wettbewerber		4,42
Gefahr des Markteintritts neuer Konkurrenten		5,36
Verhandlungsstärke der Lieferanten		4,48
Verhandlungsstärke der Abnehmer		4,67
Bedrohung durch Ersatzprodukte		4,53
20) Arbeitskosten der Führungskräfte	5,11	3,53
21) Verfügbarkeit der Roh-, Hilfs- und Betriebsstoffe	5,02	4,71
22) Institutionelle Unterstützung in Deutschland	5,01	3,44
Qualität des Angebots an deutscher institutioneller Unterstützung	5,24	3,69
Umfang des Angebots an deutscher institutioneller Unterstützung	4,78	3,20
23) Verfügbarkeit der Gewerbe- und Industrieflächen	5,00	5,49
24) Kapitalkosten	4,89	3,95
25) Verfügbarkeit der Anlagegüter	4,87	4,24
26) Transportkosten	4,87	2,98
27) Kosten der Anlagegüter	4,84	3,67
28) Kulturelle Unterschiede	4,83	4,42
Unterschiedlichkeit sozialer Normen	4,96	4,53
Unterschiedlichkeit der Werte	4,71	4,31
29) Arbeitskosten der einfachen Arbeiter	4,47	2,40
30) Kapitalbeschaffungsmöglichkeiten	4,40	3,38
31) Verfügbarkeit von einfachen Arbeitern	4,33	5,80
32) Umfang der Mitbestimmungsrechte der Arbeitnehmer	4,31	3,52

Eigene Darstellung.

Polnische Unternehmen, die sich im Rahmen eines transnationalen Engagements in der deutsch-polnischen Grenzregion für die Form einer *Unternehmenskooperation* entscheiden würden, messen dem Umfang an deutscher institutioneller Unterstützung und der Qualität deutscher Fachmitarbeiter eine signifikant größere Bedeutung zu als Firmen, welche die Form des *Exports/Imports* bevorzugen würden. Beiden Gruppen von Organisationen gelangen auch bei der Bewertung der Ausprägungen einzelner Standortfaktoren zu unterschiedlichen Einschätzungen. Seitens der an einer Kooperation interessierten Unternehmen werden folgende Faktoren relativ günstiger beurteilt:

- die Übersichtlichkeit der Rechtsvorschriften,
- die Qualität und die Verfügbarkeit von Fachmitarbeitern,
- die Grundinfrastruktur,
- die Verhandlungsstärke der Lieferanten sowie
- die Gefahr der Nichtkonvertibilität der Währung.

Des weiteren beurteilen kooperationsorientierte Unternehmen die Kapitalbeschaffungsmöglichkeiten, die gerichtliche Verfahrensdauer, den Grad an polnischer institutioneller Unterstützung, die Anzahl der Wettbewerber, die Höhe der Transportkosten, den Grad an kultureller Verschiedenheit zwischen Deutschland und Polen sowie die Lohnkosten für Facharbeits-, Führungskräfte und einfache Arbeiter als weniger günstig. (Vgl. Tabellen 21 und 22)

Tabelle 21: Beurteilung der Wichtigkeit und der Ausprägungen einzelner Standortfaktoren des deutschen Teils der Grenzregion seitens polnischer Unternehmen aus dem Grenzraum, welche für ihr potentielles grenzüberschreitendes Engagement in dieser Region die Form der Kooperation auswählen würden

Standortfaktoren	Wichtigkeit des Faktors	Ausprägung des Faktors
1) Währungsstabilität	6,45	5,74
2) Verkehrsinfrastruktur	6,13	6,18
3) Geschäftsklima	5,84	4,76
4) Marktpotential	5,82	5,05
5) Grundinfrastruktur (Gas, Wasser usw.)	5,74	6,29
6) Steuerpolitik	5,68	4,16
7) Kosten der Gewerbe- und Industrie-flächen	5,68	5,97

8) Rechtsschutz	**5,58**	**4,86**
9) Übersichtlichkeit der Rechtsvorschriften	**5,92**	**4,86**
10) Vollständigkeit des Rechtsschutzes	**5,71**	**4,95**
11) Kompetenz der Gerichte	**5,61**	**5,19**
12) Länge der Gerichtsverfahren	5,16	4,32
13) Investitionsförderung	**5,58**	**4,61**
14) Qualität der Fachmitarbeiter	**5,50**	**5,29**
15) Arbeitskosten der Fachmitarbeiter	5,47	6,29
16) Transportkosten	5,47	5,84
17) Institutionelle Unterstützung in Deutschland	5,45	2,77
18) Umfang des Angebots an deutscher institutioneller Unterstützung	**5,50**	**2,32**
19) Qualität des Angebots an deutscher institutioneller Unterstützung	5,39	3,19
20) Kosten der Roh-, Hilfs- und Betriebsstoffe	5,45	5,84
21) Staatliche Restriktionen	5,45	4,68
22) Wettbewerbsintensität	5,42	4,85
23) Anzahl der Wettbewerber		5,18
24) Gefahr des Markteintritts neuer Konkurrenten		4,61
25) Verhandlungsstärke der Lieferanten		4,58
26) Verhandlungsstärke der Abnehmer		5,21
27) Bedrohung durch Ersatzprodukte		4,66
28) Kapitalkosten	5,42	4,84
29) Verfügbarkeit von Fachmitarbeitern	5,32	5,16
30) Kapitalbeschaffungsmöglichkeiten	5,29	4,53
31) Arbeitskosten der Führungskräfte	5,29	6,42
32) Verfügbarkeit der Roh-, Hilfs- und Betriebsstoffe	5,24	5,76
33) Verfügbarkeit der Gewerbe- und Industrieflächen	5,24	5,35
34) Verfügbarkeit der Anlagegüter	5,21	6,39
35) Kosten der Anlagegüter	5,18	6,00
36) Länderrisiko	5,13	2,80
37) Wahrscheinlichkeit der Einflussnahme auf das wirtschaftliche Engagement seitens der Regierung	5,53	4,05

38) Stabilität des politischen Systems	5,39	5,13
39) Enteignungsgefahr seitens der Regierung	4,92	2,87
40) Gefahr der Nichtkonvertibilität der Währung	4,66	1,39
41) Qualität der Führungskräfte	4,92	5,11
42) Institutionelle Unterstützung in Polen	4,76	2,30
43) Qualität des Angebots an polnischer institutioneller Unterstützung	4,82	2,49
44) Umfang des Angebots an polnischer institutioneller Unterstützung	4,71	2,08
45) Kulturelle Unterschiede	4,68	4,57
46) Unterschiedlichkeit der Werte	4,68	4,42
47) Unterschiedlichkeit sozialer Normen	4,68	4,71
48) Verfügbarkeit von Führungskräften	4,68	5,13
49) Umfang der Mitbestimmungsrechte der Arbeitnehmer	4,46	4,51
50) Verfügbarkeit von einfachen Arbeitern	4,39	4,66
51) Arbeitskosten der einfachen Arbeiter	4,39	5,21

Eigene Darstellung.

Tabelle 22: Beurteilung der Wichtigkeit und der Ausprägungen einzelner Standortfaktoren des deutschen Teils der Grenzregion seitens polnischer Unternehmen aus dem Grenzraum, welche für ihr potentielles grenzüberschreitendes Engagement in dieser Region die Koordination über Markt auswählen würden

Standortfaktoren	Wichtigkeit des Faktors	Ausprägung des Faktors
1) **Währungsstabilität**	**6,35**	**5,53**
2) **Investitionsförderung**	**6,29**	**4,94**
3) **Verkehrsinfrastruktur**	**6,12**	**5,88**
4) **Kapitalbeschaffungsmöglichkeiten**	**6,06**	**5,29**
5) **Steuerpolitik**	**6,00**	**4,18**
6) **Rechtsschutz**	**5,90**	**4,38**
Vollständigkeit des Rechtsschutzes	**6,06**	**5,12**
Kompetenz der Gerichte	**6,00**	**4,82**

Übersichtlichkeit der Rechtsvorschriften	6,00	3,76
Länge der Gerichtsverfahren	5,53	3,82
7) Wettbewerbsintensität	5,88	4,76
Anzahl der Wettbewerber		4,53
Gefahr des Markteintritts neuer Konkurrenten		4,82
Verhandlungsstärke der Lieferanten		5,12
Verhandlungsstärke der Abnehmer		5,00
Bedrohung durch Ersatzprodukte		4,35
8) Marktpotential	5,88	5,18
9) Kapitalkosten	5,88	4,76
10) Geschäftsklima	5,88	4,88
11) Kosten der Gewerbe- und Industrieflächen	5,82	5,65
12) Umfang der Mitbestimmungsrechte der Arbeitnehmer	5,82	4,71
13) Staatliche Restriktionen	5,82	4,71
14) Verfügbarkeit der Gewerbe- und Industrieflächen	5,71	5,59
15) Grundinfrastruktur (Gas, Wasser usw.)	5,71	5,71
16) Transportkosten	5,71	5,06
17) Arbeitskosten der Fachmitarbeiter	5,53	5,65
18) Länderrisiko	5,33	3,14
Stabilität des politischen Systems	5,47	4,82
Wahrscheinlichkeit der Einflussnahme auf das wirtschaftliche Engagement seitens der Regierung	5,47	4,24
Enteignungsgefahr seitens der Regierung	5,35	3,18
Gefahr der Nichtkonvertibilität der Währung	5,12	2,24
19) Arbeitskosten der Führungskräfte	5,29	5,71
20) Institutionelle Unterstützung in Polen	5,24	3,21
Qualität des Angebots an polnischer institutioneller Unterstützung	5,35	3,00
Umfang des Angebots an polnischer institutioneller Unterstützung	5,12	3,41
21) Kosten der Roh-, Hilfs- und Betriebsstoffe	5,18	5,76
22) Verfügbarkeit der Roh-, Hilfs- und Betriebsstoffe	5,12	5,53

23) Institutionelle Unterstützung in Deutschland	5,06	3,38
Qualität des Angebots an deutscher institutioneller Unterstützung	5,18	3,71
Umfang des Angebots an deutscher institutioneller Unterstützung	4,94	3,06
24) Kulturelle Unterschiede	5,06	3,91
Unterschiedlichkeit sozialer Normen	5,12	3,59
Unterschiedlichkeit der Werte	5,00	4,50
25) Qualität der Führungskräfte	5,06	4,65
26) Verfügbarkeit von Fachmitarbeitern	5,00	4,59
27) Qualität der Fachmitarbeiter	5,00	4,65
28) Verfügbarkeit von einfachen Arbeitern	5,00	4,88
29) Verfügbarkeit der Anlagegüter	4,94	6,24
30) Verfügbarkeit von Führungskräften	4,94	4,71
31) Arbeitskosten der einfachen Arbeiter	4,82	4,47
32) Kosten der Anlagegüter	4,76	6,00

Eigene Darstellung.

Im Gegensatz zu Unternehmen, für welche die *hierarchisch voll integrierte* Form der Aktivitäten die wahrscheinlichste Koordinationsform der grenzüberschreitenden Wirtschaftstätigkeit in der deutsch-polnischen Grenzregion darstellt, sind für *polnische* an einer *Kooperation* interessierte Firmen mehrere Standortfaktoren von signifikant größerer Relevanz. Zu diesen Faktoren zählen: der Grad an institutioneller Unterstützung in Deutschland, die Verfügbarkeit von Roh-, Hilfs- und Betriebsstoffen, Anlagegütern, Gewerbe- und Industrieflächen, die Kosten der Anlagegüter, der Entwicklungsstand der Grundinfrastruktur, das Geschäftsklima, die Investitions-förderung, die Währungsstabilität, der Umfang der Mitbestimmungsrechte der Arbeitnehmer sowie die Existenz staatlicher Restriktionen. Die polnischen kooperationsorientierten Unternehmen beurteilen dabei das Marktpotential und die Verfügbarkeit der Anlagegüter als günstiger. Den Grad an politischer Stabilität sowie an institutioneller Unterstützung in Deutschland und Polen, die Bedrohung durch Ersatzprodukte, die Kapitalbeschaffungsmöglichkeiten und die Transportkosten schätzen sie dagegen negativer als die an einer hierarchischen Lösung interessierten Organisationen ein. (Vgl. Tabellen 23 und 25)

Tabelle 23: Beurteilung der Wichtigkeit und der Ausprägungen einzelner Standortfaktoren des polnischen Teils der Grenzregion seitens polnischer Unternehmen aus dem Grenzraum, welche für ihr potentielles grenzüberschreitendes Engagement in dieser Region eine hierarchisch voll integrierte Koordinationsform auswählen würden

Standortfaktoren	Wichtigkeit des Faktors	Ausprägung des Faktors
1) Marktpotential	**6,18**	**4,35**
2) Verkehrsinfrastruktur	**6,06**	**6,35**
3) Rechtsschutz	**5,90**	**4,85**
Übersichtlichkeit der Rechtsvorschriften	**6,06**	**4,47**
Vollständigkeit des Rechtsschutzes	**5,88**	**5,35**
Kompetenz der Gerichte	**5,88**	**5,24**
Länge der Gerichtsverfahren	**5,76**	**4,35**
4) Steuerpolitik	**5,88**	**3,82**
5) Währungsstabilität	**5,65**	**6,06**
6) Kapitalkosten	5,47	4,94
7) Wettbewerbsintensität	5,41	4,87
Anzahl der Wettbewerber		5,29
Gefahr des Markteintritts neuer Konkurrenten		5,00
Verhandlungsstärke der Lieferanten		5,06
Verhandlungsstärke der Abnehmer		5,12
Bedrohung durch Ersatzprodukte		3,88
8) Arbeitskosten der Fachmitarbeiter	5,41	6,47
9) Kosten der Gewerbe- und Industrieflächen	5,35	5,82
10) Transportkosten	5,29	5,18
11) Arbeitskosten der Führungskräfte	5,24	6,24
12) Kosten der Roh-, Hilfs- und Betriebsstoffe	5,18	5,94
13) Qualität der Fachmitarbeiter	5,18	5,18
14) Grundinfrastruktur (Gas, Wasser usw.)	5,12	6,18
15) Geschäftsklima	5,12	4,59
16) Länderrisiko	5,06	2,40
Wahrscheinlichkeit der Einflussnahme auf das wirtschaftliche Engagement seitens der	5,47	3,82

Regierung		
Stabilität des politischen Systems	5,12	5,85
Enteignungsgefahr seitens der Regierung	5,12	2,53
Gefahr der Nichtkonvertibilität der Währung	4,53	1,53
17) Verfügbarkeit von Fachmitarbeitern	5,06	4,94
18) Investitionsförderung	5,00	4,76
19) Kapitalbeschaffungsmöglichkeiten	4,94	4,35
20) Institutionelle Unterstützung in Polen	4,79	2,97
Qualität des Angebots an polnischer institutioneller Unterstützung	4,94	3,06
Umfang des Angebots an polnischer institutioneller Unterstützung	4,65	2,88
21) Staatliche Restriktionen	4,71	4,35
22) Institutionelle Unterstützung in Deutschland	4,65	3,44
Qualität des Angebots an deutscher institutioneller Unterstützung	4,82	3,47
Umfang des Angebots an deutscher institutioneller Unterstützung	4,47	3,41
23) Verfügbarkeit der Roh-, Hilfs- und Betriebsstoffe	4,65	5,88
24) Verfügbarkeit von Führungskräften	4,65	4,76
25) Kulturelle Unterschiede	4,53	4,41
Unterschiedlichkeit der Werte	4,59	4,35
Unterschiedlichkeit sozialer Normen	4,47	4,47
26) Qualität der Führungskräfte	4,47	5,06
27) Kosten der Anlagegüter	4,29	5,53
28) Arbeitskosten der einfachen Arbeiter	4,24	5,00
29) Verfügbarkeit der Gewerbe- und Industrieflächen	4,18	5,47
30) Verfügbarkeit der Anlagegüter	4,12	5,65
31) Verfügbarkeit von einfachen Arbeitern	4,00	4,82
32) Umfang der Mitbestimmungsrechte der Arbeitnehmer	3,59	4,65

Eigene Darstellung.

Die Tabellen 24 und 25 stellen zusammenfassend und vergleichend die relative Wichtigkeit einzelner Standortfaktoren in Abhängigkeit von der Herkunft der Unternehmen, der Existenz eines grenzüberschreitenden Engagements in der Grenzregion sowie der bevorzugten Koordinationsform im Falle einer Aktivität dar.

Tabelle 24: Wichtigste Standortfaktoren für grenzüberschreitende Wirtschaftstätigkeit in der deutsch-polnischen Grenzregion in Abhängigkeit vom Herkunftsland und Engagement der befragten Unternehmen

D eng.	D nicht eng.
1) Geschäftsklima 2) Rechtsschutz	1) Währungsstabilität 2) Marktpotential 3) Steuerpolitik 4) Rechtsschutz 5) Staatliche Restriktionen 6) Qualität der Fachmitarbeiter 7) Verkehrsinfrastruktur 8) Geschäftsklima 9) Institutionelle Unterstützung in Polen
PL eng.	**PL nicht eng.**
1) Währungsstabilität 2) Marktpotential 3) Verkehrsinfrastruktur 4) Kapitalkosten 5) Steuerpolitik 6) Rechtsschutz 7) Länderrisiko 8) Kapitalbeschaffungsmöglichkeiten 9) Investitionsförderung	1) Währungsstabilität 2) Verkehrsinfrastruktur 3) Marktpotential 4) Steuerpolitik 5) Rechtsschutz 6) Geschäftsklima 7) Kosten der Gewerbe- und Industrieflächen 8) Investitionsförderung 9) Grundinfrastruktur (Gas, Wasser usw.) 10) Kapitalkosten 11) Wettbewerbsintensität

Eigene Darstellung.

Tabelle 25: Wichtigste Standortfaktoren für potentielles grenzüberschreitendes Wirtschaftsengagement in der deutsch-polnischen Grenzregion in Abhängigkeit vom Herkunftsland der Unternehmen und der von ihnen bevorzugten Koordinationsform des Engagements

D Hierarchie	D Kooperation	D Markt
1) Geschäftsklima 2) Währungsstabilität 3) Qualität der Fachmitarbeiter 4) Arbeitskosten der Fachmitarbeiter 5) Steuerpolitik 6) Staatliche Restriktionen 7) Investitionsförderung 8) Rechtsschutz 9) Verkehrsinfrastruktur 10) Verfügbarkeit von Fachmitarbeitern 11) Marktpotential 12) Qualität des Angebots an polnischer institutioneller Unterstützung 13) Stabilität des politischen Systems	1) Marktpotential 2) Währungsstabilität 3) Steuerpolitik 4) Rechtsschutz 5) Qualität der Fachmitarbeiter 6) Verkehrsinfrastruktur 7) Institutionelle Unterstützung in Polen 8) Länderrisiko	1) Marktpotential 2) Währungsstabilität 3) Staatliche Restriktionen 4) Kulturelle Unterschiede 5) Steuerpolitik 6) Rechtsschutz 7) Verkehrsinfrastruktur 8) Investitionsförderung 9) Länderrisiko 10) Institutionelle Unterstützung in Deutschland 11) Institutionelle Unterstützung in Polen 12) Wettbewerbsintensität 13) Verfügbarkeit von Fachmitarbeitern 14) Geschäftsklima
PL Hierarchie	**PL Kooperation**	**PL Markt**
1) Marktpotential 2) Steuerpolitik 3) Verkehrsinfrastruktur 4) Rechtsschutz 5) Währungsstabilität 6) Kapitalkosten 7) Kosten der Gewerbe- und Industrieflächen	1) Währungsstabilität 2) Verkehrsinfrastruktur 3) Geschäftsklima 4) Marktpotential 5) Grundinfrastruktur 6) Steuerpolitik 7) Kosten der Gewerbe- und Industrieflächen 8) Rechtsschutz 9) Investitionsförderung 10) Qualität der Fachmitarbeiter 11) Umfang des Angebots an deutscher institutioneller Unterstützung	1) Währungsstabilität 2) Investitionsförderung 3) Verkehrsinfrastruktur 4) Kapitalbeschaffungsmöglichkeiten 5) Steuerpolitik 6) Rechtsschutz 7) Wettbewerbsintensität 8) Marktpotential 9) Kapitalkosten 10) Geschäftsklima 11) Kosten der Gewerbe- und Industrieflächen 12) Umfang der Mitbestimmungsrechte der Arbeitnehmer 13) Staatliche Restriktionen 14) Verfügbarkeit der Gewerbe- und Industrieflächen 15) Grundinfrastruktur 16) Transportkosten 17) Arbeitskosten der Fachmitarbeiter

Eigene Darstellung.

5.3.2.3. Nicht standortbezogene Hindernisse transnationalen
Unternehmensengagements im deutsch-polnischen Grenzraum

Nicht grenzüberschreitend engagierte Unternehmen geben am häufigsten fehlende
Auslandserfahrungen und knappe Ressourcen als *nicht direkt standortbezogene
Hemmnisse* für die Aufnahme einer eigenen transnationalen Tätigkeit im deutsch-
polnischen Grenzraum an. Das letzte Hemmnis wird von 75% der polnischen
Unternehmen genannt. (Vgl. Abbildung 30) Als *sonstige Gründe* für ein fehlendes
grenzüberschreitendes Engagement sehen deutsche Unternehmen die Existenz von
Sprachbarrieren, nicht ausreichende Marktkenntnisse (insbesondere im Bereich der
geltenden Rechtsvorschriften), fehlende Kontakte sowie mangelnde Absatzmärkte für
bestimmte Produkte. Seitens polnischer Unternehmen werden neben der hohen
Wettbewerbsintensität im deutschen Markt ebenfalls die Sprachbarrieren als ein
Hemmnis für das grenzüberschreitende Engagement erwähnt, jedoch in einem
geringeren Maße als seitens deutscher Firmen.

Abbildung 30: Nicht standortbezogene Hemmnisse des grenzüberschreitenden
Unternehmensengagements in der deutsch-polnischen Grenzregion

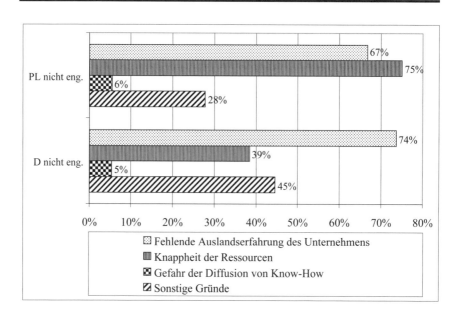

Eigene Darstellung.

Trotz der in der Abbildung 30 dargestellten Hemmnisse erwägen 48% der polnischen und 38% der deutschen grenzüberschreitend nicht engagierten Unternehmen die Aufnahme von wirtschaftlichen Aktivitäten im Nachbarland. Dabei würden 27% der deutschen Firmen ihr Wirtschaftsengagement ausschließlich in der grenznahen Region ausüben. Lediglich für 4% der befragten deutschen Organisationen käme ein Engagement über die Grenzregion hinaus in den sonstigen Teilen des Nachbarlandes in Betracht. Die entsprechenden Werte für polnische Unternehmen betragen jeweils 18% (vgl. Abbildung 31).

Abbildung 31: Regionale Verteilung des geplanten grenzüberschreitenden Wirtschaftsengagements deutscher und polnischer Unternehmen aus der Grenzregion

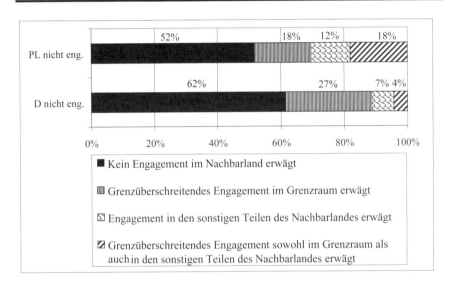

5.3.2.4. Die Rolle der institutionellen Unterstützung bei der Anbahnung und Durchführung grenzüberschreitender Wirtschaftsaktivitäten in der Grenzregion

Die Mitwirkung von öffentlichen Förderungsinstitutionen kann bis zu einem bestimmten Maße die Entwicklung eines grenzüberschreitenden Engagements erleichtern. Mithin würden 96% der nicht engagierten deutschen und polnischen

Unternehmen Leistungen der Institutionen des jeweiligen Gast- bzw. des Heimatlandes in Anspruch nehmen (vgl. Abbildung 32). Soweit Firmen in der Grenzregion bereits grenzüberschreitend engagiert sind, belaufen sich die Prozentsätze auf 88 für polnische und 67 für deutsche Unternehmen. Deren niedrigere Nachfrage nach der institutionellen Unterstützung kann im Hinblick auf einen fortgeschrittenen Stand der Aktivitäten im Nachbarland sowie die relativen größen- und nationalbezogenen Unterschiede in der Ressourcenausstattung der einzelnen Unternehmen erklärt werden.

Abbildung 32: Bedarf an institutioneller Unterstützung beim grenzüberschreitenden Unternehmensengagement in der deutsch-polnischen Grenzregion

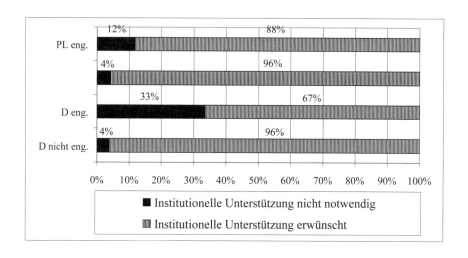

Eigene Darstellung.

Der Hilfe öffentlicher Einrichtungen des *Heimatlandes* wird sowohl seitens deutscher als auch polnischer Unternehmen Vorrang eingeräumt. Im Gegensatz zu polnischen Unternehmen schätzen deutsche den Umfang und die Qualität der beidseitigen Unterstützung insgesamt relativ besser ein. Dennoch werden diese Faktoren von beiden Gruppen der Befragten als nicht ausreichend bewertet (weniger als 3.5 Punkte).

Vergleicht man die Beurteilung der Relevanz einer institutionellen Unterstützung durch das jeweilige Gast- und Heimatland seitens grenzüberschreitend engagierter und nicht engagierter Unternehmen, so zeigt sich, dass transnational engagierte Firmen den Grad an institutioneller Unterstützung beider Länder niedriger einstufen. Besonders groß ist dieser Unterschied im Falle der Einschätzungen der Qualität deutscher öffentlicher Unterstützung seitens polnischer Unternehmen. Er kann möglicherweise auf die in Polen geltenden Vorstellungen über die relativ höhere Qualität deutscher Dienstleistungen zurückgeführt werden, die in der Wirklichkeit nicht bestätigt wurden.

Diejenigen Organisationen, welche für ihr potentielles Engagement im Nachbarland die Form der betrieblichen Partnerschaft wählen würden, schätzen die Relevanz der institutionellen Unterstützung des Gastlandes höher ein als Firmen, die für sonstige Koordinationsformen optieren (vgl. Tabellen 18-23). Eine mögliche Ursache dafür könnte die Komplexität des Einsatzes einer kooperativen Koordinationsform grenzüberschreitenden Engagements im Vergleich zur marktlichen Lösung darstellen. So bedarf es im Gegensatz zum Export/Import u.a. der Entscheidung für eine effiziente Kooperationsform, der Suche nach geeigneten Kooperationspartnern und der gemeinsamen, relativ aufwendigeren Vertragsgestaltung. Die hierarchischen Formen der Koordination erfordern dagegen grundsätzlich einen höheren Einsatz von Kapital. Infolge dessen werden diese häufiger von Unternehmen mit hohen finanziellen und personellen Ressourcen gewählt. Die Inanspruchnahme von öffentlichen Leistungen ist demnach für diese Gruppe von Organisationen in einem geringeren Umfang erforderlich.

Bemerkenswert ist die relativ schlechtere Bewertung des Umfangs und der Qualität der polnischen institutionellen Unterstützung seitens der in diesem Land ansässigen, die Form der Kooperation bevorzugenden Unternehmen. Höhere Erwartungen polnischer Firmen und die damit einhergehende kritischere Beurteilung des verfügbaren Angebots an institutioneller Unterstützung können in einem bestimmten Maße auf die relativ schlechtere finanzielle Lage dieser Gruppe von Unternehmen zurückgeführt werden.

Ein Bedarf an institutioneller Unterstützung bei dem Aufbau von grenzüberschreitenden Aktivitäten im Grenzraum besteht insbesondere bei der Suche nach potentiellen Geschäftspartnern und der Bereitstellung von Informationen über das jeweilige Nachbarland (vgl. Abbildung 33). Die polnischen transnational engagierten Firmen weisen dabei im Vergleich zu den deutschen Unternehmen einen wesentlich höheren Bedarf an Unterstützung im Bereich der Suche nach den potentiellen Transaktionspartnern und der Realisierung des laufenden Geschäfts auf. Der größte Unterschied zwischen den Bereichen der gewünschten institutionellen Unterstützung seitens der deutschen und polnischen grenzüberschreitend nicht tätigen Unternehmen liegt hingegen in der deutlich größeren Nachfrage deutscher Firmen nach Leistungen im Bereich der Analyse der Effizienz des Engagements im Nachbarland.

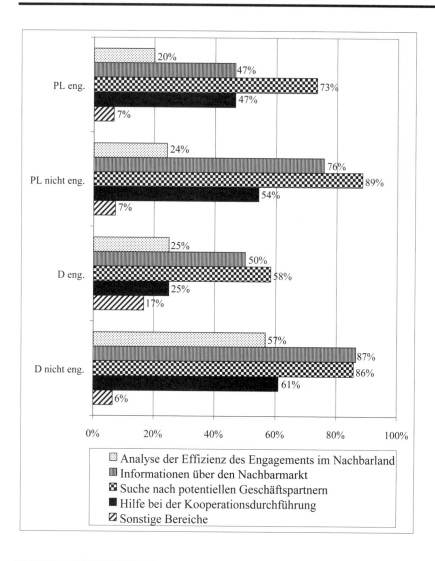

Eigene Darstellung.

Im Prozess einer grenzüberschreitenden Wirtschaftstätigkeit variieren je nach Stadium des transnationalen Unternehmensengagements die Erwartungen der Unternehmen gegenüber den jeweiligen nationalen Förderungsinstitutionen (vgl. Abbildungen 34-

37). Für die Mehrheit der befragten deutschen Unternehmen besteht im Bereich der *Analyse der Effizienz des Engagements im Nachbarland* ein Bedarf an Beratung seitens polnischer öffentlicher Institutionen. Auch polnische Unternehmen wünschen sich mehrheitlich auf diesem Gebiet die Unterstützung der Einrichtungen ihres Heimatlandes. Die *Bereitstellung von Informationen über den Nachbarmarkt* sowie die Hilfe bei der *Suche nach den potentiellen Kooperationspartnern* wird dagegen von den beiden oben genannten Gruppen in erster Linie von deutschen Institutionen erwartet. Auf dem Gebiet der *Geschäftsrealisierung* wird von den polnischen grenzüberschreitend nicht engagierten Unternehmen die Unterstützung deutscher und polnischer Institutionen vergleichbar stark nachgefragt. Die polnischen transnational tätigen Organisationen und die meisten deutschen Firmen räumen dagegen in dieser Geschäftsphase der deutschen Beratung Vorrang ein.

Abbildung 34: Erwartungen der Unternehmen aus der Grenzregion bezüglich der institutionellen Unterstützung seitens des Gast- und des Heimatlandes bei der Analyse der Effizienz eines potentiellen Engagements im Nachbarland

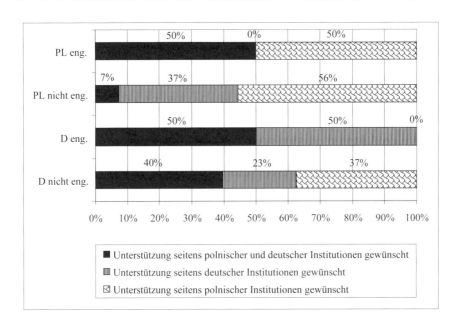

Eigene Darstellung.

179

Abbildung 35: Erwartungen der Unternehmen aus der Grenzregion bezüglich der
institutionellen Unterstützung seitens des Gast- und des Heimatlandes
bei der Informationsbeschaffung über das Nachbarland

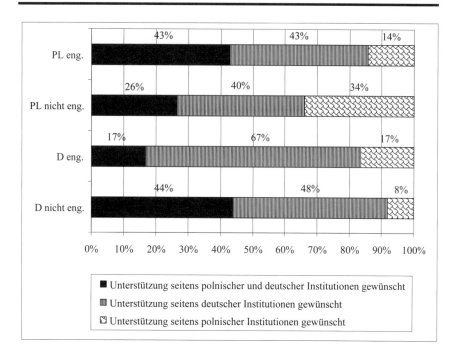

Eigene Darstellung.

Abbildung 36: Erwartungen der Unternehmen aus der Grenzregion bezüglich der institutionellen Unterstützung seitens des Gast- und des Heimatlandes bei der Suche nach den potentiellen Geschäftspartnern

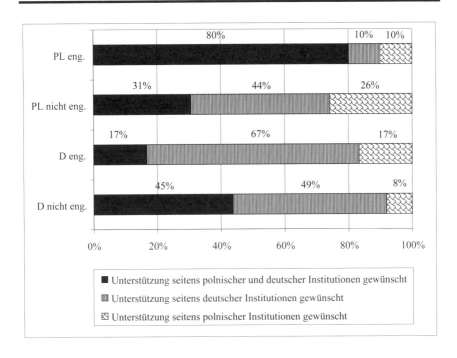

Eigene Darstellung.

Abbildung 37: Erwartungen der Unternehmen aus der Grenzregion bezüglich der institutionellen Unterstützung seitens des Gast- und des Heimatlandes bei der Geschäftsrealisierung im Nachbarland

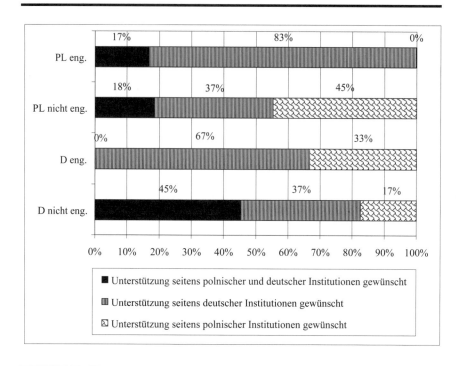

Eigene Darstellung.

5.3.2.5. Ergebnisse der Hypothesenüberprüfung mittels statistischer Analyseverfahren

Wie bereits im Abschnitt 5.2.1. angemerkt wurde, erfolgt die Überprüfung der Arbeitshypothesen im Rahmen der vorliegenden Studie mittels der Chi-Quadrat-Unabhängigkeitsanalyse. Ein Chi-Quadrat-Test liefert Informationen über die statistische Absicherung des festgestellten Zusammenhanges zwischen zwei Variablen. Die Richtung der Korrelation kann dabei den Kreuztafeln der beobachteten und erwarteten Häufigkeitsverteilungen im Anhang (Tabelle 4) entnommen werden. Ihre Stärke wird hingegen mit Hilfe des Phi-Koeffizienten errechnet. Bei statistischer Unabhängigkeit nimmt Phi für 2×2-Tafeln den Wert 0 und bei totaler statistischer

Abhängigkeit den Wert 1 an[423]. Für Tabellen, in denen mindestens ein Wert der erwarteten Häufigkeit unter 5 liegt, wird das Signifikanzniveau mittels des exakten Fisher Tests berechnet.[424]

Bei der Hypothesenüberprüfung wurde unter einem *hohen Grad* an Ausprägung eines Faktors die dieser Standortbedingung von den Unternehmen verteilte Punktezahl von wenigstens 5,5 verstanden (für die genaue Formulierung der Hypothesen vgl. Abbildung 20). Ein *niedriger Grad* bedeutete dementsprechend Punktzahlen bis einschließlich 2,5. Die einzige Ausnahme stellte der Einsatz moderner IuK-Technik dar, dessen Niveau bis 4 Punkte als *niedrig* klassifiziert wurde.[425]

Die Hypothesen Nr. 3 und Nr. 5 haben sich für die deutschen Unternehmen vollständig bestätigt. Bei hohem Länderrisiko bzw. bei hohem Grad an Wettbewerbsintensität verringert sich die Wahrscheinlichkeit der Wahl einer zwischenbetrieblichen Kooperation als Koordinationsform grenzüberschreitenden Unternehmensengagements in der deutsch-polnischen Grenzregion. Der Einfluss des Einsatzes moderner IuK-Technik erwies sich dagegen für diese Gruppe von Organisationen in eine entgegengesetzte Richtung statistisch signifikant. (Vgl. Tabelle 26a) Die Interpretation der Ergebnisse der Hypothesenüberprüfung bezüglich des Einsatzes moderner IuK-Technologien ist jedoch nur beschränkt möglich. Aufgrund praktischer und finanzieller Umstände richtete sich die Befragung ausschließlich an Unternehmen, welche über eine eigene Internetseite bzw. wenigstens eine eigene E-Mail-Adresse verfügten. Der Vergleich zwischen den einzelnen Stufen des Einsatzes moderner IuK-Technik konnte daher nicht, wie in der Hypothese Nr. 4 vorgeschlagen, zwischen den Ebenen „niedrig" und „mittel/hoch" erfolgen, sondern eher zwischen unterschiedlichen Ausprägungen eines mittleren bzw. hohen Grades an IuK-Anwendung.

---

[423] Vgl. Kähler (1994), S. 172; Brosius/Brosius (1995), S. 362; Janssen/Laatz (1999), S. 225.
[424] Vgl. Kähler (1994), S. 189; Brosius/Brosius (1995), S. 358; Janssen/Laatz (1994), S. 221.
[425] Zur Prozedur der Beurteilung von Ausprägungen unterschiedlicher Standortfaktoren vgl. die Ausführungen im Abschnitt 5.2.3..

Tabelle 26: Einfluss der Standortfaktorausprägungen auf die Wahl der Kooperation als Koordinationsform potentiellen transnationalen Wirtschaftsengagements in der deutsch-polnischen Grenzregion (auf Grundlage der umfassenden schriftlichen Umfrage)

a) Nicht im polnischen Wirtschaftsraum engagierte deutsche Unternehmen

Standortfaktoren	Chi^2 von Pearson	Zahl der Freiheits-grade	p-Wert	Phi-Koeffizient
Interkulturelle Unterschiede	0,021859	df=1	p=0,96271	-0,003869
Rechtsschutz	0,9321136	df=1	p=0,33432	0,0818893
Länderrisiko	5,30487	df=1	Exakter Fisher Test (zweiseitig): **p=0,03168****	0,1893238
IuK-Technologie	4,602291	df=1	Exakter Fisher Test (zweiseitig): **p=0,04364****	-0,176342
Wettbewerbs-intensität	4,548094	df=1	**p=0,03296****	0,1771049
Institutionelle Unterstützung D	0,1279819	df=1	p=0,72053	-0,029812
Institutionelle Unterstützung PL	0,0434843	df=1	p=0,83482	-0,017438

b) Nicht im deutschen Wirtschaftsraum engagierte polnische Unternehmen

Standortfaktoren	Chi^2 von Pearson	Zahl der Freiheits- grade	p-Wert	Phi- Koeffizient
Interkulturelle Unterschiede	3,039432	df=1	p=0,08127*	-0,206903
Rechtsschutz	0,4108542	df=1	Exakter Fisher Test (zweiseitig): p=0,60870	0,0766117
Länderrisiko	0,8808271	df=1	Exakter Fisher Test (zweiseitig): p=1,00000	-0,111382
IuK-Technologie	1,133389	df=1	Exakter Fisher Test (zweiseitig): p=0,47222	0,1254562
Wettbewerbs- intensität	0,5066141	df=1	p=0,47661	-0,083883
Institutionelle Unterstützung D	5,386081	df=1	p=0,02030**	-0,275427
Institutionelle Unterstützung PL	3,960956	df=1	p=0,04657**	-0,236195

* signifikant auf dem 0,1-Niveau
** signifikant auf dem 0,05-Nieveau
*** signifikant auf dem 0,01-Nieveau

Eigene Darstellung.

Die Auswirkung der interkulturellen Unterschiede sowie der deutschen und polnischen institutionellen Unterstützung auf die Wahl der Kooperation als Koordinationsform transnationaler Aktivitäten polnischer Unternehmen wurde zwar als statistisch signifikant erkannt, die Richtung aller drei Zusammenhänge ist jedoch entgegengesetzt zu der, welche in Hypothesen Nr. 1, 6 und 7 vorgeschlagen war. (vgl. Tabelle 26b) Nach den Ergebnissen der Untersuchung erhöht ein hoher Grad an wahrgenommener kultureller Unterschiedlichkeit zwischen Deutschland und Polen sowie schwach ausgeprägte institutionelle Unterstützung seitens des Heimat- und des Nachbarlandes die Wahrscheinlichkeit der Auswahl der kooperativen Koordinationsform transnationaler Wirtschaftsaktivitäten seitens dieser Gruppe von Organisationen. Somit scheinen die polnischen Unternehmen den auf der Grundlage der Theorie abgeleiteten effizienten Verhaltensmustern nicht zu folgen.

Teilweise wird dieses Phänomen wohl mit dem hohen Anteil von Befragten begründet, welche ihre Entscheidung über die potentiell einzusetzende Koordinationsform des Engagements eher anhand rein strategischer Überlegungen als aufgrund von einzeltransaktionsbezogenen Effizienzanalysen getroffen haben. Der gleiche Grund konnte auch zu der Nicht-Bestätigung der sonstigen Hypothesen beigetragen haben. Für deutsche Organisationen spielen aber rein strategische Überlegungen eine größere Rolle als für polnische Firmen (37% vs. 32% rein strategisch motivierter Entscheidungen bei der Auswahl der Koordinationsform hypothetischen Engagements im Nachbarland), obwohl das Verhalten der polnischen Firmen viel stärker von dem vorhergesagten Muster abweicht. Die oben erwähnte prozentuale Differenz wird jedoch durch Unterschiede im Spezifitätsgrad der hypothetischen Investitionen im Nachbarland beinahe kompensiert. Als „mittel" wird er von 56% der deutschen und 52% der polnischen Befragten klassifiziert.[426]

Vergleicht man die Ergebnisse der Hypothesenüberprüfung für die auf den beiden Seiten der Oder ansässigen Organisationen, so zeigt sich, dass der Entscheidungsprozess über die anzuwendende Koordinationsform grenzüberschreitender Aktivitäten sich im Falle von polnischen Unternehmen mit den transaktionsökonomischen Aussagen nicht erklären lässt. Obwohl 68% der polnischen Firmen als Hauptgrundlage ihrer Entscheidungen effizienzbezogene Überlegungen anführen, scheint sich ihr Verständnis vom Effizienzbegriff mit seiner institutionsökonomisch fundierten Definition nicht zu decken. Da sich die meisten Einflussgrößen aus den unterschiedlichen Kooperationserklärungsansätzen auf transaktionsökonomische Variablen zurückführen lassen, weisen die Ergebnisse der Hypothesenüberprüfung eher auf eine zufallsbedingte Entscheidungsfindung seitens dieser Gruppe von Organisationen hin.

Eine weitere bzw. alternative Erklärung des oben beschriebenen Phänomens könnte die schwache finanzielle Ausstattung polnischer Unternehmen der Grenzregion darstellen. Wie in Abbildung 30 dargestellt, geben 75% der polnischen transnational nicht aktiven Organisationen die Knappheit der Ressourcen als eines der wichtigsten Hemmnisse für die Aufnahme einer grenzüberschreitenden Wirtschaftstätigkeit in der

---

[426] Wie im Abschnitt 5.2.1. angemerkt wurde, führt nach Aussagen des Transaktionskostenansatzes die Verringerung der Transaktionsunsicherheit (u.a. durch die Beeinflussung der Ausprägungen relevanter Standortfaktoren) lediglich bei mittlerer Investitionsspezifität zur Wahl kooperativer Koordinationsformen des Engagements.

Grenzregion an. Diese Tatsache könnte im Ergebnis zur Auswahl weniger effizienten, jedoch finanziell tragbaren Koordinationsformen des Engagements seitens dieser Gruppe von Unternehmen führen.

Abschließend ist noch anzumerken, dass die Werte der Phi-Koeffizienten auf relativ schwache Zusammenhänge zwischen der Wahl einer Kooperation seitens deutscher Unternehmen und dem Einsatz moderner IuK-Technologien, dem Grad an Länderrisiko und dem Grad an Wettbewerbsintensität hinweisen. Eine vergleichbar schwache Korrelation wird für polnische Unternehmen zwischen der Auswahl der betrieblichen Partnerschaft und dem Grad an wahrgenommener interkultureller Unterschiedlichkeit von Deutschland und Polen beobachtet. Soweit sich die institutionelle Unterstützung des Heimat- und des Nachbarlandes auf die Entscheidungen polnischer Befragten auswirkt, ist dagegen ein stärkerer Zusammenhang ersichtlich. Eine absolute Aussage über die Stärke der ausgewiesenen Zusammenhänge ist trotz der Ermittlung der Phi-Koeffizienten jedoch kaum möglich. Die Zusammenhangsmaße eignen sich eher für den Vergleich der Stärke der Korrelationen im Zeitablauf oder aufgrund von Erfahrungswerten ähnlicher Sachverhalte.[427] Ein Wert in der Nähe von 1 ist in den sozialwissenschaftlichen Untersuchungen in der Regel kaum zu erreichen, daher wird ein Phi-Koeffizient ab 0,3 bereits als ein Zeichen eines „nicht mehr trivialen" Zusammenhanges interpretiert.[428]

5.3.3. Grenzen des Aussagegehalts der Untersuchungsergebnisse

Der Aussagegehalt der Untersuchungsergebnisse wird durch eine Reihe von Faktoren beschränkt. Wie bereits erwähnt, war im Rahmen der Auslegung der in dem empirischen Teil der vorliegenden Untersuchung gewonnenen Ergebnisse zu berücksichtigen, dass ausschließlich Unternehmen mit E-Mail-Adressen bzw. Internetseiten befragt wurden. Dies konnte auf die Größenverteilung der an dem Projekt teilnehmenden Firmen sowie auf die Ergebnisse der Überprüfung von Hypothese Nr. 4 (vgl. Abbildung 20) Einfluss ausüben.

Eine weitere Grenze des Aussagegehalts der Untersuchungsergebnisse resultiert aus den Schwächen der schriftlichen Befragung als einer Erhebungsart. Im Vergleich zu Interviews erhöht diese Erhebungsmethode die Wahrscheinlichkeit für vorsätzliche oder fahrlässige Falschauskünfte sowie führt zu einer gewöhnlich geringeren Quote positiver Rückmeldungen. Ebenso ist es beinahe unmöglich, im Rahmen einer

---

[427] Vgl. Brosius/Brosius (1995), S. 363.
[428] Vgl. Backhaus et al (1996), S. 178f..

schriftlichen Befragung die Identität von Auskunftsperson der Anfrage zu überprüfen. Diesbezügliche Abweichungen sind denkbar und nicht auszuschließen. Darüber hinaus stellen missverstandene Fragen im Falle dieser Erhebungsart häufige Fehlerquellen dar. Durch eine klare, präzise und einfache Fragenformulierung wurde jedoch versucht, das Ausmaß der letztgenannten negativen Auswirkung der angewandten Untersuchungsmethodik zu minimieren.

Die Interpretation der Ergebnisse des empirischen Teils des Forschungsprojekts bezieht sich ferner hauptsächlich auf die Entstehungsphase von Kooperationen. Der Entscheidungsprozess über die einzusetzende Koordinationsform des grenzüberschreitenden Engagements rückt daher in den Vordergrund. Die abgeleiteten Zusammenhänge wurden auf Grundlage der Aussagen lokaler Firmen über ihr *geplantes* bzw. *hypothetisches* Wirtschaftsengagement im Nachbarland ermittelt, eine Übertragung auf die tatsächlichen grenzüberschreitenden Aktivitäten der Unternehmen in der Grenzregion scheint daher nicht angezeigt. Diese können von den dargestellten Schemata abweichen.

6. Zusammenfassung und Ausblick

Die Forschungsschwerpunkte des vorliegenden Projekts lagen in der Ableitung von standortbezogenen Einflussfaktoren der Entstehung von grenzüberschreitenden Unternehmenskooperationen sowie in der empirischen Überprüfung der Gültigkeit ermittelter Faktoren für die deutsch-polnische Grenzregion. Zu diesem Zweck wurden nach der einführenden Darstellung unterschiedlicher Erscheinungsformen von zwischenbetrieblichen Partnerschaften und der einzelnen Phasen ihrer Realisierung zuerst mehrere Kooperationserklärungsansätze im Hinblick auf ihren Beitrag zur Begründung der Existenz betrieblicher Partnerschaften und ihren Standortbezug hin untersucht. Zu den analysierten Theorien gehörten: der Transaktionskostenansatz, der Ressource-Dependence-Ansatz, die Spieltheorie, der Netzwerkansatz sowie die industrieökonomischen Ansätze.

Die umfassendste Erklärung der Entstehung von Unternehmenskooperationen lieferte die Transaktionskostentheorie. Es ließen sich anhand dieser Theorie die genauen Bedingungen ermitteln, unter denen eine zwischenbetriebliche Zusammenarbeit die effizienteste Koordinationsform wirtschaftlicher Aktivitäten darstellt. Ein weiteres Argument für die überwiegend institutionsökonomische Analyse von Kooperationen war die Tatsache, dass sich der Einfluss zentraler Variablen aus den meisten sonst diskutierten Kooperationsansätzen mit Hilfe von transaktionsökonomischen Aussagen erläutern ließ. Der relativ deutlich festzustellende Standortbezug des Transaktionskostenansatzes begründete die Auswahl noch zusätzlich.

Aufbauend auf den Erkenntnissen der Transaktionskostentheorie wurden im Rahmen des Forschungsprojekts die Konstellationen von Ausprägungen der Spezifität, Unsicherheit und Häufigkeit von Transaktionen sowie der einzelnen Elemente der Transaktionsatmosphäre ermittelt, unter welchen die Form der Unternehmens-kooperation einer hierarchischen bzw. marktlichen Transaktionsabwicklung vorgezogen wird. Eine niedrige bzw. hohe Investitionsspezifität, ein hoher Grad an Umwelt- und Verhaltensunsicherheit, stark ausgeprägte soziokulturelle Unterschiede zwischen Heimat- und Nachbarland, ein niedriger Grad an Rechtsschutz sowie eine schwach entwickelte IuK-Infrastruktur wurden als Hindernisse der Entstehung von zwischenbetrieblichen Kooperationen erkannt. Als eine weitere Hilfsgröße im Entscheidungsprozess über die anzuwendende Koordinationsform wurde die Transaktionshäufigkeit vorgestellt, deren Ausprägungshöhe mit dem Grad an vertikaler Integration positiv korreliert.

Neben den transaktionsökonomischen Variablen wurden aus dem Porterschen Ansatz des strategischen Managements und dem Ressource-Dependence-Ansatz zwei ergänzende Determinanten der Wahl von Koordinationsformen abgeleitet. Zu diesen Faktoren zählen die rein strategischen Gründe, welche nicht auf die Effizienz der jeweiligen Einzeltransaktion bezogen sind, sowie die Finanzierungsmöglichkeiten der einzelnen Unternehmen. Letztere engen die Entscheidungsfreiheit der Organisationen durch die Einschränkung des Alternativenbündels auf finanziell tragbare Lösungen ein.

Im Anschluss an die Bestimmung der Einflussfaktoren der Wahl von effizienten Koordinationsformen wurde ein Verfahren zur Auswahl der konkret einzusetzenden Kooperationsform dargestellt. Je nach Kombination des Grades an Plastizität, Potenz und Abhängigkeit der einzelnen in die Transaktion eingebrachten Ressourcen wurde die Anwendung unterschiedlicher Arten kooperativer Koordinationsformen empfohlen.

Der zweite Themenbereich des Forschungsprojekts befasste sich mit den standortbezogenen Einflussfaktoren einer transnationalen Wirtschaftstätigkeit von Unternehmen. Zunächst wurden die in der wissenschaftlichen Literatur vorherrschenden Klassifizierungen von Standortfaktoren dargestellt. Anhand der Erklärungsansätze zum Außenhandel und zu den Direktinvestitionen wurde in einem weiteren Schritt ein Katalog von Standortfaktoren ermittelt, welche die Entscheidungen über die Aufnahme und Realisierung grenzüberschreitender Unternehmensaktivitäten beeinflussen. Laut dem erstellten Katalog werden sämtliche unternehmerische Aktivitäten an einem bestimmten ausländischen Standort insbesondere durch folgende lokale Bedingungen beeinflusst: die Investitionsförderung, die Infrastruktur, die Ausgestaltung relevanter Rechtsgebiete, den Rechtsschutz, die Steuerpolitik, die politische Stabilität, die Währungsstabilität, die kulturellen Rahmenbedingungen sowie das lokale Geschäftsklima. Zu den Standortfaktoren, welche die Verfügbarkeit und die Kosten der zur ausländischen Produktion notwendigen Faktoren bestimmen, zählen hingegen: die Verfügbarkeit und die Kosten für Arbeitskräfte, Grundstücke, Gebäude, Anlagegüter, Roh-, Hilfs- und Betriebsstoffe, Vorprodukte und Kapital sowie die Qualität des Faktors Arbeit. Die absatzbezogenen Standortbedingungen umfassen schließlich das Marktpotential in Verbindung mit der Wettbewerbsintensität und räumlichen Nähe zum Absatzmarkt.

Die Analyse der Ergebnisse mehrerer empirischen Untersuchungen zur Relevanz von Standortfaktoren in internationalen Standortentscheidungsprozessen bestätigte die auf der Basis der Theorie abgeleitete Zusammenstellung relevanter Standortbedingungen. Der Einfluss der einzelnen als wichtig erkannten Standortfaktoren auf die Wirtschaftsaktivitäten der Unternehmen wurde im Rahmen des vorliegenden Projekts näher untersucht. Die Analyse erfolgte sowohl auf der allgemeinen, von der gewählten Koordinationsform des Engagements unabhängigen Ebene, als auch in Bezug auf die einzelnen Stadien einer grenzüberschreitenden Unternehmenskooperation.

Im dritten Teil des Forschungsprojekts wurden die Einflussgrößen der Entstehung von zwischenbetrieblichen Partnerschaften mit den standortbezogenen Determinanten transnationaler Wirtschaftstätigkeit von Unternehmen (und insbesondere mit den Determinanten der Auswahl von optimalen Markteintrittsformen) zu einem Modell der standortbezogenen Einflussfaktoren grenzüberschreitender Unternehmens-kooperationen verbunden. Nach den gewonnenen Erkenntnissen hängen die Entscheidungen der Unternehmen über die anzuwendende Markteintrittsform von den unternehmens-, industrie-, transaktionskosten- und standortbezogenen Einflussgrößen sowie von strategischen Faktoren ab. Die Auswirkung jedes einzelnen Elements der aufgezählten Variablengruppen auf die Wahl der Koordinationsform transnationaler Unternehmensaktivitäten wurde im Rahmen der vorliegenden Arbeit näher analysiert. Nach der Verbindung mit den Ergebnissen vorhergehender Teile des Forschungsprojekts wurden die fünf Variablengruppen auf drei unabhängige Faktorenebenen reduziert, deren bestimmte Ausprägungen die Entstehung von grenzüberschreitenden Unternehmenskooperationen beeinflussen. Die drei Ebenen beziehen sich auf die Eigenschaften des jeweiligen Unternehmens, des Standorts und der durchzuführenden Transaktion.

Zu den *unternehmensbezogenen* kooperationsfördernden Faktoren zählen im einzelnen die Auslandserfahrung des Unternehmens und die wenigstens mittlere Größe der betreffenden Organisation. Zu den *standortbezogenen* Bedingungen, welche die Entstehung von transnationalen Unternehmenspartnerschaften behindern, gehören hingegen: ein niedriger Grad an Rechtschutz und institutioneller Unterstützung seitens des Gast- und des Heimatlandes, ein hoher Grad an Wettbewerbsintensität, Länderrisiko und kultureller Distanz zwischen den involvierten Ländern, schlechte Verfügbarkeit der modernen IuK-Technologien und hohe Kosten ihres Einsatzes sowie die Existenz von rechtlichen Schranken für das Eingehen von grenzüberschreitenden Unternehmenskooperationen. *Transaktionsbezogene* Faktoren, welche unter der Voraussetzung des rationalen Verhaltens der Entscheidungsträger die Entstehung von Kooperationen häufig nicht nur fördern, sondern eine Bedingung für ihre Existenz bilden, umfassen schließlich eine mittlere Investitionsspezifität in Verbindung mit normaler Verhaltenunsicherheit bzw. eine rein strategische Präferenz für die Anwendung einer kooperativen Koordinationsform. Im Anschluss an die Analyse der Einflussfaktoren der Entstehung von grenzüberschreitenden Unternehmens-kooperationen wurde ein hierarchisches Modell zur Auswahl von optimalen

Koordinationsformen und Abwicklungsstandorten transnationaler Wirtschafts-aktivitäten entwickelt.

Das zweite Hauptziel des Forschungsprojekts - die empirische Überprüfung der Gültigkeit der abgeleiteten Einflussfaktoren grenzüberschreitender Unternehmens-kooperationen für die deutsch-polnische Grenzregion - erfolgte mittels einer schriftlichen Befragung deutscher und polnischer Unternehmen aus dem Grenzraum. Das Grenzgebiet wurde dabei für die Zwecke des Projekts mit Hilfe der vier Euroregionen entlang der deutsch-polnischen Grenze definiert. Die empirische Untersuchung verlief in zwei Schritten. Der erste Schritt umfasste eine einführende Befragung der Unternehmen per E-Mail und der zweite schloss das Ausfüllen eines per Post zugeschickten Fragebogens ein. Die elektronischen Adressen der Unternehmen wurden frei zugänglichen Internet-Datenbanken entnommen. Am ersten Teil der Untersuchung beteiligten sich 1045 Unternehmen, die Fragebögen wurden von 252 Firmen ausgefüllt.

Nach Auswertung der einführenden Befragung scheinen sich die polnischen Unternehmen der Grenzregion fast doppelt so häufig im Nachbarland zu engagieren als die deutschen Firmen (27% vs. 14%). Diese Differenz kann jedoch bis zu einem bestimmten Maße auf die relative Größe der befragten Firmen zurückgeführt werden. Die deutschen Organisationen tendieren dabei zur Aufnahme von transnationalen Aktivitäten innerhalb des Grenzraumes, während polnische Unternehmen eher in sonstigen Teilen Deutschlands tätig werden. Der Im- und Export ist die wesentliche Form des grenzüberschreitenden Engagements sowohl deutscher als auch polnischer Firmen. Die Aktivitätsbereiche Vertrieb, Beschaffung und Ausübung von Dienstleistungen zählen zu den attraktivsten Tätigkeitsfeldern beider Gruppen von Befragten.

Die grenzüberschreitend nicht engagierten Unternehmen, welche am zweiten Teil der empirischen Untersuchung teilgenommen haben, würden für ihre potentiellen transnationalen Aktivitäten in der deutsch-polnischen Grenzregion neben der marktlichen Lösung und einem Kooperationsvertrag (als einer konkreten Form zwischenbetrieblicher Partnerschaft) auch die hierarchisch voll integrierten Koordinationsformen der Wirtschaftstätigkeit auswählen. Da letzteres aber in der Praxis kaum vorkommt, kann dies als Zeichen mangelnder finanzieller Ausstattung der lokalen Unternehmen interpretiert werden.

Die Befragung mit Hilfe von Fragebögen erlaubte ferner die Untersuchung der Wahrnehmungen deutscher und polnischer Unternehmen in Bezug auf die

Ausgestaltung relevanter Standortbedingungen in der Grenzregion sowie auf die relative Relevanz dieser Faktoren bei dem Aufbau von grenzüberschreitenden Wirtschaftsaktivitäten. Auf dieser Grundlage ließen sich u.a. die standortbezogenen Hemmnisse grenzüberschreitenden Unternehmensengagements im Grenzgebiet herleiten. Sowohl für deutsche als auch für polnische Firmen liegen sie in erheblichen kulturellen Unterschieden, der schwach ausgeprägten institutionellen Unterstützung in beiden Ländern sowie der hohen Wettbewerbsintensität und dem hohen Grad an staatlichen Restriktionen für die wirtschaftliche Tätigkeit ausländischer Unternehmen in dem jeweiligen Nachbarland. Deutsche Organisationen werden darüber hinaus durch die nicht ausreichend entwickelte Verkehrsinfrastruktur im polnischen Teil der Grenzregion, die hohen polnischen Kapitalkosten und die relativ schlechten Kapitalbeschaffungsmöglichkeiten in diesem Markt gehemmt. Polnische Unternehmen erachten hingegen die Kosten mehrerer Produktionsfaktoren aus Deutschland und des Transports sowie den Umfang der Mitbestimmungsrechte der deutschen Arbeitnehmerschaft für hoch und somit für den Aufbau des Engagements in Deutschland ungünstig.

Die Beurteilungen des Stellenwertes und der Ausprägungen einzelner Standortbedingungen des jeweiligen Nachbarlandes wurden im Rahmen des Forschungsprojekts auch in Abhängigkeit von der bevorzugten Koordinationsform des Engagements analysiert. Deutsche Organisationen, welche für ihre hypothetischen grenzüberschreitenden Wirtschaftsaktivitäten in der deutsch-polnischen Grenzregion die Form einer Kooperation auswählen würden, messen beispielsweise dem Marktpotential, der Währungsstabilität, der Steuerpolitik, dem Rechtschutz, der Qualität der Fachmitarbeiter und dem Länderrisiko im polnischen Markt sowie der dortigen institutionellen Unterstützung eine besonders hohe Bedeutung bei. Für die polnischen kooperationsorientierten Firmen spielen dagegen die Ausprägungen folgender Faktoren des deutschen Marktes eine wichtige Rolle: der Währungsstabilität, der Verkehrsinfrastruktur, des Geschäftsklimas, des Marktpotentials, der Grundinfrastruktur, der Steuerpolitik, der Kosten für Gewerbe- und Industrieflächen, des Rechtsschutzes, der Investitionsförderung, der Qualität der Fachmitarbeiter sowie des Umfangs des Angebots an institutioneller Unterstützung.

Zu den wichtigsten nicht direkt standortbezogenen Hemmnissen transnationaler Aktivitäten im Grenzraum gehören insbesondere die fehlende Auslandserfahrung der Unternehmen und die Knappheit der für den Aufbau eines solchen Engagements notwendigen Ressourcen. Trotz dieser Hemmnisse erwägen 48% der polnischen und 38% der deutschen bisher transnational nicht engagierten Firmen die Aufnahme von Wirtschaftsaktivitäten im Nachbarland. Eine hohe Bedeutung in diesem Prozess wird der institutionellen Unterstützung des Heimat- und des Nachbarlandes zugeschrieben, welche von 96% der befragten transnational nicht engagierten Organisationen erwünscht ist. Die Unterstützung wird besonders im Bereich der Suche nach den potentiellen Geschäftspartnern und der Bereitstellung von Informationen über das jeweilige Nachbarland nachgefragt.

Die Überprüfung der im Rahmen des Forschungsprojekts aufgestellten Hypothesen über die Auswirkung standortbezogener Variablen auf die Wahl der kooperativen Koordinationsform des potentiellen transnationalen Wirtschaftsengagements in der deutsch-polnischen Grenzregion erfolgte mittels der Chi-Quadrat-Unabhängigkeits-analyse. Für deutsche Unternehmen wurde der kooperationshemmende Einfluss eines hohen Grades an Länderrisiko und an Wettbewerbsintensität statistisch bestätigt.

Für die polnischen Unternehmen ergab die statistische Auswertung der schriftlichen Befragung relativ unerwartete Resultate. Die Auswirkung der interkulturellen Unterschiede sowie der deutschen und polnischen institutionellen Unterstützung wurde statistisch bestätigt, die Richtung der Zusammenhänge war jedoch entgegengesetzt zu der, die auf Grundlage der theoretischen Überlegungen vorgeschlagen wurde. Zu einem bestimmten Maße erklären sich diese Ergebnisse aus dem hohen Anteil an Unternehmen, welche ihre Entscheidungen eher aufgrund von rein strategischen als anhand von direkt effizienzbezogenen Erwägungen treffen. Auch die Einbeziehung von Transaktionen unterschiedlicher Spezifitätsgrade in die Untersuchung hat ihre Resultate maßgeblich beeinflusst. Der direkte Vergleich der Ergebnisse der Hypothesenüberprüfung für deutsche und polnische Unternehmen aus der Grenzregion zeigt jedoch, dass Letztere viel häufiger ihre Entscheidungen über die anzuwendende Koordinationsform grenzüberschreitender Aktivitäten eher dem Zufall überlassen bzw. dass das Verständnis des Effizienzbegriffs seitens deutscher und polnischer Unternehmen stark divergiert. Eine weitere bzw. alternative Erklärung der festgestellten Abweichungen könnte die schwache finanzielle Ausstattung polnischer Unternehmen der Grenzregion darstellen, welche sie in der Wahl der effizientesten Koordinationsform des Engagements potentiell hemmen kann.

Aufgrund der beschränkten zeitlichen und finanziellen Ressourcen mussten im Rahmen der durchgeführten Untersuchung Forschungsprioritäten aufgestellt werden. Einige Fragen konnten aus den genannten Gründen nicht vollständig bearbeitet werden, andere wurden erst nach der Auswertung der Ergebnisse der empirischen Prüfung aufgeworfen. Alle offenen Sachverhalte bieten Anknüpfungspunkte für weitergehende Forschungen auf dem Gebiet der standortbezogenen Determinanten transnationaler betrieblicher Partnerschaften.

Eines der wichtigsten Ziele des vorliegenden Forschungsprojekts lag in der Analyse des Entscheidungsprozesses der Unternehmen bezüglich der Auswahl effizienter Koordinationsformen transnationaler Wirtschaftsaktivitäten. Im Mittelpunkt der Erwägungen stand insbesondere die Initiierungsphase grenzüberschreitender Unternehmenskooperationen. Insoweit wurden die Unternehmen zu ihrem *geplanten* bzw. *hypothetischen* transnationalen Engagement in der deutsch-polnischen Grenzregion befragt. Infolge der niedrigen Anzahl der an der empirischen Untersuchung teilnehmenden *grenzüberschreitend engagierten* Unternehmen war es der Verfasserin nicht möglich, die aufgestellten Hypothesen auch für diese Gruppe von Organisationen mit Hilfe von statistischen Analyseverfahren zu überprüfen. Sämtliche Aussagen über das Verhalten der in der Grenzregion transnational tätigen Firmen basieren auf den Antworten einer geringen Anzahl von Unternehmen. Sie liefern zwar erste Anhaltspunkte für die Beschreibung der grenzüberschreitenden Wirtschaftsaktivitäten im Grenzraum, ihre Repräsentativität ist jedoch stark begrenzt. Die Analyse des tatsächlichen Verhaltens lokaler Firmen wäre daher eine sinnvolle Weiterführung der bisherigen Untersuchung. Auf ihrer Grundlage ließe sich feststellen, ob die ermittelten Entscheidungsmuster auch in der Praxis eine Umsetzung finden.

Da in etwa die Hälfte der befragten Organisationen über die anzuwendende Koordinationsform grenzüberschreitenden Engagements auf Grundlage rein strategischer Überlegungen entscheidet, könnte das Projekt ferner um eine umfassendere Analyse des unternehmerischen Entscheidungsprozesses aus strategischer Sicht ergänzt werden. Auch eine nähere Untersuchung des Effizienzbegriffs aus der Perspektive deutscher und polnischer Unternehmen würde wertvolle Einsichten in das Verhalten der Unternehmen in der Grenzregion gewähren.

Abschließend ist noch die mögliche Erweiterung der durchgeführten Untersuchung um die Feststellung des Entwicklungsstandes aller im Rahmen des Projekts als relevant erkannten Standortfaktoren zu erwähnen. Die Analyse sollte sich dabei nicht nur auf die Ermittlung des gegenwärtigen Standes der lokalen Bedingungen begrenzen, sondern auch Aussagen bezüglich der zukünftigen Entwicklung der untersuchten Faktoren und somit bezüglich der Perspektiven der Unternehmenskooperation in der Grenzregion ermöglichen.

Anhang

Abbildung 1: Einführende Fragen im Rahmen der schriftlichen Befragung

1. Wie viele Mitarbeiter sind in Ihrem Unternehmen beschäftigt?

2. Ist Ihr Unternehmen in Polen wirtschaftlich tätig? (ja/nein). Wenn ja, dann:

a) in welcher Stadt bzw. Städten?

b) in welcher Form? (z.B. Export, Import, langfristiger Kaufvertrag, Kooperationsvertrag, Kooperation ohne Vertrag, Joint Venture, Lizenzvertrag, Franchising Vertrag, Minderheitsbeteiligung, Mehrheitsbeteiligung, Konsortium, Akquisition, Fusion, Tochtergesellschaft)

c) in welchem Bereich? (z.B. Beschaffung, Produktion, Personal, Finanzierung, Vertrieb, Forschung und Entwicklung)

Eigene Darstellung.

Abbildung 2: Aufbau der Fragebögen

Der erste der im Folgenden dargestellten Fragebögen (S. 199-205) wurde für Befragte konzipiert, welche sich in der deutsch-polnischen Granzregion *transnational engagieren*, während der zweite (S. 206-212) von *grenzüberschreitend nicht tätigen* Unternehmen ausgefüllt wurde.

*ACHTUNG: Mit **WESTPOLEN** ist im Folgenden der polnische Teil der Euroregionen entlang der deutsch-polnischen Grenze gemeint (≈ Woiwodschaften Lubuskie, Zachodniopomorskie/Westpommern sowie westliche Landkreise von Woiwodschaft Dolnośląskie/Niederschlesien).*

1. Anzahl der Beschäftigten in Ihrem Unternehmen: _____

2. Branche: _____

3. Wie lange ist Ihr Unternehmen im Ausland tätig? _____ Jahre, **davon in Polen** _____ Jahre

4. Kreuzen Sie bitte alle Kommunikationsmittel an, welche Ihr Unternehmen im all-täglichen Geschäftsablauf benutzt:

❏ Telefon ❏ Fax ❏ E-Mail ❏ gelegentlicher Zugang zum Internet per Modem

❏ ständiger Zugang zum Internet per ISDN, Kabel oder Glasfasernetz

❏ Videokonferenzen

5. Geben Sie bitte die Form und den Bereich des Engagements Ihres Unternehmens in Westpolen an: *(falls sich Ihr Unternehmen in mehreren Formen in Westpolen engagiert, kreuzen Sie bitte nur diejenige Form an, welcher DIE NIEDRIGSTE NUMMER zugewiesen ist und beantworten Sie alle folgenden Fragen NUR in Bezug auf dieses Engagement)*

Form des Engagements	Bereich des Engagements
❏ 1. Akquisition/Fusion/Tochtergesellschaft ❏ 2. Mehrheitsbeteiligung ❏ 3. Joint Venture ❏ 4. Minderheitsbeteiligung ❏ 5. Kooperationsvertrag ❏ 6. Konsortium ❏ 7. Lizenzvertrag ❏ 8. Franchising Vertrag ❏ 9. Kooperation ohne Vertrag ❏ 10. Langfristiger Kaufvertrag ❏ 11. Export/Import ❏ 12. Andere: _____	❏ Beschaffung ❏ Produktion ❏ Personal ❏ Finanzierung ❏ Vertrieb ❏ Forschung/Entwicklung ❏ Dienstleistungen ❏ Andere:_____

Falls Sie die angekreuzte Form des Engagements nicht mehr als optimal für Ihr gegenwärtiges wirtschaftliches Engagement in Polen befinden, dann <u>unterstreichen</u> Sie bitte diejenige Form, die zum heutigen Zeitpunkt für Ihr Geschäft besser passen würde.

200

6. Aufgrund von welchen Argumenten wurde die in Frage 5 angekreuzte Form Ihres Engagements in Westpolen eher ausgewählt? *(bitte nur eine Antwort auswählen)*

❏ Maximierung der Effizienz dieses konkreten Einzelengagements

❏ sonstige strategische Gründe

7. In welchen Phasen des Aufbaus von Ihrem wirtschaftlichen Engagement in Polen und seitens welcher Förderungsinstitutionen (deutscher und/oder polnischer) würden Sie sich Hilfe wünschen? *(Mehrfachnennungen möglich)*

❏ keine Hilfe nötig

	Hilfe seitens:	deutscher Institut.	polnischer Institut.
❏ strategische Entscheidung über die Zweckmäßigkeit des Engagements		❏	❏
❏ Informationen über den polnischen Markt		❏	❏
❏ Partnersuche		❏	❏
❏ Realisierung der Kooperation		❏	❏
❏ andere: _____		❏	❏

8a) Wie beurteilen Sie den Umfang des Angebots an deutscher und polnischer institutioneller Unterstützung:

Umfang des Angebots seitens **deutscher** Institutionen: gering ❏ ❏ ❏ ❏ ❏ ❏ ausgebaut (stark)

Umfang des Angebots seitens **polnischer** Institutionen: gering ❏ ❏ ❏ ❏ ❏ ❏ ausgebaut (stark)

8b) Wie wichtig sind die in 8a genannten Faktoren für Ihr Wirtschaftsengagement in Westpolen?

Umfang des Angebots seitens **deutscher** Institutionen: gar nicht wichtig ❏ ❏ ❏ ❏ ❏ ❏ sehr wichtig

Umfang des Angebots seitens **polnischer** Institutionen: gar nicht wichtig ❏ ❏ ❏ ❏ ❏ ❏ sehr wichtig

9a) Wie beurteilen Sie die Qualität des Angebots an deutscher und polnischer institutioneller Unterstützung:

Qualität des Angebots seitens **deutscher** Institutionen: sehr niedrig ❏ ❏ ❏ ❏ ❏ ❏ sehr hoch

Qualität des Angebots seitens **polnischer** Institutionen: sehr niedrig ❏ ❏ ❏ ❏ ❏ ❏ sehr hoch

9b) Wie wichtig sind die in 9a genannten Faktoren für Ihr Wirtschaftsengagement in Westpolen?

Qualität des Angebots seitens **deutscher** Institutionen: gar nicht wichtig ❏ ❏ ❏ ❏ ❏ ❏ sehr wichtig

Qualität des Angebots seitens **polnischer** Institutionen: gar nicht wichtig ❏ ❏ ❏ ❏ ❏ ❏ sehr wichtig

Versuchen Sie bitte folgende Standortfaktoren für den polnischen Markt zu **schätzen** und beurteilen Sie, **wie wichtig** diese Faktoren für Ihr wirtschaftliches Engagement in diesem Markt sind:

10. Wie lange dauert es Ihrer Meinung nach in Polen bis eine Streitsache gerichtlich geklärt wird?	sehr kurz ❑ ❑ ❑ ❑ ❑ ❑ ❑ sehr lange gar nicht wichtig ❑ ❑ ❑ ❑ ❑ ❑ ❑ sehr wichtig
11. Wie umfassend ist Ihrer Meinung nach der polnische Rechtsschutz?	sehr lückenhaft ❑ ❑ ❑ ❑ ❑ ❑ ❑ fast vollständig gar nicht wichtig ❑ ❑ ❑ ❑ ❑ ❑ ❑ sehr wichtig
12. Wie hoch ist Ihrer Meinung nach die Kompetenz polnischer Gerichte?	sehr niedrig ❑ ❑ ❑ ❑ ❑ ❑ ❑ sehr hoch gar nicht wichtig ❑ ❑ ❑ ❑ ❑ ❑ ❑ sehr wichtig
13. Wie übersichtlich sind Ihrer Meinung nach die polnischen Rechtsvorschriften?	gar nicht übersichtlich ❑ ❑ ❑ ❑ ❑ ❑ ❑ sehr übersichtlich gar nicht wichtig ❑ ❑ ❑ ❑ ❑ ❑ ❑ sehr wichtig

14. Wie stabil ist Ihrer Meinung nach das politische System in Polen?	sehr unstabil ❑ ❑ ❑ ❑ ❑ ❑ ❑ sehr stabil gar nicht wichtig ❑ ❑ ❑ ❑ ❑ ❑ ❑ sehr wichtig
15. Wie hoch ist Ihrer Meinung nach die Enteignungsgefahr durch die polnische Regierung?	sehr niedrig ❑ ❑ ❑ ❑ ❑ ❑ ❑ sehr hoch gar nicht wichtig ❑ ❑ ❑ ❑ ❑ ❑ ❑ sehr wichtig
16. Wie hoch ist Ihrer Meinung nach die Wahrscheinlichkeit der Einflussnahme durch die polnische Regierung auf Ihr wirtschaftliches Engagement in Westpolen?	sehr niedrig ❑ ❑ ❑ ❑ ❑ ❑ ❑ sehr hoch gar nicht wichtig ❑ ❑ ❑ ❑ ❑ ❑ ❑ sehr wichtig
17. Wie hoch ist Ihrer Meinung nach die Gefahr der Nichtkonvertibilität der polnischen Währung?	sehr niedrig ❑ ❑ ❑ ❑ ❑ ❑ ❑ sehr hoch gar nicht wichtig ❑ ❑ ❑ ❑ ❑ ❑ ❑ sehr wichtig

18. Wie oft teilen Ihrer Meinung nach deutsche und polnische Bewohner entlang der deutsch-polnischen Grenze die Vorstellungen darüber was gut und erstrebenswert ist und was nicht?	sehr selten ❏ ❏ ❏ ❏ ❏ ❏ ❏ sehr oft gar nicht wichtig ❏ ❏ ❏ ❏ ❏ ❏ ❏ sehr wichtig
19. Wie oft teilen Ihrer Meinung nach deutsche und polnische Bewohner entlang der deutsch-polnischen Grenze Regeln darüber wie Menschen sich in bestimmten Situationen verhalten sollten?	sehr selten ❏ ❏ ❏ ❏ ❏ ❏ ❏ sehr oft gar nicht wichtig ❏ ❏ ❏ ❏ ❏ ❏ ❏ sehr wichtig

20. Wie viele alternative Partner gibt es voraussichtlich im polnischen Markt, in Zusammenarbeit mit welchen Ihr Unternehmen ungefähr gleiche Ergebnisse wie bei dem derzeitigen Engagement erzielen könnte?	fast keine ❏ ❏ ❏ ❏ ❏ ❏ ❏ sehr viele
21. Wie schwer ist es im Rahmen Ihres konkreten Wirtschaftsengagements in Polen das zur Durchführung der Transaktionen notwendige Wissen zu transferieren?	sehr leicht ❏ ❏ ❏ ❏ ❏ ❏ ❏ sehr schwer
22. Mit welchem Aufwand müsste Ihr Unternehmen rechnen, falls es zum Wechsel des Geschäftspartners in Polen gezwungen wäre?	sehr gering ❏ ❏ ❏ ❏ ❏ ❏ ❏ sehr hoch

23. Schätzen Sie bitte die Ausprägung folgender Merkmale für ihre Branche in West-polen:

Anzahl der Wettbewerber	sehr niedrig ❏ ❏ ❏ ❏ ❏ ❏ ❏ sehr hoch
Gefahr des Markteintritts neuer Konkurrenten	sehr niedrig ❏ ❏ ❏ ❏ ❏ ❏ ❏ sehr hoch
Verhandlungsstärke der Lieferanten	sehr niedrig ❏ ❏ ❏ ❏ ❏ ❏ ❏ sehr hoch
Verhandlungsstärke der Abnehmer	sehr niedrig ❏ ❏ ❏ ❏ ❏ ❏ ❏ sehr hoch
Bedrohung durch Ersatzprodukte	sehr niedrig ❏ ❏ ❏ ❏ ❏ ❏ ❏ sehr hoch

23a. Wie wichtig ist für Ihr Engagement in Westpolen die Wettbewerbsintensität in diesem Markt?

gar nicht wichtig ❏ ❏ ❏ ❏ ❏ ❏ ❏ sehr wichtig

Versuchen Sie bitte, die Ausprägungen der unten aufgelisteten Faktoren des westpolnischen Marktes zu schätzen und beurteilen Sie die Relevanz der einzelnen Faktoren für Ihr wirtschaftliches Engagement in diesem Markt (bitte für alle Faktoren ankreuzen).

24. Marktpotential	sehr klein ❏ ❏ ❏ ❏ ❏ ❏ sehr groß gar nicht wichtig ❏ ❏ ❏ ❏ ❏ ❏ sehr wichtig
25. Kapitalbeschaffungs- möglichkeiten	sehr schlecht ❏ ❏ ❏ ❏ ❏ ❏ sehr gut gar nicht wichtig ❏ ❏ ❏ ❏ ❏ ❏ sehr wichtig
26. Kapitalkosten	sehr niedrig ❏ ❏ ❏ ❏ ❏ ❏ sehr hoch gar nicht wichtig ❏ ❏ ❏ ❏ ❏ ❏ sehr wichtig
27. Steuerpolitik	sehr ungünstig ❏ ❏ ❏ ❏ ❏ ❏ sehr günstig gar nicht wichtig ❏ ❏ ❏ ❏ ❏ ❏ sehr wichtig
28. Verfügbarkeit der Roh-, Hilfs- und Betriebsstoffe	sehr schlecht ❏ ❏ ❏ ❏ ❏ ❏ sehr gut gar nicht wichtig ❏ ❏ ❏ ❏ ❏ ❏ sehr wichtig
29. Kosten der Roh-, Hilfs- und Betriebsstoffe	sehr niedrig ❏ ❏ ❏ ❏ ❏ ❏ sehr hoch gar nicht wichtig ❏ ❏ ❏ ❏ ❏ ❏ sehr wichtig
30. Verfügbarkeit der Anlagegüter	sehr schlecht ❏ ❏ ❏ ❏ ❏ ❏ sehr gut gar nicht wichtig ❏ ❏ ❏ ❏ ❏ ❏ sehr wichtig
31. Kosten der Anlagegüter	sehr niedrig ❏ ❏ ❏ ❏ ❏ ❏ sehr hoch gar nicht wichtig ❏ ❏ ❏ ❏ ❏ ❏ sehr wichtig
32. Verfügbarkeit der Gewerbe- und Industrie- flächen	sehr schlecht ❏ ❏ ❏ ❏ ❏ ❏ sehr gut gar nicht wichtig ❏ ❏ ❏ ❏ ❏ ❏ sehr wichtig
33. Kosten der Gewerbe- und Industrieflächen	sehr niedrig ❏ ❏ ❏ ❏ ❏ ❏ sehr hoch gar nicht wichtig ❏ ❏ ❏ ❏ ❏ ❏ sehr wichtig
34. Verfügbarkeit von Führungskräften	sehr schlecht ❏ ❏ ❏ ❏ ❏ ❏ sehr gut gar nicht wichtig ❏ ❏ ❏ ❏ ❏ ❏ sehr wichtig
35. Qualität der Führungskräfte	sehr niedrig ❏ ❏ ❏ ❏ ❏ ❏ sehr hoch gar nicht wichtig ❏ ❏ ❏ ❏ ❏ ❏ sehr wichtig
36. Arbeitskosten der Führungskräfte	sehr niedrig ❏ ❏ ❏ ❏ ❏ ❏ sehr hoch gar nicht wichtig ❏ ❏ ❏ ❏ ❏ ❏ sehr wichtig
37. Verfügbarkeit von Fachmitarbeitern	sehr schlecht ❏ ❏ ❏ ❏ ❏ ❏ sehr gut gar nicht wichtig ❏ ❏ ❏ ❏ ❏ ❏ sehr wichtig
38. Qualität der Fachmitarbeiter	sehr niedrig ❏ ❏ ❏ ❏ ❏ ❏ sehr hoch gar nicht wichtig ❏ ❏ ❏ ❏ ❏ ❏ sehr wichtig
39. Arbeitskosten der Fachmitarbeiter	sehr niedrig ❏ ❏ ❏ ❏ ❏ ❏ sehr hoch gar nicht wichtig ❏ ❏ ❏ ❏ ❏ ❏ sehr wichtig
40. Verfügbarkeit von einfachen Arbeitern	sehr schlecht ❏ ❏ ❏ ❏ ❏ ❏ sehr gut gar nicht wichtig ❏ ❏ ❏ ❏ ❏ ❏ sehr wichtig

41. Arbeitskosten der einfachen Arbeiter	sehr niedrig ❑ ❑ ❑ ❑ ❑ ❑ ❑ sehr hoch gar nicht wichtig ❑ ❑ ❑ ❑ ❑ ❑ ❑ sehr wichtig
42. Grundinfrastruktur (Gas, Wasser usw.)	sehr schlecht ❑ ❑ ❑ ❑ ❑ ❑ ❑ sehr gut gar nicht wichtig ❑ ❑ ❑ ❑ ❑ ❑ ❑ sehr wichtig
43. Geschäftsklima	sehr schlecht ❑ ❑ ❑ ❑ ❑ ❑ ❑ sehr gut gar nicht wichtig ❑ ❑ ❑ ❑ ❑ ❑ ❑ sehr wichtig
44. Grad der Investitions-förderung	sehr niedrig ❑ ❑ ❑ ❑ ❑ ❑ ❑ sehr hoch gar nicht wichtig ❑ ❑ ❑ ❑ ❑ ❑ ❑ sehr wichtig
45. Grad an Währungs-stabilität	sehr niedrig ❑ ❑ ❑ ❑ ❑ ❑ ❑ sehr hoch gar nicht wichtig ❑ ❑ ❑ ❑ ❑ ❑ ❑ sehr wichtig
46. Verkehrsinfrastruktur	sehr schlecht ❑ ❑ ❑ ❑ ❑ ❑ ❑ sehr gut gar nicht wichtig ❑ ❑ ❑ ❑ ❑ ❑ ❑ sehr wichtig
47. Transportkosten	sehr niedrig ❑ ❑ ❑ ❑ ❑ ❑ ❑ sehr hoch gar nicht wichtig ❑ ❑ ❑ ❑ ❑ ❑ ❑ sehr wichtig
48. Umfang der Mit-bestimmungsrechte der Arbeitnehmer	sehr klein ❑ ❑ ❑ ❑ ❑ ❑ ❑ sehr groß gar nicht wichtig ❑ ❑ ❑ ❑ ❑ ❑ ❑ sehr wichtig
49. Höhe der staatlichen Restriktionen (z.B. Markteintrittsbarrieren, Beschränkungen für ausländische Investoren)	sehr niedrig ❑ ❑ ❑ ❑ ❑ ❑ ❑ sehr hoch gar nicht wichtig ❑ ❑ ❑ ❑ ❑ ❑ ❑ sehr wichtig

50. Wie schwer ist es für Ihr Unternehmen zu überprüfen, inwieweit der polnische Partner/die polnischen Partner sich an die ausgehandelten Vereinbarungen halten?	sehr leicht ❑ ❑ ❑ ❑ ❑ ❑ ❑ sehr schwer
51. Schätzen Sie bitte wie oft sich Ihr polnisches Partnerunternehmen/Ihre polnischen Partnerunternehmen gegenüber Ihrer Firma auch dann fair verhalten würden, wenn seitens Ihres Unternehmens keine Möglichkeit bestünde, es zu überprüfen?	fast nie ❑ ❑ ❑ ❑ ❑ ❑ ❑ fast immer
52. Wie oft treffen die Absatzprognosen Ihres Unternehmens für den polnischen Markt zu?	fast nie ❑ ❑ ❑ ❑ ❑ ❑ ❑ fast immer
53. Wie schwer ist es die Veränderungen der Rahmenbedingungen für das Engagement Ihres Unternehmens in Polen vorherzusagen?	sehr leicht ❑ ❑ ❑ ❑ ❑ ❑ ❑ sehr schwer

Herzlichen Dank für Ihren Beitrag!

ACHTUNG: Mit **WESTPOLEN** ist im Folgenden der polnische Teil der Euroregionen entlang der deutsch-polnischen Grenze gemeint (≈ Woiwodschaften Lubuskie, Zachodniopomorskie/Westpommern sowie westliche Landkreise von Woiwodschaft Dolnośląskie/Niederschlesien).

---

1. Anzahl der Beschäftigten in Ihrem Unternehmen: _____

---

2. Branche: _____

---

3. Falls Ihr Unternehmen im Ausland tätig ist, dann wie lange? _____ Jahre

---

4. Kreuzen Sie bitte alle Kommunikationsmittel an, welche Ihr Unternehmen im alltäglichen Geschäftsablauf benutzt:

❏ Telefon ❏ Fax ❏ E-Mail ❏ gelegentlicher Zugang zum Internet per Modem

❏ ständiger Zugang zum Internet per ISDN, Kabel oder Glasfasernetz

❏ Videokonferenzen

Im Folgenden werden Sie gebeten, verschiedene Faktoren des westpolnischen Marktes zu beurteilen. Versuchen Sie bitte die Ausprägungen dieser Faktoren zu schätzen. Für das Forschungsprojekt sind nicht die wahren Werte dieser Faktoren relevant, sondern nur Ihre subjektive Wahrnehmung dieser Werte, die sich vom tatsächlichen Stand erheblich unterscheiden kann.

5. Nehmen Sie HYPOTHETISCH an, dass sich Ihr Unternehmen in Westpolen wirtschaftlich engagieren möchte: In welchen Phasen des Aufbaus von diesem Engagement und seitens welcher Förderungsinstitutionen (deutscher und/oder polnischer) würden Sie sich Hilfe wünschen? *(Mehrfachnennungen möglich)*

	Hilfe seitens:	deutscher Institut.	polnischer Institut.
❏ keine Hilfe nötig			
❏ strategische Entscheidung über die Zweckmäßigkeit des Engagements		❏	❏
❏ Informationen über den polnischen Markt		❏	❏
❏ Partnersuche		❏	❏
❏ Realisierung der Kooperation		❏	❏
❏ andere: _____		❏	❏

6a) <u>Versuchen</u> Sie bitte den Umfang des Angebots an deutscher und polnischer institutioneller Unterstützung <u>zu schätzen</u>:

Umfang des Angebots seitens **deutscher** Institutionen: gering $\square$ $\square$ $\square$ $\square$ $\square$ $\square$ $\square$ ausgebaut
stark

Umfang des Angebots seitens **polnischer** Institutionen: gering $\square$ $\square$ $\square$ $\square$ $\square$ $\square$ $\square$ ausgebaut
stark

6b) Wie wichtig wären die in 6a genannten Faktoren für Ihr hypothetisches Wirtschaftsengagement in Westpolen?

Umfang des Angebots seitens **deutscher** Institutionen: wichtig $\square$ $\square$ $\square$ $\square$ $\square$ $\square$ $\square$ wichtig
gar nicht / sehr

Umfang des Angebots seitens **polnischer** Institutionen: wichtig $\square$ $\square$ $\square$ $\square$ $\square$ $\square$ $\square$ wichtig
gar nicht / sehr

7a) <u>Versuchen</u> Sie bitte die Qualität des Angebots an deutscher und polnischer institutioneller Unterstützung <u>zu schätzen</u>:

Qualität des Angebots seitens **deutscher** Institutionen: niedrig $\square$ $\square$ $\square$ $\square$ $\square$ $\square$ $\square$ hoch
sehr / sehr

Qualität des Angebots seitens **polnischer** Institutionen: niedrig $\square$ $\square$ $\square$ $\square$ $\square$ $\square$ $\square$ hoch
sehr / sehr

7b) Wie wichtig wären die in 7a genannten Faktoren für Ihr hypothetisches Wirtschaftsengagement in Westpolen?

Qualität des Angebots seitens **deutscher** Institutionen: wichtig $\square$ $\square$ $\square$ $\square$ $\square$ $\square$ $\square$ wichtig
gar nicht / sehr

Qualität des Angebots seitens **polnischer** Institutionen: wichtig $\square$ $\square$ $\square$ $\square$ $\square$ $\square$ $\square$ wichtig
gar nicht / sehr

Versuchen Sie bitte folgende Faktoren für den polnischen Markt **zu schätzen** und beurteilen Sie **wie wichtig** diese Faktoren für Ihr HYPOTHETISCHES wirtschaftliches Engagement in diesem Markt wären:

8. Wie lange dauert es Ihrer Meinung nach in Polen bis eine Streitsache gerichtlich geklärt wird?	sehr kurz ❑ ❑ ❑ ❑ ❑ ❑ sehr lange gar nicht wichtig ❑ ❑ ❑ ❑ ❑ ❑ sehr wichtig
9. Wie umfassend ist Ihrer Meinung nach der polnische Rechtsschutz?	sehr lückenhaft ❑ ❑ ❑ ❑ ❑ ❑ vollständig gar nicht wichtig ❑ ❑ ❑ ❑ ❑ ❑ sehr wichtig
10. Wie hoch ist Ihrer Meinung nach die Kompetenz polnischer Gerichte?	sehr niedrig ❑ ❑ ❑ ❑ ❑ ❑ sehr hoch gar nicht wichtig ❑ ❑ ❑ ❑ ❑ ❑ sehr wichtig
11. Wie übersichtlich sind Ihrer Meinung nach die polnischen Rechtsvorschriften?	gar nicht sehr übersichtlich ❑ ❑ ❑ ❑ ❑ ❑ übersichtlich gar nicht wichtig ❑ ❑ ❑ ❑ ❑ ❑ sehr wichtig
12. Wie stabil ist Ihrer Meinung nach das politische System in Polen?	sehr unstabil ❑ ❑ ❑ ❑ ❑ ❑ sehr stabil gar nicht wichtig ❑ ❑ ❑ ❑ ❑ ❑ sehr wichtig
13. Wie hoch ist Ihrer Meinung nach die Enteignungsgefahr durch die polnische Regierung?	sehr niedrig ❑ ❑ ❑ ❑ ❑ ❑ sehr hoch gar nicht wichtig ❑ ❑ ❑ ❑ ❑ ❑ sehr wichtig
14. Wie hoch ist Ihrer Meinung nach die Wahrscheinlichkeit der Einflussnahme durch die polnische Regierung auf Ihr wirtschaftliches Engagement in Westpolen?	sehr niedrig ❑ ❑ ❑ ❑ ❑ ❑ sehr hoch gar nicht wichtig ❑ ❑ ❑ ❑ ❑ ❑ sehr wichtig
15. Wie hoch ist Ihrer Meinung nach die Gefahr der Nichtkonvertibilität der polnischen Währung?	sehr niedrig ❑ ❑ ❑ ❑ ❑ ❑ sehr hoch gar nicht wichtig ❑ ❑ ❑ ❑ ❑ ❑ sehr wichtig
16. Wie oft teilen Ihrer Meinung nach deutsche und polnische Bewohner entlang der deutsch-polnischen Grenze die Vorstellungen darüber was gut und erstrebenswert ist und was nicht?	sehr selten ❑ ❑ ❑ ❑ ❑ ❑ sehr oft gar nicht wichtig ❑ ❑ ❑ ❑ ❑ ❑ sehr wichtig
17. Wie oft teilen Ihrer Meinung nach deutsche und polnische Bewohner entlang der deutsch-polnischen Grenze Regeln darüber wie Menschen sich in bestimmten Situationen verhalten sollten?	sehr selten ❑ ❑ ❑ ❑ ❑ ❑ sehr oft gar nicht wichtig ❑ ❑ ❑ ❑ ❑ ❑ sehr wichtig

18. <u>Schätzen</u> Sie bitte die Ausprägung folgender Merkmale für ihre Branche in <u>Westpolen:</u>

Anzahl der Wettbewerber	sehr niedrig ❑ ❑ ❑ ❑ ❑ ❑ ❑	sehr hoch
Gefahr des Markteintritts neuer Konkurrente	sehr niedrig ❑ ❑ ❑ ❑ ❑ ❑ ❑	sehr hoch
Verhandlungsstärke der Lieferanten	sehr niedrig ❑ ❑ ❑ ❑ ❑ ❑ ❑	sehr hoch
Verhandlungsstärke der Abnehmer	sehr niedrig ❑ ❑ ❑ ❑ ❑ ❑ ❑	sehr hoch
Bedrohung durch Ersatzprodukte	sehr niedrig ❑ ❑ ❑ ❑ ❑ ❑ ❑	sehr hoch

18a. Wie wichtig wäre die Wettbewerbsintensität in Westpolen für Ihr hypothetisches wirtschaftliches Engagement in diesem Markt?

gar nicht wichtig ❑ ❑ ❑ ❑ ❑ ❑ ❑ sehr wichtig

Versuchen Sie bitte, die Ausprägungen der unten aufgelisteten Faktoren des <u>westpolnischen</u> Marktes <u>zu schätzen</u> und beurteilen Sie wie wichtig diese Faktoren für Ihr HYPOTHETISCHES wirtschaftliches Engagement in diesem Markt wären (bitte für <u>alle</u> Faktoren ankreuzen):

19. Marktpotential	sehr klein ❑ ❑ ❑ ❑ ❑ ❑ ❑ sehr groß gar nicht wichtig ❑ ❑ ❑ ❑ ❑ ❑ ❑ sehr wichtig
20. Kapitalbeschaffungs-möglichkeiten	sehr schlecht ❑ ❑ ❑ ❑ ❑ ❑ ❑ sehr gut gar nicht wichtig ❑ ❑ ❑ ❑ ❑ ❑ ❑ sehr wichtig
21. Kapitalkosten	sehr niedrig ❑ ❑ ❑ ❑ ❑ ❑ ❑ sehr hoch gar nicht wichtig ❑ ❑ ❑ ❑ ❑ ❑ ❑ sehr wichtig
22. Steuerpolitik	sehr ungünstig ❑ ❑ ❑ ❑ ❑ ❑ ❑ sehr günstig gar nicht wichtig ❑ ❑ ❑ ❑ ❑ ❑ ❑ sehr wichtig
23. Verfügbarkeit der Roh-, Hilfs- und Betriebsstoffe	sehr schlecht ❑ ❑ ❑ ❑ ❑ ❑ ❑ sehr gut gar nicht wichtig ❑ ❑ ❑ ❑ ❑ ❑ ❑ sehr wichtig
24. Kosten der Roh-, Hilfs- und Betriebsstoffe	sehr niedrig ❑ ❑ ❑ ❑ ❑ ❑ ❑ sehr hoch gar nicht wichtig ❑ ❑ ❑ ❑ ❑ ❑ ❑ sehr wichtig
25. Verfügbarkeit der Anlagegüter	sehr schlecht ❑ ❑ ❑ ❑ ❑ ❑ ❑ sehr gut gar nicht wichtig ❑ ❑ ❑ ❑ ❑ ❑ ❑ sehr wichtig
26. Kosten der Anlagegüter	sehr niedrig ❑ ❑ ❑ ❑ ❑ ❑ ❑ sehr hoch gar nicht wichtig ❑ ❑ ❑ ❑ ❑ ❑ ❑ sehr wichtig
27. Verfügbarkeit der Gewerbe- und Industrie-flächen	sehr schlecht ❑ ❑ ❑ ❑ ❑ ❑ ❑ sehr gut gar nicht wichtig ❑ ❑ ❑ ❑ ❑ ❑ ❑ sehr wichtig
28. Kosten der Gewerbe- und Industrieflächen	sehr niedrig ❑ ❑ ❑ ❑ ❑ ❑ ❑ sehr hoch gar nicht wichtig ❑ ❑ ❑ ❑ ❑ ❑ ❑ sehr wichtig
29. Verfügbarkeit von Führungskräften	sehr schlecht ❑ ❑ ❑ ❑ ❑ ❑ ❑ sehr gut gar nicht wichtig ❑ ❑ ❑ ❑ ❑ ❑ ❑ sehr wichtig

30. Qualität der Führungskräfte	sehr niedrig ❑ ❑ ❑ ❑ ❑ ❑ ❑ sehr hoch gar nicht wichtig ❑ ❑ ❑ ❑ ❑ ❑ ❑ sehr wichtig
31. Arbeitskosten der Führungskräfte	sehr niedrig ❑ ❑ ❑ ❑ ❑ ❑ ❑ sehr hoch gar nicht wichtig ❑ ❑ ❑ ❑ ❑ ❑ ❑ sehr wichtig
32. Verfügbarkeit von Fachmitarbeitern	sehr schlecht ❑ ❑ ❑ ❑ ❑ ❑ ❑ sehr gut gar nicht wichtig ❑ ❑ ❑ ❑ ❑ ❑ ❑ sehr wichtig
33. Qualität der Fachmitarbeiter	sehr niedrig ❑ ❑ ❑ ❑ ❑ ❑ ❑ sehr hoch gar nicht wichtig ❑ ❑ ❑ ❑ ❑ ❑ ❑ sehr wichtig
34. Arbeitskosten der Fachmitarbeiter	sehr niedrig ❑ ❑ ❑ ❑ ❑ ❑ ❑ sehr hoch gar nicht wichtig ❑ ❑ ❑ ❑ ❑ ❑ ❑ sehr wichtig
35. Verfügbarkeit von einfachen Arbeitern	sehr schlecht ❑ ❑ ❑ ❑ ❑ ❑ ❑ sehr gut gar nicht wichtig ❑ ❑ ❑ ❑ ❑ ❑ ❑ sehr wichtig
36. Arbeitskosten der einfachen Arbeiter	sehr niedrig ❑ ❑ ❑ ❑ ❑ ❑ ❑ sehr hoch gar nicht wichtig ❑ ❑ ❑ ❑ ❑ ❑ ❑ sehr wichtig
37. Grundinfrastruktur (Gas, Wasser usw.)	sehr schlecht ❑ ❑ ❑ ❑ ❑ ❑ ❑ sehr gut gar nicht wichtig ❑ ❑ ❑ ❑ ❑ ❑ ❑ sehr wichtig
38. Geschäftsklima	sehr schlecht ❑ ❑ ❑ ❑ ❑ ❑ ❑ sehr gut gar nicht wichtig ❑ ❑ ❑ ❑ ❑ ❑ ❑ sehr wichtig
39. Grad der Investitions- förderung	sehr niedrig ❑ ❑ ❑ ❑ ❑ ❑ ❑ sehr hoch gar nicht wichtig ❑ ❑ ❑ ❑ ❑ ❑ ❑ sehr wichtig
40. Grad an Währungs- stabilität	sehr niedrig ❑ ❑ ❑ ❑ ❑ ❑ ❑ sehr hoch gar nicht wichtig ❑ ❑ ❑ ❑ ❑ ❑ ❑ sehr wichtig
41. Verkehrsinfrastruktur	sehr schlecht ❑ ❑ ❑ ❑ ❑ ❑ ❑ sehr gut gar nicht wichtig ❑ ❑ ❑ ❑ ❑ ❑ ❑ sehr wichtig
42. Transportkosten	sehr niedrig ❑ ❑ ❑ ❑ ❑ ❑ ❑ sehr hoch gar nicht wichtig ❑ ❑ ❑ ❑ ❑ ❑ ❑ sehr wichtig
43. Umfang der Mit- bestimmungsrechte der Arbeitnehmer	sehr klein ❑ ❑ ❑ ❑ ❑ ❑ ❑ sehr groß gar nicht wichtig ❑ ❑ ❑ ❑ ❑ ❑ ❑ sehr wichtig
44. Höhe der staatlichen Restriktionen (z.B. Markteintrittsbarrieren, Beschränkungen für ausländische Investoren)	sehr niedrig ❑ ❑ ❑ ❑ ❑ ❑ ❑ sehr hoch gar nicht wichtig ❑ ❑ ❑ ❑ ❑ ❑ ❑ sehr wichtig

45. Nennen Sie bitte die sonstigen Gründe, warum sich Ihr Unternehmen in Westpolen nicht engagiert:

❏ Fehlende Auslandserfahrung des Unternehmens
❏ Knappheit der Ressourcen für die Aufnahme der wirtschaftlichen Beziehungen zu Polen
❏ Gefahr der Diffusion von Know-how
❏ Andere: _____

Und noch die letzten Fragen, die für unser Projekt aufgrund seiner theoretischen Grundlagen VON BESONDERER BEDEUTUNG sind. Daher bitten wir Sie ganz herzlich, sich in die unten geschilderten Situationen einzufühlen und die folgenden Fragen sorgfältig zu beantworten:

46. Nehmen Sie bitte hypothetisch an, dass Ihr Unternehmen ein wirtschaftliches Engagement in Westpolen erwägt. Welche Form des Engagements würde dann für Ihr Unternehmen AM EHESTEN in Frage kommen? *(falls mehrere Formen in Betracht kommen könnten, kreuzen Sie bitte nur diejenige Form an, welcher DIE NIEDRIGSTE NUMMER zugewiesen ist und beantworten Sie die folgenden Fragen NUR in Bezug auf dieses Engagement)*

❏ 1. Akquisition/Fusion/Tochtergesellschaft	❏ 7. Lizenzvertrag
❏ 2. Mehrheitsbeteiligung	❏ 8. Franchising Vertrag
❏ 3. Joint Venture	❏ 9. Kooperation ohne Vertrag
❏ 4. Minderheitsbeteiligung	❏ 10. Langfristiger Kaufvertrag
❏ 5. Kooperationsvertrag	❏ 11. Export/Import
❏ 6. Konsortium	❏ 12. Andere: _____

47. Aufgrund von welchen Argumenten haben Sie die in Frage 46 angekreuzte Form Ihres hypothetischen Engagements in Westpolen eher ausgewählt? *(bitte nur eine Antwort auswählen)*

❏ Maximierung der Effizienz dieses konkreten hypothetischen Einzelengagements

❏ sonstige strategische Gründe

Nehmen Sie bitte für die Fragen 48-50 zum letzten Mal an, dass sich Ihr Unternehmen in Westpolen bereits wirtschaftlich engagiert:

48. Schätzen Sie bitte wie viele alternative Partner es voraussichtlich im polnischen Markt gibt, in Zusammenarbeit mit welchen Ihr Unternehmen vergleichbare Ergebnisse erzielen könnte?	ganz wenige ❑ ❑ ❑ ❑ ❑ ❑ ❑ sehr viele
49. Schätzen Sie bitte wie oft sich Ihr polnisches Partnerunternehmen/Ihre polnischen Partnerunternehmen gegenüber Ihrer Firma auch dann fair verhalten würden, wenn seitens Ihres Unternehmens keine Möglichkeit bestünde, es zu überprüfen?	fast nie ❑ ❑ ❑ ❑ ❑ ❑ ❑ fast immer
50. Wie schwer wäre es die Veränderungen der Rahmenbedingungen für das Engagement Ihres Unternehmens in Polen vorherzusagen?	sehr leicht ❑ ❑ ❑ ❑ ❑ ❑ ❑ sehr schwer

51. Erwägt Ihr Unternehmen ein wirtschaftliches Engagement in Polen?

❑ Nein   ❑ Ja → **wo?** ❑ in Westpolen   ❑ in sonstigen Teilen von Polen

Herzlichen Dank für Ihren Beitrag!

Eigene Darstellung.

Abbildung 3: Formen und Bereiche des grenzüberschreitenden Unternehmensengagements in der deutsch-polnischen Grenzregion (Bezugsgröße:
Unternehmen aus Teil II der empirischen Untersuchung)

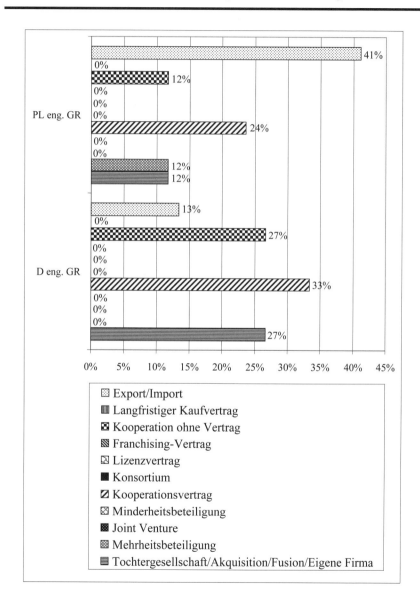

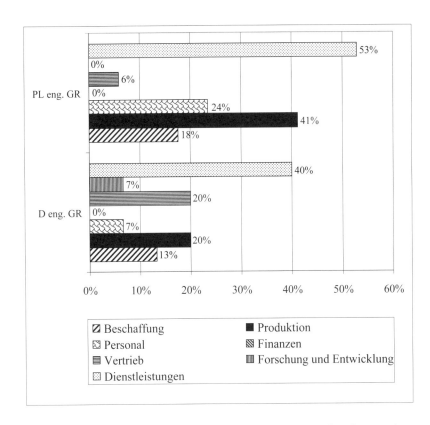

<table>
</table>

Z Beschaffung	**■** Produktion
⬚ Personal	**⧅** Finanzen
☰ Vertrieb	**▥** Forschung und Entwicklung
⬚ Dienstleistungen	

PL eng. GR =   polnische Unternehmen engagiert in der deutschen Grenzregion zu Polen

D eng. GR =   deutsche Unternehmen engagiert in der polnischen Grenzregion zu Deutschland

D+PL eng. GR = deutsche und polnische Unternehmen engagiert in der jeweiligen Grenzregion des Nachbarlandes

Eigene Darstellung.

Tabelle 1: Empfohlene strategische Entscheidungen je nach Entwicklungsstufe, Konzentrations- und Globalisierungsgrad der jeweiligen Branche

Fragmentierte Branchen: Branchen mit vielen kleinen und mittelgroßen Unternehmen, von denen keines das Branchenergebnis wesentlich beeinflussen kann

Gründe für die Fragmentierung einer Branche:

– Fundamentale ökonomische Ursachen:

- Niedriges allgemeines Niveau der Eintrittsbarrieren
- Fehlen von Betriebsgrößenersparnissen oder Erfahrungskurveneffekten
- Hohe Transportkosten
- Hohe Lagerkosten oder unberechenbare Umsatzschwankungen
- Keine Größenvorteile im Umgang mit Abnehmern oder Lieferanten
- Betriebsgrößennachteile bzw. –verluste in einem wichtigen Bereich (z.B. aufgrund von häufigen Produkt- und Stilveränderungen)
- Notwendigkeit der Einhaltung niedriger Gemeinkosten
- Stark diversifizierte Produktlinie
- Notwendigkeit eines hohen Maßes an Kreativität
- Notwendigkeit enger örtlicher Kontrollen
- Persönliche Dienstleitungen im Mittelpunkt des Geschäfts
- Besondere Relevanz des lokalen Images und der örtlichen Kontakte
- Differenzierte Marktbedürfnisse
- Ausgeprägte, hauptsächlich Image-gebundene Produktdifferenzierung
- Existenz von Austrittsbarrieren
- Lokale Vorschriften
- Staatliche Konzentrationsverbote
- Neuheit der Branche

– Nicht ökonomisch begründete Ursachen:

- Mangel an Mitteln oder Fähigkeiten
- Kurzsichtigkeit oder Selbstgefälligkeit der Unternehmen
- Mangelnde Aufmerksamkeit außenstehender Unternehmen, die die strategischen Chancen einer für die Konsolidierung reifen Branche noch nicht entdeckt haben

Empfohlene Konsolidierungsstrategien:

- Schaffung von Betriebsgrößenersparnissen oder Erfahrungskurven (z.B. durch Innovationen, technologischen Wandel)
- Standardisierung der differenzierten Marktbedürfnisse
- Erwerb von neuen Marktanteilen durch den Kauf von kleinen lokalen Unternehmen

- Straff geleitete Dezentralisierung
- Aufbau effizienter, kostengünstig arbeitender standardisierter Einheiten an mehreren Standorten
- Erhöhung des hinzugefügten Mehrwertes von Produkten und/oder Dienstleistungen (z.B. durch die Kopplung des Verkaufs mit erweitertem Service)
- Neutralisierung sonstiger Fragmentierungsgründe
- Spezialisierung auf Produkttypen oder –segmente, Kundentypen, Auftragstypen und/oder ein geographisches Gebiet
- Straffe Preispolitik zur Erlangung von Kostenvorteilen
- Rückwärtsintegration zur Senkung der Kosten

Weltweite Branchen: Branchen, in denen die weltweite Position eines Wettbewerbers seine Position auf wichtigen geographischen oder nationalen Märkten bestimmt

Ursachen für die Existenz der Vorteile des weltweiten Wettbewerbs:

- Existenz komparativer Vorteile
- Betriebsgrößenersparnisse im Bereich der Beschaffung, Produktion, Logistik und/oder des Marketings
- Weltweite Erfahrung durch den Verkauf von ähnlichen Produktvarianten in vielen unterschiedlichen Märkten
- Produktdifferenzierung (Investitionen in den Ruf und die Glaubwürdigkeit durch weltweite Präsenz)
- Anwendung unternehmenseigener Technologie in vielen Märkten
- Mobilität der Fertigung
- Existenz von Trends, die den weltweiten Wettbewerb beeinflussen: Verringerung der ökonomischen Unterschiede zwischen unterschiedlichen Ländern, aggressive Förderungspolitik, leichterer Zugang zu Technologien, allmähliches Auftauchen neuer, großer Märkte usw.

Hindernisse des weltweiten Wettbewerbs:

- Transport- und Lagerkosten
- Unterschiedliche Produktanforderungen
- Schwierigkeiten beim Zugang zu lokalen Vertriebskanälen
- Notwendigkeit der Unterhaltung eigener Vertreterstäbe
- Standortgebundene Reparatur
- Empfindlichkeit gegenüber Lieferanten
- Komplexe Segmentierung innerhalb geographischer Märkte
- Mangel an weltweiter Nachfrage
- Unterschiedliche Marketinganforderungen
- Notwendigkeit intensiver Interaktion mit Kunden
- Schnelle technologische Entwicklung, die häufige Umstellungen

entsprechend der regionalen Marktnachfrage erforderlich macht
- Staatliche Hindernisse (z.B. Zölle, Abgaben, Importquoten, bevorzugte Vergabe staatlicher Aufträge an einheimische Unternehmen)

Empfohlene strategische Entscheidungen:

- Neugestaltung von Produkten zur Erhöhung ihrer Akzeptanz in mehreren Märkten
- Identifizierung von ähnlichen Marktsegmenten in unterschiedlichen Märkten
- Senkung der Kosten für Anpassung der Grundprodukte an nationale Bedürfnisse
- Zerlegung der Produktion
- Aufbau von Beziehungen zu Regierungen und Institutionen der Gastländer in wichtigen Märkten
- Auswahl einer geeigneten weltweit angelegten Wettbewerbsstrategie: (1) weltweiter Wettbewerb mit breiter Produktlinie, (2) weltweiter Schwerpunkt, (3) nationaler Schwerpunkt oder (4) geschützte Nische (Auswahl stark geschützter Märkte und ein optimaler Umgang mit ihnen, verbunden mit höchster Aufmerksamkeit für die Gastregierung, zum Ziele der Herbeiführung von protektionistischen Maßnahmen)

Junge Branchen: Neu- oder wiederformierte Branchen

Merkmale junger Branchen:

- Technologische und strategische Unsicherheit
- Anfänglich hohe Kosten, aber steiler Kostenrückgang
- Großer Anteil neu gegründeter Unternehmen
- Notwendigkeit der Gewinnung von Erstkäufern
- Kurzer Zeithorizont durch den starken Druck des Aufbaus von neuen Kunden und der Entwicklung geeigneter Produkte
- Subventionierung

Hindernisse der Entwicklung junger Branchen:

- Schwierigkeiten beim Aufbau des Lieferantennetzes
- Explodierende Rohstoffpreise
- Fehlende industrielle Infrastruktur
- Fehlende Standardisierung von Produkten oder Technologie
- Erwartung technischen Fortschritts und von Preissenkungen seitens der Kunden
- Verwirrung der Kunden durch eine Vielzahl von Produktkonzepten und technologischen Variationen
- Schwankende Produktqualität
- Schlechte Glaubwürdigkeit neuer Branchen in der Finanzwelt

- Schwierigkeiten bei staatlicher Anerkennung neuer Branchen
- Hohe Kosten aufgrund der ungünstigen strukturellen Bedingungen
- Reaktionen bedrohter Wirtschaftsteilnehmer

Empfohlene strategische Entscheidungen:

- Einflussnahme auf die Spielregeln in einer Branche
- Kooperative Maßnahmen zur Branchenentwicklung (Standardsetzungen, Organisation von Fachtagungen usw.)
- Frühzeitige Ausnutzung der Umorientierung von Lieferanten und Vertriebskanälen
- Frühzeitige Reaktionen auf den Abbau von Mobilitätsbarrieren (neue Produktvarianten, neue Technologien usw.)
- Frühzeitige Integration der Input- und Absatzmärkte oder Vorbeugung der Integration anderer Unternehmen
- Wahl des richtigen Eintrittszeitpunktes: ein früher Eintritt ist sinnvoll, wenn (1) Käufer einen großen Wert auf Image und Ruf des Unternehmens legen und die am schnellsten in eine Branche einsteigenden Unternehmen einen sehr guten Ruf genießen, (2) ein schneller Eintritt den Lernprozess vorantreiben kann, (3) die Kundenloyalität sehr stark ausgeprägt ist, was den Pionierunternehmen Vorteile verschafft und/oder (4) eine frühzeitige Erschließung bestimmter Rohmaterialquellen, Vertriebskanäle usw. zu absoluten Kostenvorteilen führt; Ein früher Eintritt wird dagegen u.a. dann nicht empfohlen, wenn: (1) die anfängliche Branchenstruktur sich voraussichtlich im späteren Verlauf stark ändern wird, (2) die Kosten der Marktentwicklung sehr hoch sind und der Nutzen daraus nicht nur den Pionierunternehmen zufällt und/oder (3) der technologische Wandel zu schneller Veralterung der frühen Investitionen führt.

Der Übergang der Branche zur Reife

Merkmale einer Branche während des Übergangs zur Reife:

- Langsameres Wachstum und stärkerer Wettbewerb um Marktanteile
- Steigender Verkauf an erfahrene Wiederholungskäufer
- Stärkere Konzentration des Wettbewerbs auf Kosten und Service
- Vorsicht beim Ausbau von Kapazität und Personal
- Veränderungen in Produktions-, Marketing-, Vertriebs-, Verkaufs- und Forschungsmethoden
- Schwierigkeiten bei der Entwicklung von neuen Produkten und Anwendungen
- Zunahme des weltweiten Wettbewerbs
- Vorübergehendes oder dauerhaftes Sinken der Branchengewinne
- Aufbau von Händlermacht aufgrund ihrer sinkenden Anzahl wegen fallender Gewinnspannen

Empfohlene strategische Entscheidungen:

- Festlegung auf eine der drei generischen Strategietypen: umfassende Kostenführerschaft vs. Differenzierung vs. Konzentration auf Schwerpunkte
- Detaillierte Kostenanalyse zur Rationalisierung des Produktionsprogramms und richtigen Preiskalkulation
- Verfahrensinnovationen
- Erweiterung des Spektrums der Verkäufe an bestehende Abnehmer
- Erwerb billiger Aktiva
- Auswahl der Abnehmer
- Aufdeckung möglicher Kostenvorsprünge bei bestimmten Abnehmern, Produktsorten oder Auftragsgrößen
- Weltweiter Wettbewerb
- Organisatorische Anpassungen: Senkung der Erwartungen der Manager im Hinblick auf die finanziellen Ergebnisse und den beruflichen Aufstieg, erhöhte strategische Disziplin und Aufmerksamkeit für den menschlichen Faktor sowie Rückkehr zu einer zentralen Kontrolle

---

Schrumpfende Branchen: Branchen, die über einen längeren Zeitraum einen absoluten Rückgang in ihren verkauften Stückzahlen hinnehmen müssen

---

Merkmale schrumpfender Branchen:

- Unsicherheit unter den Wettbewerbern bezüglich des weiteren Nachfrageverlaufes, dessen Geschwindigkeit und Muster sowie der Struktur verbleibender Nachfragenischen
- Existenz konkurrenzfähigerer Ersatzprodukte
- Rückgang des Umfangs der Käufergruppe aufgrund demographischer Entwicklungen
- Veränderung der Kundenpräferenzen aufgrund soziologischer Veränderungen
- Probleme mit Austrittsbarrieren (z.B. Besitz von langlebigen und spezialisierten Aktiva, fixe Kosten der Geschäftsaufgabe, wechselseitige Abhängigkeiten von Unternehmen, Verlust der Glaubwürdigkeit auf Kapitalmärkten, emotionale Barrieren, politischer Druck)
- Instabilität des Wettbewerbs

Empfohlene strategische Entscheidungen:

Festlegung auf eine der vier strategischen Alternativen:

(1) *Marktbeherrschung:* Versuch des Unternehmens als einziges oder als einer von wenigen Konkurrenten in der Branche zu verbleiben und den Markt zu beherrschen. Empfohlene taktische Schritte: aggressive Wettbewerbsmaßnahmen, Erwerb von Marktanteilen durch Kauf von konkurrierenden Unternehmen, öffentlichkeitswirksame Äußerungen der

Entschlossenheit in der Branche zu bleiben, Kauf und Stilllegung der Kapazitäten von anderen Unternehmen und sonstige Maßnahmen zur Senkung der Austrittsbarrieren für Konkurrenten

(2) *Nische:* Anwendung der Marktbeherrschungsstrategie auf eine identifizierte Nachfragenische

(3) *Abschöpfung:* Optimierung des Cash-flows aus der Geschäftseinheit: keine neuen Investitionen, Aufgabe bestimmter Anlagen, Ausschöpfung aller verbliebenen Stärken der Geschäftseinheit durch Erhöhung der Preise oder Ausnutzen der Vorteile des früheren Goodwill, Reduktion der Zahl der Modelle, Verringerung der Anzahl der genutzten Vertriebskanäle usw., bis zum Verkauf oder Liquidation der Geschäftseinheit

(4) *Schnelle Liquidation:* Verkauf der Geschäftseinheit in der frühen Phase des Niedergangs

---

Vgl. Porter (1995), S. 247ff..

Tabelle 2: SWOT-Analyse des Grenzraumes im Gebiet des Landes Brandenburg und
der Woiwodschaft Lubuskie

Stärken	Schwächen	Chancen	Risiken
1. Bevölkerung			
Im polnischen Teil des Grenzraumes liegt die Zahl der unter 15-Jährigen über dem Durchschnitt der Republik Polen Hoher Anteil der im erwerbsfähigen Alter stehenden (65,6 %)	Niedrige Zahl der unter15-Jährigen in Brandenburg, Geburtenrückgang in der gesamten Grenzregion Überalterung, insbesondere im ländlichen Raum	Bessere Lebens- und Arbeits- bedingungen für einen Bevöl- kerungszuwachs Wachsende Zahl von Arbeits- kräften aus dem polnischen Teil der Grenzregion	Weiterer Bevöl- kerungsverlust, Schließung von Schulen in länd- lichen Gebieten, fehlender Nach- wuchs auf dem Arbeitsmarkt Abwanderung von Arbeitskräften, Verödung von Stadt und Land, sinkende Wirtschaftskraft
2. Wirtschaftliche Entwicklung			
Hohe Zahl von Beschäftigten im Dienstleistungssektor Große Zahl verfügbarer Arbeitskräfte Hoher Anteil des privatisierten Sektors (in Lubuskie beträchtlich über dem Landes- durchschnitt) Vorhandensein eines vielfältigen Branchen- mix Existenz bedeutender Wirtschaftszentren (Frankfurt/Oder, Cottbus, Zielona Góra, Gorzów)	Noch zu geringe Orientierung auf Zukunfts- branchen (Tele- kommunikation etc.) Hohe Arbeits- losigkeit Dominanz traditioneller Industriezweige Unzureichende Verbindungen zum Umland und zu den Wirtschafts- räumen in Mecklenburg,	Neue und dauer- hafte Arbeits- plätze in innova- tiven Branchen, Zusammenarbeit mit Wissen- schafts- institutionen etc. zur Etablierung neuer Industrie- zweige Etablierung eines Netzwerkes von Technologie- und Innovations- zentren Vernetzung der Wirtschaftsräume mit den	Abwanderung der ländlichen Bevölkerung Einsatz von Arbeitslosen durch mangelnde Qualifikation erschwert Dominanz der wirtschaftlichen und wissen- schaftlichen Zentren (Berlin, Poznań, Wrocław) Uneinheitliche Fördertätigkeit Beschränkung auf

Ausreichender Anteil planerisch aus-gewiesener Gewerbegebiete Vielzahl von Wirtschaftsförder-einrichtungen Hohe Zahl von KMU	Nordpolen, Sachsen und Südpolen Auslastung von Gewerbegebieten noch unzureichend Keine einheitliche, auf internationale Klientel ausgerichtete Vermarktungsstrategie Ungenügende Strukturen für grenz-überschreitende Unternehmenskooperation und Standortmarketing Zu geringe Großinvestoren Das statistische Material sowie die karto-grafischen Unterlagen beider Seiten sind nicht kompatibel	benachbarten Metropolen, v.a. im Bereich des Regional-marketings Ausnutzung der geografischen Lage und Bündelung von Wirtschafts-förder- und Beratungs-tätigkeiten als Investitions-anreize (z.B. TWG, Sonder-wirtschaftszone Kostrzyn-Słubice) Kompatible statistische und kartographische Unterlagen für das Standortmarketing	traditionelle Branchen, hohe Konkursrate Finanzausstattung unzureichend, geringe Innovations-kapazitäten

3. Infrastruktur

Transitraum für den West-Ost- und Ost-West-Verkehr von Waren und Personen durch inter-nationale Verbindungs-straßen des Straßen-,	Es fehlen Schnellstrassen, Orts-umgehungen und leistungs-fähige Nord-	Beendigung der Ausbau-investitionen an den Grenz-übergängen (Guben -	Ausbau der Verkehrs-infrastruktur wird durch natürliche Gegeben-heiten (Wasser-

Schienen- und Wasserverkehrs	Südverbin-dungen, sowie öffentlicher Personennahver kehr in peripheren Gebieten, bestehende Straßen-infrastruktur hat unzureichende Qualität	Gubinek, Forst - Olszyna) und Umgehungs-straßen	grenze) erschwert
Relativ gut entwickeltes Netz von regionalen und lokalen Straßen		Mehr Übergänge sowie eine verbesserte Gestaltung steigert den Wirtschafts-verkehr und die Möglichkeiten persönlicher Begegnungen	Gefährdung der Umwelt durch Schwerpunkt-setzung Straße statt Schiene oder Wasserweg
Existenz und gute geografische Lage von Regionalflughäfen			Geringe Bevölkerungsdichte erhöht spezifische Infrastrukturkosten
Zahlreiche Wasser-straßen	Zahl und Gestaltung der Übergänge entspricht noch nicht den Bedürfnissen des Waren- und Personen-verkehrs, keine Fährverbin-dungen		
Technische Infrastruktur, insbesondere die Tele-kommunikation ist auf deutscher Seite gut entwickelt, auf polnischer Seite dynamische Ent-wicklung, besonders beim Mobilfunk		Umfangreiche EU-Fördermittel zur Entwicklung der Infrastruktur	Erhöhte Kosten für Einrichtung und Personal der Grenzübergänge, vermehrter Durchgangsverkehr zu Übergängen, stärkere Emissionen – Umwelt-schädigung
		Nutzung der Regionalflughäfen für eine bessere Erreichbarkeit der Wirtschafts-standorte	
Die Doppelstädte Küstrin / Kietz-Kostrzyn, Frankfurt (Oder) / Słubice, Guben / Gubin sind Beispiele grenz-überschreitender Zusammenarbeit	Regelmäßiger Regionalluft-verkehr ist nicht kostendeckend		Konkurrenz von Großflughäfen (Berlin, Poznań)
	Unzureichende Schiffbarkeit der Wasser-straßen	Konkurrenz von Telekommu-nikations-unternehmen verbessert das Angebot	Geringe finanzielle Mittel zur Finanzierung der Wasserwege
Programme zum Ausbau des Energieversorgungs-netzes, Kraft-Wärme-Kopplung	Defizite bei der Telekommu-nikations-struktur, insbesondere im ländlichen Raum und im polnischen Teil	Abbau von Grenzbarrieren in den Doppel-städten, Steigerung des Personen- und Warenverkehrs	Beträchtliche Investitionen zu Lasten von Kommunen
			Regionale Ungleichgewichte zum ländlichen Raum vertiefen sich, Abwanderung von Arbeitskräften
	Defizite bei der kommunalen	Schaffung von kultureller und sportlicher Infrastruktur für	Natürliche

	Infrastruktur, insbesondere im kulturellen und sportlichen Bereich	eine dauerhafte grenz-überschreitende Nutzung	Gegebenheiten der Flussgrenze
	Unzureichende Qualität des Energieversor-gungsnetzes	Ausnutzung lokaler Erdgas-ressourcen	

4. Umwelt

Attraktive Landschaften, Seen, Wälder, Naturparks	Umfangreiche Altlastenflächen (Industrie- u. Militärgelände)	Basis für Energiewirtschaft, Bauwesen, Nutzung der Bergbaufolge-landschaften für Tourismus und Landwirtschaft	Verödung von Flusslandschaften (Spreewald) durch Grundwasser-absenkung
Vorkommen von Braunkohle, Kiesen und Sanden, Holz	Erhebliche Eingriffe in Natur und Landschaft (Flächen-inanspruch-nahme, Grund-wasser-absenkung, Immissionen)		Steigende Kosten für Renaturierung
Emissions- und Immissionsschutz-maßnahmen		Verbesserter Umweltschutz, Angleichung an EU-Normen	Kostenbelastung durch Umstellung auf EU-Normen, insbesondere bei Immissions- und Emissionsschutz-maßnahmen
Beginnende grenzüber-schreitende Kooperation bei Brand- und Katastrophenschutz	Unzureichende Deponien-bewirtschaftung	Arbeitsplätze in Recycling-unternehmen	
Gute Kooperation bei Hochwasserschutz-maßnahmen	Ungenügender Immissions- und Emissions-schutz, Recycling-maßnahmen erst am Anfang stehend	Entwicklung moderner Umwelt-technologien in Zusammen-arbeit mit wissen-schaftlichen Institutionen	Hohe Umweltbelastung durch steigenden Personen- und Warenverkehr auf der Strasse
Wasser-, Abwasser- und Kläranlagenanschlüsse, vor allem im städtischen Bereich	Zusammenarbeit bei Feuerwehren und Kranken-	Einheitliche schnelle Betreuung aller Brand- und Katastrophenfälle, schnelle Bergung	Erhebliche Verzögerung bei Einsätzen in Katastrophenfällen aller Art, differierende Ausrüstungen und damit schlechte Einsatzmöglich-

	betreuung etc. noch unzureichend, ungenügende Ausrüstungen im polnischen Teil Noch keine gemeinsamen Konzepte für vorsorgenden Hochwasserschutz Im ländlichen Raum fehlende Wasser-, Abwasser- und Kläranlagenanschlüsse (insbesondere im polnischen Gebiet)	und Betreuung von Verletzten, Kooperation und Schulung von Feuerwehrmannschaften Für das gesamte Grenzgebiet einheitliches Konzept und organisierte Hochwasserabwehrmaßnahmen Gute Umweltbedingungen durch Reinhaltung der Gewässer Umfangreiche EU-Fördermittel, besonders für den Bau von Kläranlagen und Deponien	keiten, Gefährdung von Menschenleben und Material Hochwassergefahr für das Oder-Neiße-Bober-Gebiet Verunreinigung von Flüssen und Seengebieten, Grundwasserschädigung, gesundheitliche Risiken steigend Hohe Kosten für den Bau von Wasser-, Abwasser- und Kläranlagenanbindung

5. Entwicklung der Landwirtschaft und des ländlichen Raumes

Hoher Anteil landwirtschaftlicher Flächen und Waldgebiete Nachhaltige Dorfentwicklung begonnen Gute Naturressourcen für die Entwicklung des ökologischen Landbaus und Potentiale für den Anbau nachwachsender Rohstoffe Großes Potential an Arbeitskräften, niedrige	Im polnischen Teil vorwiegend Kleinstunternehmen, schlechte Bodenwertzahlen, unzureichende Kapitalausstattung Noch unzureichende Nutzung der Naturressourcen für Gewerbe	Umgestaltung der landwirtschaftlichen Unternehmen, bessere Vermarktung, bessere Nutzung von Wald- und anderen Landgebieten für Tourismus Anbau und Vermarktung nachwachsender Rohstoffe,	Steigende Arbeitslosigkeit durch Umstrukturierung der landwirtschaftlichen Unternehmen Abwanderung der Arbeitskräfte Nutzungskonflikte zwischen Landwirtschaft und Umweltschutz Altschulden-

Kosten der Arbeitskraft (im polnischen Teil) Gute Bedingungen für Agrotourismus	und Tourismus Unzureichende Verarbeitungs- und Vermarktungs- kapazitäten	Zusammenarbeit mit wissen- schaftlichen Institutionen zur Etablierung neuer Erwerbs- möglichkeiten	belastung, Kapitalschwäche der Unternehmen Geringe Absatz- möglichkeiten, Zollbarrieren
	Geringe grenz- überschreitende Kooperation Noch große Mängel in der Infrastruktur des ländlichen Raums Kaum Arbeits- platzangebote, ungünstige Altersstruktur, mangelnde Qualifikation Für die nach- haltige Dorf- erneuerung in Grenzdörfern, speziell für den ländlichen Tourismus, ist ein Ent- wicklungs- rückstand zu verzeichnen; eine gemeinsame nachhaltige Dorferneuerung auf polnischer und branden- burgischer Grenzseite ist bisher nicht erfolgt	Transitlage, Nähe der Metropolen, wachsendes Interesse an Erholung im ländlichen Raum Gemeinsame Verarbeitung und Vermarktung, Metropolennähe als Absatzgebiet	

6. Humanressourcen

Hohe Zahl gut ausgebildeter Arbeitskräfte, hoher Anteil von Fachschulabsolventen	Niedriger Anteil von Hochschulabsolventen in Lubuskie	Qualifikation der Arbeitskräfte, um den Erfordernissen des Arbeitsmarktes zu entsprechen	Steigende Arbeitslosigkeit, insbesondere bei Frauen
Große Zahl von Hochschulen (technische, pädagogische, Verwaltungshochschulen), Europa-Universität Viadrina, Collegium Polonicum in Słubice als deutsch - polnische Institution	Ausbildung in der gesamten Grenzregion zu wenig den Arbeitsmarkterfordernissen angepasst	Bildungsreform in Polen	Nähe der Universitätszentren der Metropolen, Abwanderung von Studenten
Niedrige Arbeitskosten (polnischer Teil)	Keine juristische und ökonomische Fachausrichtung im polnischen Teil	Gründung der Universität Lubuskie und Entwicklung eines Hochschulnetzes	Unqualifizierte Arbeitskräfte haben kaum Chancen auf dem Arbeitsmarkt
	Zu geringe Weiterbildungsangebote für KMU, Kooperation zwischen wissenschaftlichen Einrichtungen und Wirtschaft	Engere Zusammenarbeit der Europa-Universität Viadrina und BTU-Cottbus mit Lebuser Hochschulen	
	Noch ungenügender Studentenaustausch	Förderung von Forschungs- und Entwicklungskapazitäten unterstützt KMU, schafft neue Arbeitsplätze in Zukunftsindustrien	
	Hohe Zahl von Arbeitslosen		

7. Kooperation

Euroregionen als Motor für die Entwicklung der	Noch unzureichende	Vertiefte Zusammenarbeit	Beispiellösungen bleiben isoliert

gegenseitigen Beziehungen im Grenzraum	Strukturen in den Euroregionen und nicht voll befriedigende Arbeitsbedingungen	durch Ausweitung von Partnerschaft	Geringe Finanzierung für Kultur- und Bildungseinrichtungen
Angefangene gute Zusammenarbeit auf regionaler und lokaler Ebene		Gemeinsame Realisierung von small-projects-fund-Vorhaben	
	Noch unzureichender Erfahrungsaustausch, insbesondere im Hinblick auf die Beitrittsverhandlungen Polens		Dominanz des wirtschaftlich und finanziell stärkeren deutschen Partners
Beginnende Kooperation von Wissenschafts-, Bildungs- und Kultureinrichtungen (zweisprachige Kindergärten, Schulpartnerschaften, Schulen mit deutsch - polnischen Schülern (Abitur), Jugendaustausch)		Erfüllung der Voraussetzungen für EU-Beitritt	
		Sprachbarrieren reduzieren sich, gutnachbarliche Beziehungen verbessern sich	Fremdenfeindlichkeit
	Unterschiedliche Verwaltungsstrukturen und Kompetenzen		
Gute Erfahrungen bei der Vorbereitung und Durchführung von PHARE/CBC und INTERREG-Projekten	Unzureichende Fremdsprachenkenntnisse		
	Noch zu geringe Anzahl der zweisprachigen Kindergärten und Schulen mit polnischen Schülern		

Vgl. Deutsch - polnische Arbeitsgruppe Land Brandenburg – Woiwodschaft Lubuskie (2001), S. 33ff..

Tabelle 3: SWOT-Analyse des Grenzraumes im Gebiet der Länder Mecklenburg-Vorpommern/Brandenburg und der Woiwodschaft Zachodniopomorskie

Stärken	Schwächen	Chancen	Risiken
1. Geographische Lage, Raumstruktur			
Geographische Nähe sowohl zu den großen westeuropäischen Märkten, als auch den neuen Märkten im Ostseeraum

Durch Erweiterung der EU rückt die Region vom Rand des Europäischen Raumes in dessen Zentrum

Schnelle Direktverbindung per Straße oder Schiene in die überregionalen Zentren Berlin und Szczecin

Deutliche Nord-Süd-Achse ausgehend vom Seeweg in Paralleltrassen zur Oder | Hoher Anteil am Transitverkehr entlang der überregionalen Achsen aus dem Metropolenraum Berlin und dem Landesinneren von Polen in den Baltischen Markt und in die Tourismusgebiete der Ostsee

Zersplitterte Siedlungsstruktur erschwert die Sicherung der adäquaten Versorgung der Bevölkerung mit Waren und Dienstleistungen

Mit dem engeren Verflechtungsraum um Szczecin und um Koszalin nur zwei urbane Zentren im polnischen Raum

Periphere Lage aus Sicht des polnischen und deutschen Marktes

Ost-West-Achse im Vergleich zur Nord-Süd-Achse unterentwickelt | Durch zentrale Lage im erweiterten Europa wird die Region ein zentraler Umschlagplatz für den Güter- und Personentransport; Chance zur Entwicklung der Logistik Wasser/Straße/Schiene als strukturbestimmenden Wirtschaftszweig

Unternehmen können wegen der zentralen Lage zu den Märkten einen Vorteil aus der europäischen Entwicklung ziehen

Die wirtschaftliche Entwicklung des überregional bedeutsamen Zentrums Szczecin und der deutschen Hauptstadt Berlin kann einen positiven Einfluss auf das Umland ausüben | Niedrige Produktionskosten in Polen können zur Verschärfung der Konkurrenzsituation v.a. für binnenmarktorientierte deutsche Unternehmen im arbeitsintensiven gewerblichen Bereich führen

Region bleibt reines Transitgebiet und kann keinen eigenen Nutzen aus der Entwicklung ziehen |

		Stärkung der Nord-Süd-Trasse durch A3 und Ost-West-Trasse durch A20 kann Entwicklungs-impulse an Knotenpunkten nach sich ziehen	

2. Bevölkerung

Bevölkerung ist motiviert und hat ein solides Bildungsniveau (auf polnischer Seite höher als im Landesdurchschnitt) Leichtes Bevölkerungs-wachstum erwartet Geringer Anteil der Bevölkerung im Rentenalter im städtischen Raum	Geringe Bevölkerungsdichte im ländlichen Bereich Bevölkerung im ländlichen Raum überaltert tendenziell Anteil der Bevölkerung im arbeitsfähigen Alter wird aufgrund der Altersstruktur abnehmen (deutlich auf dem Lande) Migration der arbeitsfähigen Bevölkerung aus den ländlichen in die städtischen Räume	Die Entwicklung wird auch in die ländlichen Teile der Region getragen, neue Chancen ergeben sich für die Teilnahme am Arbeitsprozess Es entstehen Anreize für die junge Bevöl-kerung im ländlichen Raum zu leben und zu arbeiten, da sich die Chancen immer mehr ausgleichen	Die jüngere, arbeitsfähige, mobile Bevölkerung strebt in die städtischen Entwicklungs-zentren Die Region zerfällt in einen prosperierenden Bereich in Groß-räumen Szczecin und Berlin als auch den unmittelbar an der Küste gelegenen Tourismus-schwerpunkten sowie in einen zurückbleibenden ländlichen Raum; dadurch werden weitere negative Migrations-bewegungen in Gang gesetzt Gefahr der sozialen Ent-mischung in städtischen Quartieren mit

			hoher Arbeits-losigkeit

3. Wirtschaft

Hohe Branchendiversifizierung in traditionellen Bereichen (wie z.b. Schiffbau, Hafenwirtschaft, Nahrungsgüterindustrie, landwirtschaftliche Erzeugnisse, Dienstleistungen, Maschinen- und Fahrzeugbau, Holzverarbeitung, Handwerk und Gewerbe, chemische Industrie) ist struktureller Träger der Entwicklung	Innovative Unternehmen sind eher Kleinbetriebe und haben nicht ausreichend Risikokapital für Erweiterungen und Entwicklungen	Neuer Entwicklungsschub für Logistikunternehmen durch Infrastrukturvorhaben wie die A11-Verlängerung sowie den A3/A20-Ausbau	Abkopplung der Entwicklung zwischen den engeren Verflechtungsräumen um Szczecin und Berlin bzw. den Küstenstreifen von der Entwicklung der ländlichen Räume
	Technologisches Niveau der Produktion in Vielzahl der polnischen Betriebe gering; Produktionsanlagevermögen stark ersatzbedürftig	Rationalisierungsdruck durch internationalen Wettbewerb fördert die Modernisierung der Industrie und wird durch internationales Kapital wirkungsvoll unterstützt	Soziale Abkopplung der Bevölkerungsschichten mit geringer Ausbildung aufgrund der steigenden Anforderungen des Arbeitsmarktes
Es existieren industrielle Kerne, die Rückgratfunktionen für die regionale Wirtschaft ausüben und internationales Kapital anziehen	Starke Orientierung der traditionellen Kleinbetriebe auf den Binnenmarkt (Exportanteil vieler Unternehmen sehr gering) und damit keine Möglichkeit, aus der guten geographischen Lage Vorteile zu ziehen	Stabilisierende Wirkung durch Zusammenarbeit der Nahrungsgüterwirtschaft, der Landwirtschaft und des Handels	Durch Zugang polnischer und anderer osteuropäischer Unternehmen zum deutschen Markt steigt Rationalisierungsdruck auf die Unternehmen, der möglicherweise die Arbeitslosigkeit erhöht
Wirtschaft wird neben einigen Großbetrieben vor allem durch Klein- und Mittelbetriebe bestimmt, in denen ein hohes Innovationspotential aktiviert werden kann	Relativ hoher Anteil an Beschäftigung im öffentlichen Bereich kann zu finanziellen Problemen der Kommunen führen; hoher Anteil der ländlichen Bevölkerung und der wenig qualifizierten	Nutzung der vorhandenen Öl- und Gasvorkommen für die Stärkung der regionalen Energieversorgung	Kürzungen im öffentlichen Bereich könnten

Motiviertes Führungspersonal, gut ausgebildete Facharbeiter und Ingenieure Gut ausgeprägter Unternehmensgeist Internationale Aufmerksamkeit der Unternehmen richtet sich nach Polen aufgrund der Aufnahme in die EU	Bevölkerung an der Arbeitslosigkeit; industrielle Kerne bergen latente Gefahr der Abhängigkeit der Kommunen von unternehmerischen Entscheidungen zur Standortverlagerung; Niveau der Dienstleistungen für die privaten Haushalte, wirtschaftlichen Unternehmen und öffentlichen Verwaltungen auf polnischer Seite gering	Entwicklung von grenzüberschreitenden Netzwerken zwischen Städten und Unternehmen Unterstützung der Unternehmen bei der Realisierung des Standortvorteils im Grenzbereich Fokussierung der wirtschaftlichen Entwicklung auf Qualitätserzeugnisse Weitere Unterstützung derjenigen Branchen, die ein besonders großes Wachstumspotential aufweisen (Nahrungsmittel, IT/Kommunikation, Tourismus) Steigerung der Exportkraft und Internationalisierung der Tätigkeit der KMU Förderung der innerregionalen Kooperation der KMU	zum Ansteigen der Arbeitslosigkeit führen

4. Forschung und Entwicklung

Historisch gewachsene Positionen der Universitäten und Hochschulen, vor allem in Szczecin und Greifswald International gute Wettbewerbsposition, insbesondere bei Biotechnologie und Medizin	Geringe Forschungskapazität im mittleren und südlichen Bereich der Region KMU in forschungsintensiven Branchen sind zu wenig exportorientiert KMU besitzen kaum Eigenkapital für Forschung und Entwicklung Im internationalen Vergleich ist die Zahl und Größe forschungsintensiver Unternehmen zu klein, um die kritische Masse für die Anwerbung neuer F&E-Branchen zu überschreiten Schwierigkeiten bei der unternehmerischen Verwertung wissenschaftlicher Resultate	Verbindung von Forschung und Wirtschaft wird wichtiger Standortvorteil im Wettbewerb Dauerhafte strukturelle Verbindung zwischen Industrie, Wissenschaft und Forschung zur Beförderung der Kommerzialisierung der Ergebnisse an den industriellen Kernen; Nutzung der Zusammenarbeitsmöglichkeiten in der Region Beschaffung zusätzlicher öffentlicher und privater Mittel für F&E	Höhere Bildungschancen in den Zentren, dadurch Abkopplung der Entwicklung Innovative Unternehmen konzentrieren sich auf den Verflechtungsraum um Szczecin und Berlin Tendenzielles Absinken des Bildungsniveaus in den ländlichen Gebieten würde F&E-intensive Unternehmen zum Verlassen des Standortes bewegen

5. Technische Infrastruktur, Transport und Logistik

Guter Anschluss an die überregionalen Trassen durch die Lage an der Ostsee und am Haff Multimodale Grundstruktur der verschiedenen	Qualität und teilweise Kapazität der Straßen- und Schienenwege im polnischen Teil unzureichend, insbesondere überregionale Trassen nicht weiter	Etablierung von Unternehmen an den neuen Knotenpunkten der Transferwege Erweiterung des logistischen Angebotes und	Größeres Verkehrsaufkommen auf der Straße wird die Umwelt belasten (Luftverschmutzung, Lärm) und die Lebensqualität

Verkehrsträger vorhanden	aufnahmefähig; System der Straßen 2. Ordnung qualitativ stark sanierungsbedürftig	der Bedeutung des Wirtschaftszweiges; integrierte Lösungen Straße/Wasser/ Schiene/Luft an Schnittstellen	verschlechtern
Grundstruktur von See- und Binnenhäfen zur Teilnahme am regionalen und überregionalen Austausch vorhanden	Teil der Infrastrukturanlagen zu gering dimensioniert; Erweiterungen entsprechend der Entwicklungsanforderungen notwendig	Durch neue Märkte im Baltikum wachsen die Chancen für logistische Zentren an den Land- und Wasserschnittstellen	Straßen- und Schienennetz wird nicht ausreichend erweitert; Belastung nimmt überproportional zu; der Bau von Ortsumgehungen wird wegen finanzieller Schwierigkeiten des Landes und der Kommunen verzögert
Ausgebautes regionales Transportsystem im Inland, zentrale Orte sind gut erreichbar	System der Umgehungsstraßen unterentwickelt, dadurch hohe Barrierewirkung der Städte auf überregionalen Trassen	Entwicklung ökologischer Verkehrslösungen durch Integration von Schienen- und Wassertransport	Region wird reines Transitland und hat außer der Verkehrsbelastung keine eigenen Effekte
Technische Infrastruktur, insbesondere Telekommunikationsnetz, ist auf deutscher Seite von guter Qualität	Netz der Regionalbahnangebote ausgedünnt		
	Ungenügendes ÖPNV-Angebot aus dem ländlichen Raum in die zentralen Orte	Durch Investitionsmittel des polnischen Staates und der EU kann Defizit in der technischen Infrastruktur schneller abgebaut werden	Durch weitere Einschränkungen des regionalen Schienenverkehrs erfolgt noch mehr Verlagerung des Verkehrs auf die Straße
	Oder als Wasserstraße nicht reguliert und daher nicht dauerhaft nutzbar		Mit Entwicklung der Metropole Berlin und des Zentrums Szczecins sowie der Liberalisierung des Grenzverkehrs wird der Pendelverkehr deutlich zunehmen, auch aus dem Landesinneren
	Zahl der Grenzübergänge organisatorisch und kapazitiv unzureichend		
	Kommunale Infrastruktur auf polnischer Seite weist erhebliche Defizite		

| | auf allen Gebieten auf (z.B. Organisation, Technologie), insbesondere im Bereich der Siedlungswasserwirtschaft und der Abfallwirtschaft

Defizit bei Telekommunikationsinfrastruktur, speziell im ländlichen Bereich (Polen) | | |

6. Landwirtschaft

| In Teilregionen sehr gute landwirtschaftliche Böden

Nahrungsmittelindustrie ist als Partner der Landwirtschaft erhalten geblieben

Hohe Produktivität auf deutscher Seite aufgrund einer guten technologischen Ausstattung

Diversifizierte Landwirtschaft (keine Monokulturen)

Dynamische Entwicklung

Nähe zu den urbanen Zentren Szczecin und Berlin | Erhebliche Unterschiede zwischen den deutschen und polnischen Gebieten

Auf polnischer Seite:

Betriebswirtschaftlich ungünstige Betriebsgrößenstrukturen

Relativ geringe Produktivität

Defizite bei der technischen Ausstattung von landwirtschaftlichen Dienstleistungsanbietern

Unzureichende Finanzierungshilfen und Förderprogramme für entwicklungsfähige Agrarbetriebe | Ausstattung ländlicher Räume mit Infrastruktureinrichtungen im ländlichen Raum

Öko-Produkte aus dem ländlichen Raum für die Metropole Berlin, das Zentrum Szczecin und die Tourismusschwerpunkte an der Küste

Entwicklung ökologischer Anbaumethoden für die betriebswirtschaftlich rentable Produktion von Gemüse und anderen arbeitsintensiven Sonderkulturen | Landwirtschaft ist aufgrund des Technisierungsrückstands bei verarbeiteten Qualitätserzeugnissen nur bedingt wettbewerbsfähig

Die landwirtschaftliche Produktion ist gegenüber billigen Produkten nicht konkurrenzfähig

Wachsende Auseinandersetzungen zwischen den Bestrebungen des Natur- und Landschaftsschutzes und der Landwirtschaft

Landwirtschaft |

Traditionelle Positionen in der Ostsee- und Binnenfischerei	Bestand an Maschinen, Material und Anlagen veraltet und stark ersatz-bedürftig Technische Infrastruktur auf dem Lande defizitär Geringe Exportrate für landwirtschaft-liche Produkte Geringer Tierbesatz bringt Schwierig-keiten für die Auslastung der Verarbeitungs-kapazitäten (v.a. Milchviehhaltung) Ökologisierung der Landwirtschaft noch am Anfang Fehlende Erwerbsalternativen im ländlichen Raum, dadurch hohe Arbeitslosigkeit durch Aufgabe der ehemaligen großen Landwirtschafts-betriebe Entwicklung der Hochseefischerei rückläufig; Anlagen und Geräte veraltet <u>Auf deutscher Seite:</u> Geringe Exportrate für landwirtschaft-liche Produkte	Erweiterte Teilnahme am europäischen Nahrungsgüter-handel mit hochwertigen, ökologisch erzeugten Produkten Grenz-übergreifende Zusammenarbeit im Nahrungs-güterbereich, ökologische Anbaumethoden, nachwachsende Rohstoffe Grenzüber-greifende Aus- und Weiter-bildung der Landwirte Einbeziehung der nachwachsenden Rohstoffe in die land- und forstwirtschaft-liche Tätigkeit sowie Verarbeitung Intensivierung der grenzüber-schreitenden Zusammenarbeit von Produktions-Handels- und Verarbeitungs-unternehmen sowie im Dienstleistungs-sektor	wird unattraktiv und verliert den Berufsnachwuchs Abwanderung von qualifizierten dynamischen Fachkräften und potentiellen Unternehmern Nahrungsgüter-industrie ist wegen Investitionsstaus nicht in der Lage, hochwertige Produkte her-zustellen

	Massiver Rückgang in der Viehhaltung, geringer Tierbesatz bringt teilweise Schwierigkeiten für die Auslastung der Verarbeitungs-kapazitäten	Entwicklung des „Urlaubs auf dem Lande"	
	Starke Spezia-lisierung der Agrarunternehmen und bisher wenig Aktivitäten zur Diversifizierung der Produktionsstruktur		
	Hoher Anteil beschäftigungs-extensiver Primär-agrarerzeugnisse (z.B. Getreide), geringer Anteil von beschäftigungs-intensiven Erzeugnissen (z.B. Obst, Gemüse, Früchte, Gartenbau, etc.)		
	Unzureichende Wertschöpfung in der Agrarproduktion		
	Ökologisierung der Landwirtschaft noch am Anfang		

7. Naturraum, natürliche Ressourcen

In weiten Teilen naturbelassene Landschaft mit hohem Erholungswert	Punktuelle Belastung durch Altlasten (gewerblich, landwirtschaftlich, militärisch) und	Naturausstattung unter Beachtung der jeweiligen Rechtsvor-schriften in	Bedrohung des Naturraumes durch erhöhtes Verkehrs-aufkommen auf

Reichtum an seltenen Tier- und Pflanzenarten in und außerhalb von Schutzgebieten	Emittenten aus dem industriellen und gewerblichen Bereich; Auswirkungen vor allem auf die Qualität der Fließgewässer	touristische Angebote einbeziehen und einen natur- und umweltfreundlichen Tourismus entwickeln	Autobahnen (Luftbelastung, Zerschneiden der Landschaft)
Regional geringe Belastungssituation für Wasser, Luft, Boden	Defizite in der Kommunikation zwischen Flächennutzern und den jeweils zuständigen Naturschutz und Umweltverwaltungen	Etablierung eines abgestimmten Systems der regionalen Planung der Entwicklung von Tourismus und Gewerbe in Übereinstimmung mit den Erfordernissen des Natur- und Landschaftsschutzes in den großen Schutzgebieten	Einsetzende Bautätigkeit zerstört die Identität der Kulturlandschaft, speziell im Umland von Szczecin und Berlin
Vorkommen an Steinen und Erden, Mineralwässern, Heilerden, Erdöl/ Erdgas, geothermische Energie	Grenzüberschreitender Umwelt- und Katastrophenschutz sind noch nicht ausreichend organisiert		Entwicklung des Ballungsraumes Szczecin kann zu irreversiblen Belastungen des Odermündungsraumes und des Haffs führen
		Gemeinsame Entwicklung eines grenzübergreifenden Systems für den Umwelt- und Katastrophenschutz	Potentielle Bedrohung durch geplante Bergbautätigkeit (wie z.B. Sande und Kiese sowie Ausbeutung der Öl/Gasvorkommen)
		Entwicklung eines grenzübergreifenden Systems der Schutzgebiete ausgehend vom Nationalpark Unteres Odertal und den Landschaftsparks von Cedynia und Unteres Odertal	Überlastung bestimmter Gebiete (Seen im engeren Verflechtungsraum Szczecin und Berlin, Ostseeküste) durch Tourismus
			Erhöhte Transporttätigkeit auf den Wasserstraßen und

		Erschließung des Gebietes für Tagesausflüge von Berlin und Szczecin	Ausbau der Oder als Binnen- wasserstraße fügt dem Gebiet der Odermündung irreversible Schäden zu

8. Bildung, Kultur und soziale Lage

Regionale Identität in Teilen bewahrt	Arbeitslosigkeit langfristig auf hohem Niveau	Entwicklung von Systemen der Fernaus- und Weiterbildung auf Basis der guten Infrastruktur der Telekommuni- kation (virtuelle Universität)	Soziale Differenzierung in den Städten entsprechend der Teilnahme am Arbeitsprozess; Gefahr eines sozialen und wirtschaftlichen Ungleichgewichts in der Region
Gutes mittleres Bildungsniveau der Bevölkerung, insbesondere in den Städten	Relativ hoher Anteil jugendlicher Arbeitsloser und Arbeitsloser ohne Berufsausbildung		
Gut entwickeltes kommunales Gesundheitswesen und soziale Dienste, verbunden mit einem relativ hohen Lebens- standard auf deutscher Seite	In ländlichen Gebieten Defizite beim Zugang zu höherer Schulbildung	Entwicklung von Trainee-Systemen für KMU, speziell zur grenz- überschreitenden Bearbeitung des Marktes der Region	Entstehen regionaler Ungleichgewichte durch die Entwicklungen in den Städten und dem zurück- bleibenden Land
Vielseitiges Angebot an kulturellen Einrichtungen	Defizite im Angebot für Aus- und Weiterbildung bzw. Umschulung im Erwachsenenalter	Spezifische Angebote der Aus- und Weiter- bildung unter Nutzung der Forschungs- standorte	Kommunale Ausgaben für Kultur werden reduziert, dadurch verflacht das Angebot
	In Stadtgebieten soziale Differen- zierung entsprechend des Zugangs zur Bildung und Arbeit; Gefahr der Bildung von sozial kritischen Stadtquartieren	Entwicklung eines eigenständigen kulturellen Lebens zur Kommunika- tion der regio- nalen Identität nach innen und außen	Bildungsnachteile im ländlichen Raum nehmen zu und verstärken die Polarisierung der Entwicklung
	Defizite bei der Organisation und der Ausstattung des polnischen Gesundheitswesens		

	mit Mangelfolge-erscheinungen im Gesundheits-zustand der Bevölkerung Zustand der kulturellen und sozialen Einrich-tungen teilweise desolat, hoher Sanierungsbedarf Defizit an Jugend- und Sporteinrich-tungen von gutem Standard	Intensivierung der Zusammenarbeit bei der Sucht- und Kriminalitäts-vorbeugung	Soziale Differenzierung wird nicht durch soziale Dienste aufgefangen und wird zunehmend zu einem gesell-schaftlichen Problem

9. Tourismus

Gut entwickelte touristische Infrastruktur mit breitem Angebot für verschiedene Zielgruppen, vor allem an der Ostseeküste Kulturelle und kulturhistorische Angebote und touristische Attraktionen in der Region von überregionaler Bedeutung; Mischung aus kulturhistorischen und aktivitäts-bezogenen Angeboten (Wandern, Reiten, Wasserwandern, Biking)	Zu wenige Infrastruktur-einrichtungen von internationalem Standard Hohe Saisonalität der touristischen Nachfrage Übernutzung bestimmter Schwer-punktgebiete an der Küste in der Saison Hohe Belastung durch Tagestourismus im engeren Verflechtungsraum um Szczecin und Berlin Defizite in der Qualität des gastronomischen Angebotes	Entwicklung des maritimen Tourismus wird zum Marken-zeichen der Region Entwicklung des Tourismus auf dem Lande als sinnvolles Komplementär-angebot wird alternative Erwerbsquelle Entwicklung des Tagungs-/ Konferenz-tourismus unter Einbeziehung kulturhistorischer Angebote möglich Ausbau des Kur-Tourismus auf	Punktuelle Überlastung des Naturraumes aufgrund zu hohen Besucher-aufkommens (z.B. Seen in der Umgebung von Szczecin und Berlin, tradi-tionelle Seebäder) Ländliche, küstenferne Räume werden eher zum Touristen-transitland als zum Aufenthalts-land Touristische Infrastruktur im ländlichen Bereich wird wegen fehlender

Bewahrung der kulturellen Identität bisher gelungen (Traditionen)	Geringe Auslastung der Beherbergungs-kapazitäten	traditioneller und alternativer Basis	Nachfrage aus-gedünnt, Region verliert dadurch an Attraktivität
Landschaft mit hohem Attraktions-wert für Touristen, Belastungssituation gering	Zu wenig Kooperation seitens der Kommunen bei der gemeinsamen Vermarktung der Region	Ausarbeitung und Realisierung einer regionalen touristischen Marketing-strategie	Touristischer Schwerpunkt verlagert sich weiter an die Küste und koppelt sich vom Binnen-land ab
Besondere Eignung für die Entwicklung des maritimen Tourismus	Defizit bei der Bereithaltung von Informationen in den baltischen Sprachen		Isoliertes Handeln der Akteure des Tourismus nimmt zu
Vielzahl lokaler Initiativen	Lokale Initiativen regional nicht abgestimmt		

Vgl. Regionale Arbeitsgruppe der Länder Mecklenburg-Vorpommern, Brandenburg und der Wojewodschaft Zachodniopomorskie (2001), S. 46ff.

Tabelle 4: Kreuztabellen der erwarteten und beobachteten Häufigkeiten (Bezugsgröße: in der Grenzregion transnational nicht engagierte Unternehmen aus der Befragung mit Hilfe von Fragebögen)

HYPOTHESE NR. 1

Nicht im polnischen Wirtschaftsraum engagierte deutsche Unternehmen

BEOBACHTETE HÄUFIGKEITEN	Keine Kooperation	Kooperation	Summe
Hoher Grad an interkulturellen Unterschieden	19	30	49
Niedriger bis mäßiger Grad an interkulturellen Unterschieden	38	59	97
Summe	57	89	146

ERWARTETE HÄUFIGKEITEN	Keine Kooperation	Kooperation	Summe
Hoher Grad an interkulturellen Unterschieden	19,13014	29,86986	49,0000
Niedriger bis mäßiger Grad an interkulturellen Unterschieden	37,86986	59,13014	97,0000
Summe	57,00000	89,00000	146,0000

Nicht im deutschen Wirtschafsraum engagierte polnische Unternehmen

BEOBACHTETE HÄUFIGKEITEN	Keine Kooperation	Kooperation	Summe
Hoher Grad an interkulturellen Unterschieden	6	14	20
Niedriger bis mäßiger Grad an interkulturellen Unterschieden	27	24	51
Summe	33	38	71

ERWARTETE HÄUFIGKEITEN	Keine Kooperation	Kooperation	Summe
Hoher Grad an interkulturellen Unterschieden	9,29577	10,70423	20,00000
Niedriger bis mäßiger Grad an interkulturellen Unterschieden	23,70423	27,29577	51,00000
Summe	33,00000	38,00000	71,00000

HYPOTHESE NR. 2

Nicht im polnischen Wirtschaftsraum engagierte deutsche Unternehmen

BEOBACHTETE HÄUFIGKEITEN	Keine Kooperation	Kooperation	Summe
Niedriger Grad an Rechtsschutz	9	10	19
Mittlerer bis hoher Grad an Rechtsschutz	43	77	120
Summe	52	87	139

ERWARTETE HÄUFIGKEITEN	Keine Kooperation	Kooperation	Summe
Niedriger Grad an Rechtsschutz	7,10791	11,89209	19,0000
Mittlerer bis hoher Grad an Rechtsschutz	44,89209	75,10791	120,0000
Summe	52,00000	87,00000	139,0000

Nicht im deutschen Wirtschafsraum engagierte polnische Unternehmen

BEOBACHTETE HÄUFIGKEITEN	Keine Kooperation	Kooperation	Summe
Niedriger Grad an Rechtsschutz	2	1	3
Mittlerer bis hoher Grad an Rechtsschutz	32	35	67
Summe	34	36	70

ERWARTETE HÄUFIGKEITEN	Keine Kooperation	Kooperation	Summe
Niedriger Grad an Rechtsschutz	1,45714	1,54286	3,00000
Mittlerer bis hoher Grad an Rechtsschutz	32,54286	34,45714	67,00000
Summe	34,00000	36,00000	70,00000

HYPOTHESE NR. 3

Nicht im polnischen Wirtschaftsraum engagierte deutsche Unternehmen

BEOBACHTETE HÄUFIGKEITEN	Keine Kooperation	Kooperation	Summe
Hoher Grad an Länderrisiko	5	1	6
Mittlerer bis hoher Grad an Länderrisiko	52	90	142
Summe	57	91	148

ERWARTETE HÄUFIGKEITEN	Keine Kooperation	Kooperation	Summe
Hoher Grad an Länderrisiko	2,31081	3,68919	6,0000
Mittlerer bis hoher Grad an Länderrisiko	54,68919	87,31081	142,0000
Summe	57,00000	91,00000	148,0000

Nicht im deutschen Wirtschafsraum engagierte polnische Unternehmen

BEOBACHTETE HÄUFIGKEITEN	Keine Kooperation	Kooperation	Summe
Hoher Grad an Länderrisiko	0	1	1
Mittlerer bis hoher Grad an Länderrisiko	33	37	70
Summe	33	38	71

ERWARTETE HÄUFIGKEITEN	Keine Kooperation	Kooperation	Summe
Hoher Grad an Länderrisiko	0,46479	0,53521	1,00000
Mittlerer bis hoher Grad an Länderrisiko	32,53521	37,46479	70,00000
Summe	33,00000	38,00000	71,0000

HYPOTHESE NR. 4

Nicht im polnischen Wirtschaftsraum engagierte deutsche Unternehmen

BEOBACHTETE HÄUFIGKEITEN	Keine Kooperation	Kooperation	Summe
Niedriger Einsatz moderner IuK-Technologien	0	7	7
Mittlerer bis hoher Einsatz an modernen IuK-Technologien	57	84	141
Summe	57	91	148

ERWARTETE HÄUFIGKEITEN	Keine Kooperation	Kooperation	Summe
Niedriger Einsatz moderner IuK-Technologien	2,69595	4,30405	7,0000
Mittlerer bis hoher Einsatz an modernen IuK-Technologien	54,30405	86,69595	141,0000
Summe	57,00000	91,00000	148,0000

Nicht im deutschen Wirtschafsraum engagierte polnische Unternehmen

BEOBACHTETE HÄUFIGKEITEN	Keine Kooperation	Kooperation	Summe
Niedriger Einsatz moderner IuK-Technologien	1	0	1
Mittlerer bis hoher Einsatz an modernen IuK-Technologien	33	38	71
Summe	34	38	72

ERWARTETE HÄUFIGKEITEN	Keine Kooperation	Kooperation	Summe
Niedriger Einsatz moderner IuK-Technologien	0,47222	0,52778	1,00000
Mittlerer bis hoher Einsatz an modernen IuK-Technologien	33,52778	37,47222	71,00000
Summe	34,00000	38,00000	72,00000

HYPOTHESE NR. 5

Nicht im polnischen Wirtschaftsraum engagierte deutsche Unternehmen

BEOBACHTETE HÄUFIGKEITEN	Keine Kooperation	Kooperation	Summe
Hoher Grad an Wettbewerbsintensität	14	11	25
Niedriger bis mittlerer Grad an Wettbewerbsintensität	40	80	120
Summe	54	91	145

ERWARTETE HÄUFIGKEITEN	Keine Kooperation	Kooperation	Summe
Hoher Grad an Wettbewerbsintensität	9,31034	15,68966	25,0000
Niedriger bis mittlerer Grad an Wettbewerbsintensität	44,68966	75,31034	120,0000
Summe	54,00000	91,00000	145,0000

Nicht im deutschen Wirtschafsraum engagierte polnische Unternehmen

BEOBACHTETE HÄUFIGKEITEN	Keine Kooperation	Kooperation	Summe
Hoher Grad an Wettbewerbsintensität	10	21	31
Niedriger bis mittlerer Grad an Wettbewerbsintensität	24	16	40
Summe	34	37	71

ERWARTETE HÄUFIGKEITEN	Keine Kooperation	Kooperation	Summe
Hoher Grad an Wettbewerbsintensität	10,38889	11,61111	22,00000
Niedriger bis mittlerer Grad an Wettbewerbsintensität	23,61111	26,38889	50,00000
Summe	34,00000	38,00000	72,00000

HYPOTHESE NR. 6

Nicht im polnischen Wirtschaftsraum engagierte deutsche Unternehmen

BEOBACHTETE HÄUFIGKEITEN	Keine Kooperation	Kooperation	Summe
Niedriger Grad an deutscher institutioneller Unterstützung	15	26	41
Mittlerer bis hoher Grad an deutscher institutioneller Unterstützung	41	62	103
Summe	56	88	144

ERWARTETE HÄUFIGKEITEN	Keine Kooperation	Kooperation	Summe
Niedriger Grad an deutscher institutioneller Unterstützung	15,94444	25,05556	41,0000
Mittlerer bis hoher Grad an deutscher institutioneller Unterstützung	40,05556	62,94444	103,0000
Summe	56,00000	88,00000	144,0000

Nicht im deutschen Wirtschafsraum engagierte polnische Unternehmen

BEOBACHTETE HÄUFIGKEITEN	Keine Kooperation	Kooperation	Summe
Niedriger Grad an deutscher institutioneller Unterstützung	10	21	31
Mittlerer bis hoher Grad an deutscher institutioneller Unterstützung	24	16	40
Summe	34	37	71

ERWARTETE HÄUFIGKEITEN	Keine Kooperation	Kooperation	Summe
Niedriger Grad an deutscher institutioneller Unterstützung	14,84507	16,15493	31,00000
Mittlerer bis hoher Grad an deutscher institutioneller Unterstützung	19,15493	20,84507	40,00000
Summe	34,00000	37,00000	71,00000

HYPOTHESE NR. 7

Nicht im polnischen Wirtschaftsraum engagierte deutsche Unternehmen

BEOBACHTETE HÄUFIGKEITEN	Keine Kooperation	Kooperation	Summe
Niedriger Grad an polnischer institutioneller Unterstützung	19	31	50
Mittlerer bis hoher Grad an polnischer institutioneller Unterstützung	37	56	93
Summe	56	87	143

ERWARTETE HÄUFIGKEITEN	Keine Kooperation	Kooperation	Summe
Niedriger Grad an polnischer institutioneller Unterstützung	19,58042	30,41958	50,0000
Mittlerer bis hoher Grad an polnischer institutioneller Unterstützung	36,41958	56,58042	93,0000
Summe	56,00000	87,00000	143,0000

Nicht im deutschen Wirtschafsraum engagierte polnische Unternehmen

BEOBACHTETE HÄUFIGKEITEN	Keine Kooperation	Kooperation	Summe
Niedriger Grad an polnischer institutioneller Unterstützung	15	25	40
Mittlerer bis hoher Grad an polnischer institutioneller Unterstützung	19	12	31
Summe	34	37	71

ERWARTETE HÄUFIGKEITEN	Keine Kooperation	Kooperation	Summe
Niedriger Grad an polnischer institutioneller Unterstützung	19,15493	20,84507	40,00000
Mittlerer bis hoher Grad an polnischer institutioneller Unterstützung	14,84507	16,15493	31,00000
Summe	34,00000	37,00000	71,00000

Eigene Darstellung.

Literaturverzeichnis

Agarwal, Sanjeev; Ramaswami, Sridhar: Choice of Foreign Market Entry Mode: Impact of Ownership, Location and Internalization Factors, in: Journal of International Business Studies, 23/1 (1992), S. 1-27.

Albe, Frank: Total Dynamic Controlling zwischenbetrieblicher Kooperation, Northeim 1996.

Alford, Allan; Lussier, Jacques; Siebes, Philippe: National and Regional Factors in the Foreign Direct Investment Decision: The Case of Canada, in: The International Trade Journal, 11/4 (1997), S. 453-484.

Andersen, Otto: Internationalization and Market Entry Mode – A Review of Theories and Conceptual Frameworks, in: Oesterle, Michael-Jörg (Hrsg.): Internationalization Processes – New Perspectives for a Classical Field of International Management, in: Management International Review, 37/Spezialausgabe 2 (1997), S. 27-42.

Anderson, Erin: The Salesperson as Outside Agent or Employee: A Transaction Cost Analysis, in: Marketing Science, 4/3 (1985), S. 234-254.

Anderson, Erin; Coughlan, Anne: International Market Entry and Expansion via Independent or Integrated Channels of Distribution, in: Journal of Marketing, 51/1 (1987), S. 71-82.

Anderson, Erin; Gatignon, Hubert: Modes of Foreign Entry: A Transaction Cost Analysis and Propositions, in: Journal of International Business Studies, 17/3 (1986), S. 1-26.

Anderson, Erin; Schmittlein, David: Integration of the Sales Force: An Empirical Examination, in: Rand Journal of Economics, 15/3 (1984), S. 385-395.

Anderson, Erin; Weitz, Barton: Make-or-Buy Decisions: Vertical Integration and Marketing Productivity, in: Sloan Management Review, 27/3 (1992), S. 3-19.

Anderson, James; Narus, James: A Model of Distributor Firm and Manufacturer Firm Working Partnerships, in: Journal of Marketing, 54/1 (1990), S. 42-58.

Argyres, Nicholas: The Impact of Information Technology on Coordination: Evidence from the B-2 "Stealth" Bomber, in: Organization Science, 10/2 (1999), S. 162-180.

Arrow, Kenneth: The Organization of Economic Activity: Issues Pertinent to the Choice of Market versus Nonmarket Allocation, in: U.S. Joint Economic Committee (Hrsg.), 91st Congress, 1st Session: The Analysis and Evaluation of Public Expenditure, Band 1, Washington D.C. 1969, S. 47-63.

Arrow, Kenneth: Essays in the Theory of Risk-Bearing, Chicago 1971.

Aulinger, Andreas: Wissenskooperationen – Eine Frage des Vertrauens?, in: Engelhard, Johann; Sinz, Elmar (Hrsg.): Kooperation im Wettbewerb. Neue Formen und Gestaltungskonzepte im Zeichen von Globalisierung und Informationstechnologie, Wiesbaden 1999, S. 89-111.

Autschbach, Jörg: Internationale Standortwahl. Direktinvestitionen der deutschen Automobilindustrie in Osteuropa, Wiesbaden 1997.

Axelrod, Robert: Die Evolution der Kooperation, 2. Auflage, München 1991.

Backhaus, Klaus et al.: Multivariate Analysemethoden, Berlin 1996.

Backhaus, Klaus; Piltz, Klaus (Hrsg.): Strategische Allianzen – eine neue Form des kooperativen Wettbewerbs?, in: Schmalenbachs Zeitschrift für betriebswirtschaftliche Forschung, Sonderheft 27 (1990).

Badaracco, Joseph: Strategische Allianzen: wie Unternehmen durch Know-How-Austausch Wettbewerbsvorteile erzielen, Wien 1991.

Badri, Masood; Davis, Donald; Davis, Donna: Decision Support Models for the Location of Firms in Industrial Sites, in: International Journal of Operations & Production Management, 15/1 (1995), S. 50-62.

Bakos, Yannis: Information Links and Electronic Marketplaces, in: Journal of Management Information Systems, 8/2 (1991), S. 31-52.

Balling, Richard: Kooperation. Strategische Allianzen, Netzwerke, Joint-Ventures und andere Organisationsformen zwischenbetrieblicher Zusammenarbeit in Theorie und Praxis, Frankfurt am Main 1997.

Barney, Jay: Firm Resources and Sustained Competitive Advantage, in: Journal of Management, 17/1 (1991), S. 99-120.

Barney, Jay; Hansen, Mark: Trustworthiness as a Source of Competitive Advantage, in: Strategic Management Journal, 15/8 (1994), S. 175-190.

Bea, Franz; Haas, Jürgen: Strategisches Management, Stuttgart 1995.

Beccerra, Manuel; Gupta, Anil: Trust within the Organization: Integrating the Trust Literature with Agency Theory and Transaction Costs Economics, in: Public Administration Quarterly, 23/2 (1999), S. 177-203.

Becker, Jochen: Marketing-Konzeption. Grundlagen des strategischen Marketing-Managements, 4. Auflage, München 1992.

Behrens, Karl Christian: Allgemeine Standortbestimmungslehre, 2. Auflage, Opladen 1971.

Bello, Daniel; Dant, Shirish; Lohtia, Ritu: Hybrid Governance: The Role of Transaction Costs, Production Costs and Strategic Considerations, in: Journal of Business & Industrial Marketing, 12/2 (1997), S. 118-133.

Benisch, Werner: Kooperationsfibel, 4. Auflage, Bergisch Gladbach 1973.

Bergemann, Niels; Sourriseaux, Andreas (Hrsg.): Interkulturelles Management, Heidelberg 1992.

Bernkopf, Günter: Strategien zur Auswahl ausländischer Märkte, München 1980.

Bhatnagar, Rohit; Jayaram, Jayanth; Phua, Yue Cheng: Relative Importance of Plant Location Factors: A Cross National Comparison between Singapore and Malaysia, in: Journal of Business Logistics, 24/1 (2003), S. 147-170.

Bidlingmaier, Johannes: Begriffe und Formen der Kooperation im Handel, in: Bidlingmaier, Johannes; Jacobi, Helmut; Uherek, Edgar (Hrsg.): Absatzpolitik und Distribution, Wiesbaden 1967, S. 353-395.

Bidlingmaier, Johannes; Jacobi, Helmut; Uherek, Edgar (Hrsg.): Absatzpolitik und Distribution, Wiesbaden 1967.

Bitz, Michael et al. (Hrsg.): Vahlens Kompendium der Betriebswirtschaftslehre, 2. Auflage, Band 2, München 1990.

Björkman, Ingmar: Eklund, Michael: The Sequence of Operational Modes Used by Finnish Investors in Germany, in: Journal of International Marketing, 4/1 (1996), S. 35-55.

Blohm, Hans: Kooperation, in: Grochla, Erwin (Hrsg.): Handwörterbuch der Organisation, 2. Auflage, Stuttgart 1980, S. 1111-1117.

Bodemer, Klaus: Spieltheorie, in: Gabriel, Oskar (Hrsg.): Grundkurs Politische Theorie, Köln 1978, S. 143-188.

Boehme, Joachim: Innovationsförderung durch Kooperation, Berlin 1986.

Bolten, Jürgen; Oberender, Peter (Hrsg.): Schriftenreihe Interkulturelle Wirtschafts-kommunikation, Band 5, Berlin 1999.

Brand, Andreas: Funktion und Auftreten von Unternehmensnetzwerken aus der Sicht der neuen Institutionenökonomie und soziologischer Ansätze. Welche Rolle spielt die Informationstechnik?, Stuttgart 2002.

Braun, Gerhard: Die Theorie der Direktinvestition, Köln 1988.

Bresser, Rudi; Bishop, Ronald: Dysfunctional Effects of Formal Planning: Two Theoretical Explanations, in: Academy of Management Review, 8 (1983), S. 588-599.

Bronder, Christoph: Kooperationsmanagement. Unternehmensdynamik durch Strategische Allianzen, Frankfurt am Main 1993.

Bronder, Christoph; Pritzl, Rudolf (Hrsg.): Wegweiser für strategische Allianzen. Meilen- und Stolpersteine bei Kooperationen, Frankfurt am Main 1992.

Bronder, Christoph; Pritzl, Rudolf: Leitfaden für strategische Allianzen, in: Harvard Businessmanager (Hrsg.): Strategische Allianzen, S. 26-35, Hamburg (o.J.).

Brosius, Gerhard; Brosius, Felix: SPSS. Base System und Professional Statistics, 1. Auflage, Bonn 1995.

Brouthers, Keith: Institutional, Cultural and Transaction Cost Influences on Entry Mode Choice and Performance, in: Journal of International Business Studies, 33/2 (2002), S. 203-221.

Brouthers, Keith; Brouthers, Lance Eliot; Werner, Steve: Dunning's Eclectic Theory and the Smaller Firm: The Impact of Ownership and Locational Advantages on the Choice of Entry Mode in the Computer Software Industry, in: International Business Review, 5/4 (1996), S. 377-394.

Brouthers, Keith; Brouthers, Lance Eliot; Werner, Steve: Is Dunning's Eclectic Framework Descriptive or Normative?, in: Journal of International Business Studies, 30/4 (1999), S. 831-844.

Brynjolfsson, Erik et al.: Does Information Technology Lead to Smaller Firms?, in: Management Science 40/12 (1994), S. 1628-1644.

Brynjolfsson, Erik; Malone, Thomas; Gurbaxani, Vijay: Markets, Hierarchies and the Impact of Information Technology, Massachusetts Institute of Technology, Sloan School of Management, Arbeitspapier Nr. 2113-88, Dezember 1988.

Buck, Bernard: Lösungsansätze für kooperative n-Personenspiele im Rahmen der Theorie von v. Neumann/Morgenstern mit ökonomischen Anwendungsbeispielen, Mannheim 1970.

Bucklin, Louis; Sengupta, Sanjit: Organizing Successful Co-Marketing Alliances, in: Journal of Marketing, 57/2 (1993), S. 32-46.

Buono, Anthony; Bowditch, James: The Human Side of Mergers and Acquisitions. Managing Collisions between People, Cultures, and Organizations, San Francisco 1989.

Camino, David; Cazorla, Leonardo: Foreign Market Entry Decisions by Small and Medium-Sized Enterprises: An Evolutionary Approach, in: International Journal of Management, 15/1 (1998), S. 123-129.

Canel, Cem; Khumawala, Basheer: A Mixed-Integer Programming Approach for the International Facilities Location Problem, in: International Journal of Operations & Production Management, 16/4 (1996), S. 49-68.

Canel, Cem; Khumawala, Basheer: International Facilities Location: A Heuristic Procedure for the Dynamic Uncapacitated Problem, in: International Journal of Production Research, 39/17 (2001), S. 3975-4000.

Cash, James; Konsynski, Benn: IS Redraws Competitive Boundaries, in: Harvard Business Review, 63/2 (1985), S. 134-142.

Centrum Informacji Europejskiej (Hrsg.) (Das Zentrum für Europäische Integration): Euroregion Pro-Europa-Viadrina, URL: http://www.rcie.zgora.pl/tematy/region/ konfere1999/europev.html [Stand 25.10.2004].

Chandprapalert, Adisak: The Determinants of U.S. Direct Investment in Thailand: A Survey on Managerial Perspectives, in: Multinational Business Review, 8/2 (2000), S. 82-88.

Chang, Sea-Jin; Rosenzweig, Philip: The Choice of Entry Mode in Sequential Foreign Direct Investment, in: Strategic Management Journal, 22/8 (2001), S. 747-776.

Chiles, Todd; McMackin, John: Integrating Variable Risk Preferences, Trust, and Transaction Cost Economics, in: Academy of Management Review, 21/1 (1996), S. 73-99.

Chung, Wing Hin: Spezifität und Unternehmungskooperation. Eine institutionenökonomische Analyse unter besonderer Berücksichtigung dynamischer Aspekte, in: Betriebswirtschaftliche Schriften, Heft 145, Berlin 1998.

Clemens, Reinhard; Kayser, Gunter; Tengler, Hermann: Standortprobleme kleiner und mittlerer Unternehmen in strukturschwachen Regionen: eine empirische Darstellung am Beispiel des Wirtschaftsraumes Kassel, in: Beiträge zur Mittelstandsforschung, Nr. 85, Göttingen 1982.

Clemens, Reinhard; Tengler, Hermann: Standortprobleme von Industrieunternehmen in Ballungsräumen, in: Beiträge zur Mittelstandforschung, Heft 93, Göttingen 1983.

Clemons, Eric; Reddi, Sashidhar: The Impact of I.T. on the Degree of Outsourcing, the Number of Suppliers and the Duration of Contracts, Arbeitspapier am Wharton Financial Institutions Center, Januar 1994.

Clemons, Eric; Reddi, Sashidhar; Row, Michael: The Impact of Information Technology on the Organization of Production. The "Move to the Middle", in: Journal of Management Information Systems, 10/2 (1993), S. 9-36.

Clemons, Eric; Row, Michael: Information Technology and Industrial Cooperation: The Changing Economics of Coordination and Ownership, in: Journal of Management Information Systems, 9/2 (1992), S. 9-28.

Coase, Ronald: The Nature of the Firm, in: Economica, 4 (1937), S. 386-405, zitiert nach: Chung, Wing Hin: Spezifität und Unternehmungskooperation. Eine institutionenökonomische Analyse unter besonderer Berücksichtigung dynamischer Aspekte, in: Betriebswirtschaftliche Schriften, Heft 145, Berlin 1998.

Coase, Ronald: The New Institutional Economics, in: Zeitschrift für die gesamte Staatswissenschaft, 140 (1984), S. 229-231.

Contractor, Farok; Kundu, Sumit: Modal Choice in a World of Alliances: Analyzing Organizational Forms in the International Hotel Sector, in: Journal of International Business Studies, 29/2 (1998), S. 325-358.

Coughlan, Anne: Competition and Cooperation in Marketing Channel Choice: Theory and Application, in: Marketing Science, 4/2 (1985), S. 110-129.

Coughlan, Anne; Flaherty, Therese: Measuring the International Marketing Productivity of U.S. Semiconductor Companies, in: Gautschi, David (Hrsg.): Productivity and Efficiency in Distribution Systems, Amsterdam 1983, S. 123-149.

Coughlin, Cletus; Terza, Joseph; Arromdee, Vachira: State Characteristics and the Location of Foreign Direct Investment within the United States, in: Review of Economics and Statistics, 73/4 (1991), S. 675-683.

Dahlman, Carl: The Problem of Externality, in: Journal of Law and Economics, 22/1 (1979), S. 149-162.

Dant, Shirish; Lohtia, Ritu: The Effects of Production and Transaction Costs on the Degree of Vertical (De)Integration, Institute for the Study of Business Markets at the Pennsylvania State University, Working Paper Series, Nr. 2 (1993), S. 1-27.

Das, TK; Teng, Bing-Sheng: Trust, Control, and Risk in Strategic Alliances: An Integrated Framework, in: Organization Studies 22/2 (2001), S. 251-283.

Davidson, William: The Location of Foreign Direct Investment Activity: Country Characteristics and Experience Effects, in: Journal of International Business Studies, 11/2 (1980), S. 9-22.

Davidson, William; McFetridge, Donald: Key Characteristics in the Choice of International Technology Transfer Mode, in: Journal of International Business Studies, 16/2 (1985), S. 5-22.

Davis, Gerald; Powell, Walter: Organization-Environment Relations, in: Dunnette, Marvin; Hough, Leaetta (Hrsg.): Handbook of Industrial and Organizational Psychology, 2. Auflage, Band 3, S. 315-375, Palo Alto 1992.

Deutsch - polnische Arbeitsgruppe Land Brandenburg – Woiwodschaft Lubuskie: Joint Programming Document - Regionalprogramm INTERREG III A – PHARE/CBC II 2000-2006 zur Entwicklung des deutsch - polnischen Grenzraumes des Landes Brandenburg und der Wojewodschaft Lubuskie, Juni 2001, URL: http://www.brandenburg.de/land/mdje-europa/jpdbrandenburg-lubuskie.pdf [Stand: 15.03.2002].

Dichtl, Erwin; Issing, Otmar (Hrsg.): Vahlens Großes Wirtschaftslexikon, 2. überarbeitete und erweiterte Auflage, Band 1, München 1993a.

Dichtl, Erwin; Issing, Otmar (Hrsg.): Vahlens Großes Wirtschaftslexikon, 2. überarbeitete und erweiterte Auflage, Band 2, München 1993a.

Die Zeit, Nr. 36 von 29.08.1980.

Diez, Javier Revilla; Tamásy, Christine: SPSS für Windows, Geographische Arbeitsmaterialien der Abteilung Wirtschaftsgeographie, Band 18, Universität Hannover, Februar 1996.

Diller, Christian: Weiche Standortfaktoren. Zur Entwicklung eines kommunalen Handlungsfeldes. Das Beispiel Nürnberg, Berlin 1991.

Dometrius, Nelson: Social Statistics Using SPSS, New York 1992.

Domrös, Christof: Innovationen und Institutionen: eine transaktionskostenökonomische Analyse unter besonderer Berücksichtigung strategischer Allianzen, Berlin 1994.

Dunnette, Marvin; Hough, Leaetta (Hrsg.): Handbook of Industrial and Organizational Psychology, 2. Auflage, Band 3, Palo Alto 1992.

Dunning, John: Explaining Changing Patterns of International Production: In Defence of the Eclectic Theory, in: Oxford Bulletin of Economics and Statistics, 41/4 (1979), S. 269-295.

Dwyer, Robert; Schurr, Paul; Oh, Sejo: Developing Buyer-Seller Relationships, in: Journal of Marketing, 51/2 (1987), S. 11-27.

Dyer, Jeffrey: Effective Interfirm Collaboration: How Firms Minimize Transaction Costs and Maximize Transaction Value, in: Strategic Management Journal, 18/7 (1997), S. 535-556.

Dyer, Jeffrey; Chu, Wujin: The Role of Trustworthiness in Reducing Transaction Costs and Improving Performance: Empirical Evidence from the United States, Japan and Korea, in: Organization Science, 14/1 (2003), S. 57-68.

Ebers, Mark; Gotsch, Wilfried: Institutionenökonomische Theorien der Organisation, in: Kieser, Alfred (Hrsg.): Organisationstheorien, 3. Auflage, Stuttgart 1999, S. 199-251.

Engelhard, Johann; Sinz, Elmar (Hrsg.): Kooperation im Wettbewerb. Neue Formen und Gestaltungskonzepte im Zeichen von Globalisierung und Informationstechnologie, Wiesbaden 1999.

Engelhardt, Werner; Seibert, Klaus: Internationale Joint Ventures, in: Zeitschrift für betriebswirtschaftliche Forschung, 33 (1981), S. 427-436.

Erdal, Fuat; Tatoglu, Ekrem: Locational Determinants of Foreign Direct Investment in an Emerging Market Economy: Evidence from Turkey, in: Multinational Business Review, Frühling 2002, S. 21-27.

Erramilli, Krishna: The Experience Factor in Foreign Market Entry Behavior of Service Firms, in: Journal of International Business Studies, 22/3 (1991), S. 479-501.

Erramilli, Krishna; Rao, Chatrathi: Service Firms' International Entry Mode Choice: A Modified Transaction Cost Analysis Approach, in: Journal of Marketing, 57/3 (1993), S. 19-38.

Esser, Klaus: Standortfaktor Unternehmensbesteuerung – Notwendigkeit und Möglichkeiten einer Verbesserung, in: Schmalenbachs Zeitschrift für betriebswirtschaftliche Forschung, 42/2 (1990), S. 157-192.

Europäische Kommission (Hrsg.): Empfehlung der Kommission vom 6. Mai 2003 betreffend die Definition der Kleinstunternehmen sowie der kleinen und mittleren Unternehmen, in: EUR-Lex, URL: http://europa.eu.int/eur-lex/de/lif/reg/ de_register_1340.html [Stand 25.10.2004].

Euroregion Neisse (Hrsg.): Mapa Euroregionu Neisse-Nissa-Nysa (Die Landkarte der Euroregion Neisse-Nissa-Nysa), URL: http://www.euroregion-nysa.pl/ern/mapa.htm [Stand 25.10.2004].

Euroregion Pomerania (Hrsg.): Polska, Deutschland, Sverige. Eine Kurzdarstellung, Oktober 2003, S. 7, URL: http://www.pomerania.net/pom_projekt_dt_download.cfm [Stand 25.10.2004]

Euroregion Pro-Europa-Viadrina (Hrsg.): Euroregion. Fläche/Bevölkerung, URL: http://www.euroregion-viadrina.de/ [Stand 25.10.2004]

Euroregion Spree-Neisse-Bober (Hrsg.): Euroregion Spree-Neisse-Bober. Lagekarte der Euroregion, URL: http://www.euroregion-snb.de/index_checked.html [Stand 25.10.2004].

Fischer, Lutz; Warneke, Perygrin: Grundlagen der Internationalen Betriebswirtschaftlichen Steuerlehre, Berlin 1974.

Fontanari, Martin: Kooperationsgestaltungsprozesse in Theorie und Praxis, in: Betriebswirtschaftliche Schriften, Heft 138, Berlin 1996.

Foray, Dominique: The Secrets of Industry Are in the Air: Industrial Cooperation and the Organizational Dynamics of the Innovative Firm, in: Research Policy 20/5 (1991), S. 393-405.

Frese, Erich (Hrsg.): Handwörterbuch der Organisation, 3. völlig neu gestaltete Auflage, Stuttgart 1992.

Friedman, Joseph; Gerlowski, Daniel; Silberman, Johnathan: What Attracts Foreign Multinational Corporations? Evidence from Branch Plant Location in the United States, in: Journal of Regional Science, 32/4 (1992), S. 403-418.

Gabler Wirtschaftslexikon, Band 4, 14. völlig überarbeitete und erweiterte Auflage, Wiesbaden 1997.

Gabriel, Oskar (Hrsg.): Grundkurs Politische Theorie, Köln 1978.

Gahl, Andreas: Die Konzeption der strategischen Allianz im Spannungsfeld zwischen Flexibilität und Funktionalität, in: Backhaus, Klaus; Piltz, Klaus (Hrsg.): Strategische Allianzen, in: Schmalenbachs Zeitschrift für betriebswirtschaftliche Forschung, Sonderheft 27 (1990), S. 35-48.

Gannon, Michael: Towards a Composite Theory of Foreign Market Entry Mode Choice: The Role of Marketing Strategy Variables, in: Journal of Strategic Marketing, 1/1 (1993), S. 41-54.

Gatignon, Hubert; Anderson, Erin: The Multinational Corporation's Degree of Control over Foreign Subsidiaries: An Empirical Test of a Transaction Cost Explanation, in: Journal of Law, Economics and Organization, 4/2 (1988), S. 305-336.

Gautschi, David (Hrsg.): Productivity and Efficiency in Distribution Systems, Amsterdam 1983.

Geiser, Brunhild; Graubner, Ines: Situation und Rahmenbedingungen für die grenzübergreifende Zusammenarbeit, in: Beiträge zu Stadtentwicklung und Wohnen im Land Brandenburg, hrsg. vom Institut für Stadtentwicklung und Wohnen des Landes Brandenburg, Nr. 3-96, Potsdam 10/1996.

Ghoshal, Sumantra; Moran, Peter: Bed for Practice: A Critique of the Transaction Cost Theory, in: Academy of Management Review 21/1 (1996), S. 13-47.

Goette, Thomas: Standortpolitik internationaler Unternehmen, Wiesbaden 1994.

Göltenboth, Markus: Global Sourcing und Kooperationen als Alternativen zur vertikalen Integration, Frankfurt am Main 1998.

Gomes-Casseres, Benjamin: Ownership Structures of Foreign Subsidiaries, in: Journal of Economic Behavior and Organization, 11/1 (1989), S. 1-25.

Gomes-Casseres, Benjamin: Firm Ownership Preferences and Host Government Restrictions: An Integrated Approach, in: Journal of International Business Studies, 21/1 (1990), S. 1-21.

Graubner, Ines: Träger für die grenzüberschreitende Zusammenarbeit, in: Beiträge zu Stadtentwicklung und Wohnen im Land Brandenburg, hrsg. von Institut für Stadtentwicklung und Wohnen des Landes Brandenburg, Nr. 3-96, Potsdam 10/1996.

Green, Robert; Cunningham, William: The Determinants of US Foreign Investment. An Empirical Examination, in: Management International Review, 15/2-3 (1975), S. 113-120.

Grochla, Erwin (Hrsg.): Handwörterbuch der Organisation, 2. Auflage, Stuttgart 1980.

Grüninger, Stephan: Vertrauensmanagement. Kooperation, Moral und Governance, Marburg 2001.

Gulati, Ranjay: Familiarity Breeds Trust? The Implications of Repeated Ties for Contractual Choice in Alliances, in: Academy of Management Journal, 38/1 (1995), S. 85-112.

Güth, Werner; Kliemt, Hartmut: Menschliche Kooperation basierend auf Vorleistungen und Vertrauen – Eine evolutionstheoretische Betrachtung, in: Herder-Dorneich, Philipp; Schenk, Karl-Ernst; Schmidtchen, Dieter: Jahrbuch für neue politische Ökonomie, Band 12, Tübingen 1993, S. 253-277.

Hahne, Ulf: Neuere Entwicklungen in der Regionalförderung, in: Ridinger, Rudolf; Steinröx, Manfred (Hrsg.): Regionale Wirtschaftsförderung in der Praxis, Köln 1995, S. 8-30.

Haigh, Robert: Selecting a US Plant Location: The Management Decision Process in Foreign Companies, in: Columbia Journal of World Business, 25/3 (1990), S. 22-31.

Hall, Edward: The Silent Language, New York 1959.

Hallikas, Jukka; Virolainen, Veli-Matti; Tuominen, Markku: Understanding Risk and Uncertainty in Supplier Networks – A Transaction Cost Approach, in: International Journal of Production Research, 40/15 (2002), S. 3519-3531.

Hamel, Gery; Doz, Yves; Prahalad, CK: Mit Marktrivalen zusammenarbeiten – und dabei gewinnen, in: Harvard Businessmanager (Hrsg.): Strategische Allianzen, 3 (1989), S. 7-14.

Hammes, Wolfgang: Strategische Allianzen als Instrument der strategischen Unternehmensführung, Wiesbaden 1994.

Harrigan, Kathryn: Vertical Integration and Corporate Strategy, in: Academy of Management Journal, 28/2 (1985), S. 397-425.

Hasenstab, Michael: Interkulturelles Management. Bestandsaufnahme und Perspektiven, in: Schriftenreihe Interkulturelle Wirtschaftskommunikation, Band 5, hrsg. von Bolten, Jürgen und Oberender, Peter, Berlin 1999.

Hauser, Heinz: Institutionen zur Unterstützung wirtschaftlicher Kooperation, in: Wunderer, Rolf (Hrsg.): Kooperation. Gestaltungsprinzipien und Steuerung der Zusammenarbeit zwischen Organisationseinheiten, Stuttgart 1991, S. 107-123.

Heckscher, Eli: The Effect of Foreign Trade on the Distribution of Income, in: Readings in the Theory of International Trade, selected by a Committee of the American Economic Association, Philadelphia, Toronto 1949, S. 272-300.

Hedlund, Gunnar; Kverneland, Adhne: Are Strategies for Foreign Markets Changing? The Case of Swedish Investment in Japan, in: International Studies of Management and Organization, 15/2 (1985), S. 41-59.

Heide, Jan; John, George: Do Norms Matter in Marketing Relationships?, in: Journal of Marketing, 56/2 (1992), S. 32-44.

Henckel, Dietrich et al.: Produktionstechnologien und Raumentwicklung, Stuttgart, Berlin, Köln, Mainz 1986.

Hennart, Jean-Francois: The Transaction Costs Theory of Joint Ventures: An Empirical Study of Japanese Subsidiaries in the United States, in: Management Science 37/4 (1991), S. 483-497.

Hennart, Jean-Francois; Reddy, Sabine: The Choice between Merger/Acquisitions and Joint Ventures: The Case of Japanese Investors in the U.S., in: Strategic Management Journal, 18/1 (1997), S. 1-12.

Herder-Dorneich, Philipp; Schenk, Karl-Ernst; Schmidtchen, Dieter: Jahrbuch für neue politische Ökonomie, Band 12, Tübingen 1993.

Hermann, Ralf: Joint-Venture-Management: Strategien, Strukturen, Systeme und Kulturen, Gießen 1989.

Hermesch, Martin: Die Gestaltung von Interorganisationsbeziehungen. Theoretische sowie empirische Analysen und Erklärungen, Lohmar, Köln 2002.

Hill, Charles: International Business: Competing in the Global Marketplace, New York 1994.

Hill, Charles; Hwang, Peter; Kim, Chan: An Eclectic Theory of the Choice of International Entry Mode, in: Strategic Management Journal 11/2 (1990), S. 117-128.

Hitt, Lorin: Information Technology and Firm Boundaries: Evidence from Panel Data, in: Information Systems Research, 10/2 (1999), S. 134-149.

Hofstede, Geert: Culture's Consequences: International Differences in Work-Related Values, Beverly Hills, London 1980.

Horst, Thomas: The Industrial Composition of US Exports and Subsidiary Sales to the Canadian Market, in: American Economic Review, 62/1 (1972), S. 37-45.

Hungenberg, Harald: Bildung und Entwicklung von strategischen Allianzen – theoretische Erklärungen, illustriert am Beispiel der Telekommunikationsbranche, in: Engelhard, Johann; Sinz, Elmar (Hrsg.): Kooperation im Wettbewerb. Neue Formen und Gestaltungskonzepte im Zeichen von Globalisierung und Informationstechnologie, Wiesbaden 1999, S. 3-29.

Ickrath, Hans Peter: Standortwahl der „neuen technologieorientierten Unternehmen (NTU)": Eine empirische Untersuchung zum Einfluss von speziellen Agglomerationsvorteilen auf die Standortwahl der NTU, dargestellt an ausgewählten Großstädten in der Bundesrepublik Deutschland, Münster, Hamburg 1992.

Ifo Institut für Wirtschaftsforschung: EU-Osterweiterung und deutsche Grenzregionen. Strukturpolitik und Raumplanung in den Regionen an der mitteleuropäischen EU-Außengrenze zur Vorbereitung auf die EU-Osterweiterung. Gutachten im Auftrag des Bundesministeriums für Wirtschaft und Technologie und mit Unterstützung der Europäischen Union, in: ifo dresden studien 28/1, Dresden 2001, URL: http://www.arge28.com/docs/pdf/Deutschland/D_StrukturLANG-2001_deutsch.pdf [Stand 04.12.2004].

Janssen, Jürgen; Laatz, Wilfried: Statistische Datenanalyse mit SPSS für Windows. Eine anwendungsorientierte Einführung in das Basissystem, Heidelberg 1994.

Janssen, Jürgen; Laatz, Wilfried: Statistische Datenanalyse mit SPSS für Windows. Eine anwendungsorientierte Einführung in das Basissystem Version 8 und das Modul Exakte Tests, 3. neu bearbeitete und erweiterte Auflage, Berlin/Heidelberg 1999.

Johanson, Jan; Vahlne, Jan-Erik: The Internationalization Process of the Firm – A Model of Knowledge Development and Increasing Foreign Market Commitments, in: Journal of International Business Studies, 8/1 (1977), S. 23-32.

Johanson, Jan; Wiedersheim-Paul, Finn: The Internationalization of the Firm: Four Swedish Cases, in: Journal of Management Studies, 12/3 (1975), S. 305-322.

John, George; Weitz, Barton: Forward Integration into Distribution: An Empirical Test of Transaction Cost Analysis, in: Journal of Law, Economics and Organization, 4/2 (1988), S. 337-355.

Johnston, Russell; Vitale, Michael: Creating Competitive Advantage with Interorganizational Information Systems, in: MIS Quarterly, 12/2 (1988), S. 153-165.

Joskow, Paul: Contract Duration and Relationship-Specific Investments: Empirical Evidence from Coal Markets, in: American Economic Review, 77/1 (1987), S. 168-185.

Jüttner, Heinrich: Förderung und Schutz deutscher Direktinvestitionen in Entwicklungsländern unter besonderer Berücksichtigung der Wirksamkeit von Investitionsförderungsverträgen, Baden-Baden 1975.

Kabst, Rüdiger: Steuerung und Kontrolle internationaler Joint Venture. Eine transaktionskostentheoretisch fundierte empirische Analyse, München, Mering 2000.

Kähler, Wolf-Michael: SPSS für Windows. Datenanalyse unter Windows, 2. verbesserte und erweiterte Auflage, Braunschweig/Wiesbaden 1994.

Kaiser, Karl-Heinz: Industrielle Standortfaktoren und Betriebstypenbildung. Ein Beitrag zur empirischen Standortforschung, Berlin 1979.

Kanter, Rosabeth Moss: Unternehmenspartnerschaften: Langsam zueinander finden, in: Harvard Businessmanager (Hrsg.): Strategische Allianzen, 2 (1995), S. 33-43.

Kappich, Lothar: Theorie der internationalen Unternehmenstätigkeit: Betrachtung der Grundformen des internationalen Engagements aus koordinationskostentheoretischer Perspektive, München 1989.

Khoury, Sarkis: International Banking: A Special Look at Foreign Banks in the U.S., in: Journal of International Business Studies, 10/3 (1979), S. 36-52.

Kieser, Alfred; Kubicek, Herbert: Organisation, 2. Auflage, Berlin 1983.

Kieser, Alfred (Hrsg.): Organisationstheorien, 3. Auflage, Stuttgart 1999.

Kim, Chan; Hwang, Peter: Global Strategy and Multinationals' Entry Mode Choice, in: Journal of International Business Studies, 23/1 (1992), S. 29-53.

Kim, Jooheon; Daniels, John: Marketing Channel Decisions of Foreign Manufacturing Subsidiaries in the US: The Case of the Metal and Machinery Industries, in: Management International Review, 31/2 (1991), S. 123-138.

Kimura, Yui: Firm Specific Strategic Advantages and Foreign Direct Investment Behavior of Firms: The Case of Japanese Semiconductor Firms, in: Journal of International Business Studies, 20/2 (1989), S. 296-314.

Kinoshita, Yuko: Firm Size and Determinants of Foreign Direct Investment, Economics Working Paper, JEL Klassifikation: F23, L60, O53, Dezember 1998.

Kirsch, Werner; Picot, Arnold (Hrsg.): Die Betriebswirtschaftslehre im Spannungsfeld zwischen Generalisierung und Spezialisierung, Wiesbaden 1989.

Klein, Saul: A Transaction Cost Explanation of Vertical Control in International Markets, in: Journal of the Academy of Marketing Science, 17/3 (1989), S. 253-260.

Klein, Saul; Frazier, Gary; Roth, Victor: A Transaction Cost Analysis Model of Channel Integration in International Markets, in: Journal of Marketing Research, 27/2 (1990), S. 196-208.

Klein, Saul; Roth, Victor: Determinants of Export Channel Structure: The Effects of Experience and Psychic Distance Reconsidered, in: International Marketing Review, 7/5 (1990), S. 27-38.

Kogut, Bruce: Joint Ventures: Theoretical and Empirical Perspectives, in: Strategic Management Journal, 9/4 (1988), S. 319-332.

Kogut, Bruce; Singh, Harry: The Effect of National Culture on Entry Mode Choice, in: Journal of International Business Studies, 19/3 (1988), S. 411-432.

Kogut, Bruce; Zander, Udo: Knowledge of the Firm and the Evolutionary Theory of the Multinational Corporation, in: Journal of International Business Studies, 24/4 (1993), S. 625-646.

Kortzfleisch von, Gert; Kaluza, Bernd (Hrsg.): Internationale und nationale Problemfelder der Betriebswirtschaftslehre, Berlin 1984.

Kraege, Rüdiger: Controlling strategischer Unternehmungskooperationen. Aufgaben, Instrumente und Gestaltungsempfehlungen, München, Mering 1997.

Kreikebaum, Hartmut; Gilbert, Dirk Ulrich; Reinhardt, Glenn: Organisationsmanagement internationaler Unternehmen. Grundlagen und moderne Netzwerkstrukturen, 2. Auflage, Wiesbaden 2002.

Krüsselberg, Utz: Theorie der Unternehmung und Institutionenökonomik. Die Theorie der Unternehmung im Spannungsfeld zwischen neuer Institutionenökonomik, ordnungstheoretischem Institutionalismus und Marktprozesstheorie, Heidelberg 1992.

Kuhn, Thomas: The Structure of Scientific Revolutions, 2. Auflage, Chicago, London 1970.

Kumar, V; Subramaniam, Velavan: A Contingency Framework for the Mode of Entry Decision, in: Journal of World Business, 32/1 (1997), S. 53-72.

Kutschker, Michael; Schmid, Stefan: Internationales Management, München 2002.

Kwon, Yung-Chul; Konopa, Leonard: Impact of Host Country Market Characteristics on the Choice of Foreign Market Entry Mode, in: International Marketing Review, 10/2 (1993), S. 60-76.

Lafontaine, Francine: Agency Theory and Franchising: Some Empirical Results, in: RAND Journal of Economics, 23/2 (1992), S. 263-283.

Larson, Andrea: Network Dyads in Entrepreneurial Settings: A Study of the Governance of the Exchange Relationships, in: Administrative Science Quarterly, 37/1 (1992), S. 76-104.

Lawrence, Paul; Lorsch, Jay: A Reply to Tosi, Aldag and Storey, in: Administrative Science Quarterly, 18 (1973), S. 397-398.

Leipold, Helmut: Ordnungspolitische Implikationen der Transaktionskostenökonomie, in: ORDO – Jahrbuch für die Ordnung von Wirtschaft und Gesellschaft, Band 36, 1985, S. 31-50.

Leitermann, Bernhard: Wahl der Zusammenschlussform von Unternehmen. Eine transaktionsökonomische Entscheidungskonzeption, Frankfurt am Main 1996.

Leontief, Wassily: Domestic Production and Foreign Trade: The American Capital Position Re-examined, in: Proceedings of the American Philosophical Society, 97/4 (1953), S. 332-349.

Levy, David: The Transaction Cost Approach to Vertical Integration: An Empirical Examination, in: Review of Economics and Statistics, 67/3 (1985), S. 438-445.

Liu, Amy Yingly; Li, Shaomin; Gao, Yuxian: Location, Location, Location, in: The China Business Review, 26/2 (1999), S. 20-25.

Lorange, Peter; Roos, Johan: Stolpersteine beim Management strategischer Allianzen, in: Bronder, Christoph; Pritzl, Rudolf (Hrsg.): Wegweiser für strategische Allianzen. Meilen- und Stolpersteine bei Kooperationen, Frankfurt am Main 1992, S. 342-355.

Loree, David; Guisinger, Stephen: Policy and Non-Policy Determinants of US Equity Foreign Direct Investment, in: Journal of International Business Studies, 26/2 (1995), S. 281-299.

Lunn, John: Determinants of U.S. Direct Investment in the EEC: Further Evidence, in: European Economic Review, 13/1 (1980), S. 93-101.

Lüder, Klaus; Küpper, Willi: Unternehmerische Standortplanung und regionale Wirtschaftsförderung. Eine empirische Analyse des Standortverhaltens industrieller Großunternehmen, Göttingen 1983.

Luo, Yadong: Determinants of Entry in an Emerging Economy: A Multilevel Approach, in: Journal of Management Studies, 38/3 (2001), S. 443-472.

Luostarinen, Reijo; Welch, Lawrence: Internationalization. Evolution of a Concept, in: Journal of General Management, 14/2 (1988), S. 34-55.

MacCarthy, Bart; Atthirawong, Walailak: Factors Affecting Location Decisions in International Operations – A Delphi Study, in: International Journal of Operations & Production Management, 23/7 (2003), S. 794-818.

Macharzina, Klaus; Oesterle, Michael-Jörg: Handbuch Internationales Management. Grundlagen – Instrumente – Perspektiven, 2. überarbeitete und erweiterte Auflage, Wiesbaden 2002.

MacNeil, Ian: Contracts: Adjustment of Long-Term Economic Relations Under Classical, Neoclassical and Relational Contract Law, in: Northwestern University Law Review, 72/6 (1978), S. 854-901.

Malhotra, Naresh; Agarwal, James; Ulgado, Francis: Internationalization and Entry Modes: A Multitheoretical Framework and Research Propositions, in: Journal of International Marketing, 11/4 (2003), S. 1-31.

Malone, Thomas; Rockart, John: Computers, Networks and the Corporation, in: Scientific American, 265/3 (1991), S. 128-136.

Malone, Thomas; Yates, JoAnne; Benjamin, Robert: Electronic Markets and Electronic Hierarchies, in: Communications of the ACM, 30/6 (1987), S. 484-497.

Maltz, Arnold: Private Fleet Use: A Transaction Cost Approach, in: Transportation Journal, 32/3 (1993), S. 46-53.

Maltz, Arnold: Outsourcing the Warehousing Function: Economic and Strategic Considerations, in: Logistics and Transportation Review, 30/3 (1994), S. 245-265.

Masten, Scott: The Organization of Production: Evidence from the Aerospace Industry, in: Journal of Law and Economics, 27/2 (1984), S. 403-417.

Masten, Scott; Meehan, James; Snyder, Edward: The Costs of Organization, in: Journal of Law, Economics and Organization, 7/1 (1991), S. 1-25.

Mayer, Roger; Davis, James; Schoorman, David: An Integrative Model of Organizational Trust, in: Academy of Management Review, 20/3 (1995), S. 709-734.

Meffert, Heribert; Bolz, Jochen: Internationales Marketing-Management, 2. Auflage, Stuttgart 1994.

Meyer-Stamer, Jörg: Lokale und regionale Standortpolitik – Konzepte und Instrumente jenseits von Industriepolitik und traditioneller Wirtschaftsförderung, INEF Report des Instituts für Entwicklung und Frieden an der Gerhard-Mercator-Universität Duisburg, Report 39/1999.

Michaelis, Elke: Organisation unternehmerischer Aufgaben – Transaktionskosten als Beurteilungskriterium, Frankfurt/Main 1985.

Michel, Uwe: Kooperation mit Konzept: Wertsteigerung durch strategische Allianzen, in: Controlling, 6/1 (1994), S. 20-28.

Miles, Raymond; Snow, Charles; Pfeffer, Jeffrey: Organization and Environment. Concepts and Issues, in: Industrial Relations, 13/3 (1974), S. 244-264.

Millington, Andrew; Bayliss, Brian: The Process of Internationalization: UK Companies in the EC, in: Management International Review, 30/2 (1990), S. 151-161.

Ministerium der Justiz und für Europaangelegenheiten des Landes Brandenburg: Erweiterung der Europäischen Union. Vordringliche Maßnahmen zur Sicherung der Wettbewerbsfähigkeit von Brandenburg (vom 22.05.2001), URL: http://www.mdje.brandenburg.de/politik/anlage.pdf [Stand 15.01.2005].

Ministerium für Arbeit, Soziales, Gesundheit und Familie: Ost-West-Vergleich. Berichtsmonat: 2005, URL: http://www.brandenburg.de/media/1330/_ost_west_g_02.pdf [Stand 29.03.2005].

Monteverde, Kirk; Teece, David: Supplier Switching Costs and Vertical Integration in the Automobile Industry, in: Bell Journal of Economics, 13/1 (1982), S. 206-213.

Möller, Thor: Projektmanagement internationaler Joint Ventures. Methoden, Chancen und Risiken mit Beispielen aus Mittel- und Osteuropa, in: Europäische Hochschulschriften, Reihe V, Volks- und Betriebswirtschaft, Frankfurt am Main 1999.

Morath, Frank: Interorganisationale Netzwerke: Dimensions-Determinants-Dynamics, hrsg. von Klimecki, Rüdiger, Diskussionspapier Nr. 15/1996, Universität Konstanz 1996.

Mössner, Gerd: Planung flexibler Unternehmensstrategie, München 1982.

Motz, Oliver: Strategisches Management, Kooperation und der Einfluss von Informations- und Kommunikationstechnologien, in: Europäische Hochschulschriften, Reihe V, Volks- und Betriebswirtschaft, Frankfurt am Main 1998.

Multilateral Investment Guarantee Agency der Weltbank-Gruppe: Foreign Direct Investment Survey, Januar 2002, URL: http://www.miga.org/screens/pubs/otherpubs/FDIsurvey.pdf [Stand 08.09.2004].

Nagl, Willi: Statistische Datenanalyse mit SAS, Studienbücher zur quantitativen und qualitativen Wirtschafts- und Sozialforschung, Band 1, hrsg. von Blossfeld, Hans-Peter et al., Frankfurt Main 1992.

Nakos, George; Brouthers, Keith: Entry Mode Choice of SMEs in Central and Eastern Europe, in: Enterpreneurship Theory and Practice, 17/1 (2002), S. 47-63.

Neubauer, Walter: Interpersonales Vertrauen als Management-Aufgabe in Organisationen, in: Schweer, Martin (Hrsg.): Interpersonales Vertrauen: Theorien und empirische Befunde, Opladen 1997, S. 105-120.

Neubauer, Werner: Statistische Methoden. Ausgewählte Kapitel für Wirtschaftswissenschaftler, München 1994.

Noteboom, Bart: Information Technology, Transaction Costs and the Decision to "Make or Buy", in: Technology Analysis & Strategic Management, 4/4 (1992), S. 339-350.

Ochsenbauer, Christian: Organisatorische Alternativen zur Hierarchie. Überlegungen zur Überwindung der Hierarchie in Theorie und Praxis der betriebswirtschaftlichen Organisation, München 1989.

OECD: Glossary of Foreign Direct Investment Terms and Definitions, URL: http://www.oecd.org/dataoecd/56/1/2487495.pdf [Stand: 05.01.2004].

Oesterle, Michael-Jörg (Hrsg.): Internationalization Processes – New Perspectives for a Classical Field of International Management, in: Management International Review, 37/Spezialausgabe 2 (1997).

Ohlin, Bertil: Die Beziehungen zwischen internationalem Handel und internationalen Beziehungen von Kapital und Arbeit, in: Zeitschrift für die Nationalökonomie, 2/2 (1930/1931), S. 161-199.

Oppenländer, Karl Heinrich: Einflussfaktoren der internationalen Standortwahl, in: Macharzina, Klaus; Oesterle, Michael-Jörg: Handbuch Internationales Management. Grundlagen – Instrumente – Perspektiven, 2. überarbeitete und erweiterte Auflage, Wiesbaden 2002, S. 361-379.

Ordelheide, Dieter; Bernd, Rudolph; Büsselmann, Elke (Hrsg.): Betriebswirtschaftslehre und ökonomische Theorie, Stuttgart 1991.

Osborne, Kerri: The Channel Integration Decision for Small- to Medium-Sized Manufacturing Exporters, in: International Small Business Journal, 14/3 (1996), S. 40-49.

Pan, Yigang; Tse, David: The Hierarchical Model of Market Entry Modes, in: Journal of International Business Studies, 31/4 (2000), S. 535-554.

Pfeffer, Jeffrey; Salancik, Gerald: The Design and Management of Externally Controlled Organizations, in: Pugh, Derek (Hrsg.): Organization Theory, London 1978, S. 146-177.

Pfohl, Hans-Christian; Large, Rudolf: Gestaltung interorganisatorischer Logiksysteme auf der Grundlage der Transaktionskostentheorie, in: Zeitschrift für Verkehrswirtschaft, 63/1 (1992), S. 15-51.

Picot, Arnold: Transaktionskostenansatz in der Organisationstheorie: Stand der Diskussion und Aussagewert, in: Die Betriebswirtschaft, 42/2 (1982), S. 267-284.

Picot, Arnold: Zur Bedeutung allgemeiner Theorieansätze für die betriebswirtschaftliche Information und Kommunikation: Der Beitrag der Transaktionskosten- und Principal-Agent-Theorie, in: Kirsch, Werner; Picot, Arnold (Hrsg.): Die Betriebswirtschaftslehre im Spannungsfeld zwischen Generalisierung und Spezialisierung, Wiesbaden 1989, S. 361-379.

Picot, Arnold; Dietl, Helmut: Transaktionskostentheorie, in: Wirtschaftswissenschaftliches Studium, 19/4 (1990), S. 178-184.

Picot, Arnold; Dietl, Helmut; Franck, Egon: Organisation, 3. überarbeitete und erweiterte Auflage, Stuttgart 2002.

Picot, Arnold; Franck, Egon: Vertikale Integration, in: Hauschildt, Jürgen; Grün, Oskar: Ergebnisse empirischer betriebswirtschaftlicher Forschung. Zu einer Realtheorie der Unternehmung, Festschrift für Eberhard Witte, Stuttgart 1993, S. 179-219.

Picot, Arnold; Reichwald, Rolf; Wigand, Rolf: Die grenzlose Unternehmung. Information, Organisation und Management. Lehrbuch zur Unternehmensführung im Informationszeitalter, 3. überarbeitete Auflage, Wiesbaden 1998.

Picot, Arnold; Ripperger, Tanja; Wolff, Birgitta: The Fading Boundaries of the Firm: The Role of Information and Communication Technology, in: Journal of Institutional and Theoretical Economics JITE, 152 (1996), S. 65-79.

Pieper, Markus: Das interregionale Standortverhalten der Industrie in Deutschland: Konsequenzen für das kommunale Standortmarketing, Göttingen 1994.

Pies, Ingo: Theoretische Grundlagen demokratischer Wirtschafts- und Gesellschaftspolitik – Der Beitrag Oliver Williamsons, in: Pies, Ingo; Leschke, Martin (Hrsg.): Konzepte der Gesellschaftstheorie, Band 7, Tübingen 2001, S. 1-27.

Pies, Ingo; Leschke, Martin (Hrsg.): Konzepte der Gesellschaftstheorie, Band 7, Tübingen 2001.

Platzköster, Michael: Vertrauen: Theorie und Analyse interpersoneller, politischer und betrieblicher Implikationen, Essen 1989.

Polanyi, Michael: Personal Knowledge, London 1962.

Polnische Agentur für Information und Auslandsinvestitionen AG (PAIZ): Wirtschaft, URL: http://paiz.gov.pl/index/?id=cf67355a3333e6e143439161adc2d82e [Stand 29.11.2004].

Porter, Michael: Wettbewerbsstrategie. Methoden zur Analyse von Branchen und Konkurrenten, 8. Auflage, Frankfurt am Main 1995.

Powell, Walter: Neither Market Nor Hierarchy: Network Forms of Organizations, in: Research in Organizational Behavior, 12 (1990), S. 295-336.

Pugh, Derek (Hrsg.): Organization Theory, London 1978.

Quack, Helmut: Internationale Kooperationen: ein Wegweiser für kleine und mittlere Unternehmen, Frankfurt am Main 2000.

Quambusch, Liesel: Nicht-tarifäre Handelshemmnisse, Köln 1976.

Raffeé, Hans; Kreutzer, Ralf: Länderrisiken: Ansätze zur Erfassung von Länderrisiken in ihrer Bedeutung für Direktinvestitionsentscheidungen, in: Kortzfleisch von, Gert; Kaluza, Bernd (Hrsg.): Internationale und nationale Problemfelder der Betriebswirtschaftslehre, Berlin 1984, S. 27-63.

Rath, Herbert: Neue Formen der internationalen Unternehmenskooperation, Hamburg 1980.

Regionale Arbeitsgruppe der Länder Mecklenburg-Vorpommern, Brandenburg und der Wojewodschaft Zachodniopomorskie: INTERREG III A / PHARE CBC Joint Programming Document 2000 – 2006 Regionales Programm des deutsch-polnischen Grenzraumes im Gebiet der Länder Mecklenburg-Vorpommern / Brandenburg und der Wojewodschaft Zachodniopomorskie, in der redaktionellen Überarbeitung vom 28.06.2001, URL: http://kulturportal.maerkischeallgemeine.de/cms/dokumente/10305220/2596ea4c/Programmplanung.pdf [Stand 04.12.2004].

Reichwald, Ralf: Kommunikation, in: Bitz, Michael et al. (Hrsg.): Vahlens Kompendium der Betriebswirtschaftslehre, 2. Auflage, Band 2, München 1990, S. 413-459.

Reiss, Michael: Grenzen der grenzlosen Unternehmung. Perspektiven der Implementierung von Netzwerkorganisationen, in: Die Unternehmung, 3 (1996), S. 195-206.

Ricardo, David: On the Principles of Political Economy and Taxation. Part of the Works and Correspondence of David Ricardo edited by Pierro Sraffa, Cambridge at the University Press for the Royal Economic Society (1817/1970).

Ridinger, Rudolf; Steinröx, Manfred (Hrsg.): Regionale Wirtschaftsförderung in der Praxis, Köln 1995.

Rindfleisch, Aric; Heide, Jan: Transaction Cost Analysis: Past, Present, and Future Applications, in: Journal of Marketing, 61/4 (1997), S. 30-54.

Rockart, John; Short, James: IT in the 1990's: Managing Interorganizational Interdependence, in: Sloan Management Review, 30/2 (1989), S. 7-17.

Root, Franklin; Ahmed, Ahmed: Empirical Determinants of Manufacturing Direct Foreign Investment in Developing Countries, in: Economic Development and Cultural Change, 27/4 (1979), S. 751-767.

Röschenpöhler, Hans: Der Standort industrieller Unternehmungen als betriebswirtschaftliches Problem. Versuch einer betriebswirtschaftlichen Standort-lehre, Berlin 1958.

Rotering, Christian: Forschungs- und Entwicklungskooperationen zwischen Unternehmen – eine empirische Analyse, Stuttgart 1990.

Rotering, Joachim: Zwischenbetriebliche Kooperation als alternative Organisationsform. Ein transaktionskosten-theoretischer Erklärungsansatz, Schriftenreihe der Wissenschaftlichen Hochschule für Unternehmensführung Koblenz, Stuttgart 1993.

Rupprecht-Däullary, Marita: Zwischenbetriebliche Kooperation. Möglichkeiten und Grenzen durch neue Informations- und Kommunikationstechnologien, Wiesbaden 1994.

Sabi, Manijeh: An Application of the Theory of Foreign Direct Investment to Multinational Banking in LDCs, in: Journal of International Business Studies, 19/3 (1988), S. 433-448.

Scaperlanda, Anthony; Balough, Robert: Determinants of U.S. Direct Investment in the E.E.C. Revisited, in: European Economic Review, 21/3 (1983), S. 381-390.

Schäfer, Erich; Knoblich, Hans: Grundlagen der Marktforschung, Stuttgart 1978.

Schäper, Carsten: Entstehung und Erfolg zwischenbetrieblicher Kooperation. Möglichkeiten öffentlicher Förderung, Wiesbaden 1997.

Schaper-Rinkel, Wulf: Akquisitionen und strategische Allianzen. Alternative externe Wachstumswege, Wiesbaden 1998.

Scherm, Ewald; Süß, Stefan: Internationales Management. Eine funktionale Perspektive, München 2001.

Schliebe, Klaus: Industrieansiedlungen. Das Standortwahlverhalten der Industriebetriebe in den Jahren von 1955 bis 1979, hrsg. von Bundesforschungsanstalt für Landeskunde und Raumordnung: Forschung zur Raumentwicklung 11, Bonn 1982.

Schmidt, Reinhard: Organisationstheorie, transaktionskostenorientierte, in: Frese, Erich (Hrsg.): Handwörterbuch der Organisation, 3. völlig neu gestaltete Auflage, Stuttgart 1992, S. 1854-1865.

Schneider, Dieter: Allgemeine Betriebswirtschaftslehre, 2. überarbeitete und erweiterte Auflage der „Geschichte der betriebswirtschaftlicher Theorie", München 1985.

Schoppe, Siegfried: (Hrsg.): Kompendium der Internationalen Betriebswirtschaftslehre, München 1991.

Schor, Gabriel: Zur rationalen Lenkung ökonomischer Forschung, Frankfurt am Main 1991.

Schrader, Stephan: Zwischenbetrieblicher Informationstransfer, Berlin 1989.

Schweer, Martin (Hrsg.): Interpersonales Vertrauen: Theorien und empirische Befunde, Opladen 1997.

Sell, Alexander: Internationale Unternehmenskooperationen, München 1994.

Serwis Informacyjny Urzędów Pracy (Hrsg.) (Informationsservice der Arbeitsämter): Statystyki rynku pracy. Statystyki strukturalne luty 2005 (Arbeitsmarktstatistiken. Statistiken der Arbeitsmarktstruktur für Februar 2005), URL: http://www.praca.gov.pl/index.php?page=statystyki [Stand 29.03.2005].

Shane, Scott: The Effect of Cultural Differences in Perceptions of Transaction Costs on National Differences in the Preference for Licensing, in: Management International Review, 32/4 (1992), S. 295-311.

Shane, Scott: The Effect of National Culture on the Choice between Licensing and Direct Foreign Investment, in: Strategic Management Review, 15/8 (1994), S. 627-642.

Shrader, Rodney; Oviatt, Benjamin; McDougall, Patricia: How New Ventures Exploit Trade-Offs among International Risk Factors: Lessons for the Accelerated Internationalization of the 21st Century, in: Academy of Management Journal, 43/6 (2000), S. 1227-1247.

Siebert, Horst: Ökonomische Analyse von Unternehmensnetzwerken, in: Staehle, Wolfgang; Sydow, Joerg (Hrsg.): Managementforschung, Band 1, Berlin 1991, S. 291-311.

Smith, Adam: Der Wohlstand der Nationen. Eine Untersuchung seiner Natur und seiner Ursachen. Aus dem englischen übertragen und mit einer Würdigung von Horst Claus Recktenwald, München 1775/1976.

Sriram, Ven; Krapfel, Robert; Spekman, Robert: Antecedents to Buyer-Seller Collaboration, in: Journal of Business Research, 25/ 4 (1992), S. 303-321.

Staehle, Wolfgang: Management. Eine verhaltenswissenschaftliche Perspektive, 8. Auflage, München 1999.

Staehle, Wolfgang; Sydow, Jörg (Hrsg.): Managementforschung, Band 1, Berlin 1991.

Stapleton, Andrew; Hanna, Joe: Technological Innovation Adoption: An Empirical Investigation of Steamship Line Sales Force Integration, in: Transportation Journal, 41/4 (2002), S. 5-22.

Steffenhagen, Hartwig: Konflikt und Kooperation in Absatzkanälen. Ein Beitrag zur verhaltensorientierten Marketingtheorie, Wiesbaden 1975.

Steinle, Claus: Strategisch orientiertes Controlling als Erfolgsgarant, in: Steinle, Claus; Eggers, Bernd; Lawa, Dieter (Hrsg.): Zukunftsorientiertes Controlling: Unterstützungs- und Steuerungssystem für das Management, Wiesbaden 1995, S. 21-37.

Steinle, Claus; Eggers, Bernd: Zukunftssicherung durch strategische Planung – Theoretische Grundlagen und Umsetzungshinweise für die Versicherungsunternehmung, in: Zeitschrift für die gesamte Versicherungswissenschaft, 78/4 (1989), S. 691-712.

Steinle, Claus; Eggers, Bernd; Lawa, Dieter (Hrsg.): Zukunftorientiertes Controlling: Unterstützungs- und Steuerungssystem für das Management, Wiesbaden 1995.

Stopford, John; Wells, Louis: Managing the Multinational Enterprise: Orgnization of the Firm and Ownership of the Subsidiaries, New York 1972.

Strübing, Martin: Die interkulturelle Problematik deutsch-französischer Unternehmenskooperationen, Wiesbaden 1997.

Sydow, Jörg: Strategische Netzwerke. Evolution und Organisation, Wiesbaden 1992.

Taylor, Charles; Zou, Shaoming; Osland, Gregory: A Transaction Cost Perspective on Foreign Market Entry Strategies of US and Japanese Firms, in: Thunderbird International Business Review, 40/4 (1998), S. 389-412.

Teece, David: Technology Transfer by Multinational Firms: The Ressource Cost of Transferring Technological Know-How, in: The Economic Journal 87/346 (1977), S. 242-261.

Teece, David: The Market for Know-How and the Efficient International Transfer of Technology, in: The Annals of the American Academy of Political and Social Science, 458, November 1981, S. 81-96.

Terberger, Eva: Neo-institutionalistische Ansätze. Entstehung und Wandel – Anspruch und Wirklichkeit, Wiesbaden 1994.

Terpstra, Vern; Yu, Chwo-Ming: Determinants of Foreign Investment of U.S. Advertising Agencies, in: Journal of International Business Studies, 19/1 (1988), S. 33-46.

Tesch, Peter: Die Bestimmungsgründe des internationalen Handels und der Direktinvestition. Eine kritische Untersuchung der außenwirtschaftlichen Theorien und Ansatzpunkte einer standorttheoretischen Erklärung der leistungswirtschaftlichen Auslandsbeziehungen der Unternehmen, in: Volkswirtschaftliche Schriften, Heft 301, Berlin 1980.

Teubner, Rolf Alexander: Organisations- und Informationssystemgestaltung. Theoretische Grundlagen und integrierte Methoden, Wiesbaden 1999.

Tietzel, Manfred: Die Ökonomie der Property Rights: Ein Überblick, in: Zeitschrift für Wirtschaftspolitik, 30/3 (1981), S. 207-243.

Tröndle, Dirk: Kooperationsmanagement: Steuerung interaktionaller Prozesse. Reihe Planung, Information und Unternehmensführung, Band 15, Köln 1987.

Tse, David; Pan, Yigang; Au, Kevin: How MNCs Choose Entry Modes and Form Alliances: The China Experience, in: Journal of International Business Studies, 28/4 (1997), S. 779-805.

TWG Deutsch - Polnische Wirtschaftsförderungsgesellschaft AG (Hrsg.): Wirtschafts-handbuch Polen, Band 1: Politik, Wirtschaft, Infrastruktur, Gorzów Wlkp. 2003.

Urząd Statystyczny we Wrocławiu: Euroregiony na granicach Polski 2003 (Statistikamt Wrocław: Euroregionen an den Grenzen von Polen), Wrocław 2004.

Urząd Statystyczny w Zielonej Górze: Województwo Lubuskie 2003 (Statistikamt Zielona Góra: Woiwodschaft Lubuskie 2003), Zielona Góra 2003.

U.S. Joint Economic Committee (Hrsg.), 91st Congress, 1st Session: The Analysis and Evaluation of Public Expenditure, Band 1, Washington D.C. 1969.

Uzzi, Brian: Social Structure and Competition in Interfirm Networks: The Paradox of Embeddedness, in: Administrative Science Quarterly, 42/1 (1997), S. 35-67.

Van Waarden, Frans: Institutions and Innovation: The Legal Environment of Innovating Firms, in: Organization Studies, 22/5 (2001), S. 765-795.

Vernon, Raymond: International Investment and International Trade in the Product Cycle, in: Quarterly Journal of Economics, 80/2 (1966), S. 190-207.

Voß, Hartmut: Internationale Wettbewerbsstrategien: Wettbewerbsstrategien international tätiger Unternehmen vor dem Hintergrund veränderter Umweltbedingungen, Bayeruth 1989.

Walker, Gordon; Weber, David: A Transaction Cost Approach to Make-or-Buy Decisions, in: Administrative Science Quarterly, 29/3 (1984), S. 373-391.

Warneke, Perygrin: Grundlagen der Internationalen Betriebswirtchaftlichen Steuerlehre, in: Schoppe, Siegfried (Hrsg.): Kompendium der Internationalen Betriebswirtschaftslehre, München 1991, S. 669-696.

Weber, Joachim: Controlling im international tätigen Unternehmen. Effizienzsteigerung durch Transaktionskostenorientierung, München 1991.

Weber, Petra: Internationalisierungsstrategien mittelständischer Unternehmen, Schriftenreihe des Betriebswirtschaftlichen Forschungszentrums/Mittelstand Bayreuth, Wiesbaden 1997.

Wegehenkel, Lothar: Gleichgewicht, Transaktionskosten und Evolution. Eine Analyse der Koordinierungseffizienz unterschiedlicher Wirtschaftssysteme, Tübingen 1981.

Weinstein, Arnold: Foreign Investments by Service Firms: The Case of the Multinational Advertising Agency, in: Journal of International Business Studies, 8/1 (1977), S. 83-91.

Weiss, Allen; Anderson, Erin: Converting From Independent to Employee Salesforces: The Role of Perceived Switching Costs, in: Journal of Marketing Research, 29/1 (1992), S. 101-115.

Widener, Sally; Selto, Frank: Management Control Systems and Boundaries of the Firm: Why do Firms Outsource Internal Auditing Activities?, in: Journal of Management Accounting Research, 11 (1999), S. 45-73.

Wiener Institut für internationale Wirtschaftsvergleiche: Transition Countries Face Up to Global Stagnation: Is it Catching?, Februar 2002, zitiert nach: ZukunftsAgentur Brandenburg GmbH (Hrsg.): Standortvergleich für Investitionsbedingungen in Brandenburg – Polen – Tschechien, 3. Auflage, Februar 2003, URL: http://www.politische-bildungbrandenburg.de/links/ investitionsbedingungeninbrandenburg.pdf [Stand 25.01.2005].

Wiig, Karl: Knowledge Management Foundations: Thinking About Thinking – How People and Organizations Create, Represent and Use Knowledge, Arlington Texas, 1993.

Wilkinson, Ian; Nguyen, Van: A Contingency Model of Export Entry Mode Performance: The Role of Production and Transaction Costs, in: Australasian Marketing Journal, 11/3 (2003), S. 44-60.

Williamson, Oliver: Market and Hierarchies. Analysis and Antitrust Implications, New York 1975.

Williamson, Oliver: Transaction-Cost Economics: The Governance of Contractual Relations, in: Journal of Law and Economics 22/2 (1979), S. 233-261.

Williamson, Oliver: The Economic Institutions of Capitalism. Firms, Markets, Relational Contracting, New York 1985.

Williamson, Oliver: Comparative Economic Organization: The Analysis of Discrete Structural Alternatives, in: Administrative Science Quarterly 36/2 (1991), S. 269-296.

Williamson, Oliver: Comparative Economic Organization. Vergleichende ökonomische Organisationstheorie: Die Ananlyse diskreter Strukturalternativen, in: Ordelheide, Dieter; Bernd, Rudolph; Büsselmann, Elke (Hrsg.): Betriebswirtschaftslehre und ökonomische Theorie, Stuttgart 1991, S. 13-49.

Wirtschafts- und sozialpolitisches Forschungs- und Beratungszentrum der Friedrich-Ebert-Stiftung, Abteilung Wirtschaftspolitik (Hrsg.): Der Beitritt naht: Der deutsche und der polnische Mittelstand zwischen Hoffnung und Skepsis, Reihe Wirtschaftspolitische Diskurse, Nr. 156, Bonn, Dezember 2003, URL: http://library.fes.de/pdf-files/fo-wirtschaft/01885.pdf [Stand 04.12.2004].

Wittenberg, Reinhard; Cramer, Hans: Datenanalyse mit SPSS. Handbuch für computergestützte Datenanalyse, Band 2, Stuttgart/Jena 1992.

Wolff, Birgitta: Organisation durch Verträge, Wiesbaden 1995.

Woodward, Douglas; Rolfe, Robert: The Location of Export-Oriented Foreign Direct Investment in the Caribbean Basin, in: Journal of International Business Studies, 24/1 (1993), S. 121-144.

Wunderer, Rolf (Hrsg.): Kooperation. Gestaltungsprinzipien und Steuerung der Zusammenarbeit zwischen Organisationseinheiten, Stuttgart 1991.

Yu, Chwo-Ming; Ito, Kiyohiko: Oligopolistic Reaction and Foreign Direct Investment: The Case of the U.S. Tire and Textile Industries, in: Journal of International Business Studies, 19/3 (1988), S. 449-460.

Zaheer, Akbar; McEvily, Bill; Perrone, Vincenzo: Does Trust Matter? Exploring the Effects of Interorganizational and Interpersonal Trust on Performance, in: A Journal of the Institute of Management Sciences, 9/2 (1998), S. 123-141.

Zaheer, Akbar; Venkatraman, N: Determinants of Electronic Integration in the Insurance Industry: An Empirical Test, in: Management Science, 40/5 (1994), S. 549-566.

Zhang, Kevin: What Attracts Foreign Multinational Corporations to China, in: Contemporary Economic Policy, 19/3 (2001), S. 336-346.

Zhao, Hongxin; Zhu, Gangti: Location Factors and Country of Origin Differences: An Empirical Analysis of FDI in China, in: Multinational Business Review, 8/1 (2000), S. 60-73.

ZukunftsAgentur Brandenbrug GmbH (Hrsg.): 2win. Eine Region – doppelter Gewinn: länderübergreifende Zusammenarbeit mit Polen, URL: http://www.zab-brandenburg.de/deutsch/services/europa-service/2win/11369.htm [Stand 28.03.2005].

ZukunftsAgentur Brandenburg GmbH (Hrsg.): Standortvergleich für Investitionsbedingungen in Brandenburg – Polen – Tschechien, 3. Auflage, Februar 2003, URL: http://www.politische-bildung-brandenburg.de/links/investitions bedingungeninbrandenburg.pdf [Stand 25.01.2005].